Wissen
kompakt

Weltreligionen

Judentum, Christentum, Islam, Hinduismus, Buddhismus – Geschichte, Werte, Traditionen

Friedemann Bedürftig

NGV

Inhalt

Inhalt

BUDDHISMUS

HINDUISMUS

Vor noch nicht allzu langer Zeit war die Beschäftigung mit fernöstlichen Glaubenslehren oder mit innerislamischen Konflikten eine Angelegenheit für versponnene Gelehrte. Vergleichende Religionswissenschaft zählte zu den Orchideenfächern. Heute hingegen stehen Kenner hoch im Kurs, denn der Bedarf an Informationen über fremde Kulte und Kulturen wächst. Das Fremde nämlich wohnt längst in unser aller Nachbarschaft, und darf nicht fremd bleiben. Wir wollen ja auf Dauer mit den neuen Mitbürgern auskommen, und wie wir von ihnen Bemühungen erwarten, sich bei uns einzugliedern, so haben wir uns um ein freundliches Miteinander zu kümmern. Das gelingt nur, wenn wir ihren kulturellen Hintergrund kennen, und der ist immer in erster Linie religiös geprägt.

Nun ist es ganz ausgeschlossen, im Rahmen eines handhabbaren Buches Geschichte und Glaubensinhalte der Weltreligionen im Detail darzustellen. Möglich aber ist ein Überblick, der erste Bekanntschaft stiftet und zu weitergehenden Fragen anregt. Nur so kommen wir ins Gespräch mit Andersgläubigen, verlieren die Scheu und nehmen sie unseren neuen Nachbarn. Wie gern die Menschen über ihren Glauben sprechen, erleben wir etwa bei Tagen der offenen Moschee, bei Veranstaltungen mit dem Dalai Lama oder bei Welttagen der Jugend, zu denen keineswegs nur christliche Gruppen kommen. Der interkulturelle Austausch wird von allen als Bereicherung empfunden. Zur Teilnahme gehört ein Mindestmaß an Kenntnissen.

Für fünf Glaubensrichtungen hat sich der Begriff „Weltreligionen“ eingebürgert. Kriterien dafür sind die Zahl der Anhänger und der kulturell-geistliche Einfluss der jeweiligen Religion. So ist die älteste monotheistische Religion, das Judentum, mit kaum 15 Millionen Gläubigen eine vergleichsweise winzige Gruppierung, doch eine mit erheblicher Bedeutung für ihre beiden „Töchter“ Christentum und Islam. Außerdem sind Juden weltweit anzutreffen, nur etwa ein Drittel lebt in Israel. Andererseits sind 90 Prozent der Hindus in Indien beheimatet, ihre Zahl von 900 Millionen Glaubensgenossen aber und die Verwandtschaft ihres Glaubens mit dem der Buddhisten verschafft ihrer Religion den globalen Rang. Zum Buddhismus wiederum bekennen sich „nur“ 350 Millionen Menschen, seine Wirkung aber auf die fernöstlichen Kulturen verleiht ihm ebenso Weltgeltung wie sein großer spiritueller Erfolg im Westen.

Wenn die beiden chinesischen Lehren des Konfuzianismus und des Taoismus keine eigenen Kapitel bekommen haben, dann weil es sich eher um philosophische Entwürfe handelt. Der Shintoismus fehlt nicht nur wegen seiner Beschränkung auf den japanischen Archipel, sondern auch wegen seiner animistischen Züge, wie sie für magische Kulte typisch sind. Alle drei Systeme aber kommen in kurzen Skizzen vor, während nicht-schriftliche Naturreligionen fehlen. Ebenso verzichtet diese Darstellung auf die untergegangenen Mythologien der Ägypter, Griechen und Römer, Azteken, Mayas und Inkas zugunsten etwas breiterer Porträts der aktuellen Glaubenslehren.

Sehr knapp bleiben sie gleichwohl, und das hat einen Vorzug: Die Konzentration auf das Wesentliche lichtet das Rankenwerk der bunten Bräuche und lässt Gemeinsamkeiten erkennen, die sonst verdeckt sind. Die Religionen kommen zu erstaunlich ähnlichen Antworten auf die großen Fragen der Menschheit nach ihrem Woher und Wohin. Und auch ihre zentralen Werte ähneln einander und machen Hoffnung auf wachsendes gegenseitiges Verstehen.

JUDENTUM

Häufigstes jüdisches Symbol ist die Menora (Mehrzahl: Menorot), die schon im Stiftszelt der Frühgeschichte stand. Und zwar stand sie dort und später in allen Tempelbauten und Synagogen als Zeichen des Lebens und des Auftrags Jehovas an sein „auserwähltes Volk“: Ihr sollt ein Licht werden (Jesaja 42,6). Die sechs Arme an beiden Seiten des Leuchters meinen die vier Himmelsrichtungen sowie das Oben und das Unten der Schöpfung. Der mittlere Arm, also die Hauptachse, verlängert sozusagen den Beter und seine Ausrichtung hin zu Gott. Heute ist die Menora offizielles Emblem des Staates Israel.

Das auserwählte Volk

Glaubenseinheit über Jahrtausende bewahrt

Die älteste monotheistische Religion (siehe Kasten), Mutter von Christentum wie Islam, ist das Judentum. Es basiert auf der These von der göttlichen Erwähltheit des jüdischen Volkes, ausgedrückt im Bund des Stammvaters Abraham mit Jahwe (Gott) und der Übergabe der Gesetzestafeln am Berge Sinai an sein Volk. Diese Erwählung wurde von den Juden als Auftrag begriffen, spornte zu ungewöhnlichen Leistungen an, kollidierte aber auch mit dem Selbstwertgefühl anderer Völker und führte zu wachsender Feindschaft. Sie entfaltete sich nach der Vertreibung der Juden aus Palästina seit der römischen und später der islamischen Eroberung, die das Judentum als Volkseinheit zerstörten und seine Zerstreuung (Diaspora) in alle Welt zur Folge hatten.

Strikte Gesetzlichkeit

Gemeinsamer Glaube und Ritus schützten die verstreuten Gemeinden unter ihren geistlichen Führern, den Rabbinern, vor dem Verlust der religiösen Identität. Ihre Fundamente sind die heiligen Schriften und Vorschriften (Tora, Talmud): Strikte Einhaltung der Gesetze, Vermeidung der Vermischung, Abschließung von allem Fremden. Die Gesetze bestimmen das Leben der Gläubigen bis in die täglichen Verrichtungen: Regelmäßige Gebete, Sabbatheiligung, korrekte Kopfbedeckung, Beschneidung der Knaben, Genuss nur koscherer Speisen, Einhaltung bestimmter Feste. Zwei religiöse Hauptrichtungen lassen sich unterscheiden: die streng dem Talmud folgende und die Kabbala, aus der sich der Chassidismus mit seinen Wunderrabbis und der volksnahen Frömmigkeit entwickelte. Sie haben jedoch den Wesenskern des Judentums nicht gespalten, das die Jahrtausende einheitlich überdauerte. Aus der dafür erforderlichen Nichtanpassung aber speiste sich der Judenhass, der umgekehrt zum Zusammenhalt der Juden und zum Überleben des Judentums trotz der Verfolgungen beitrug.

In tödliche Gefahr geriet es mit Aufkommen des „wissenschaftlichen" Antisemitismus im 19./20. Jahrhundert, der eine „jüdische Rasse" entdeckt zu haben glaubte, die „von Grund auf fremdartig und verdorben" sei. Lange wollten viele Juden die Bedrohung nicht sehen, und der jüdische Publizist Theodor Herzl fand zunächst mit seinem Konzept des Zionismus, der „Heimkehr" nach Israel, wenig Resonanz. Erst die nationalsozialistische Judenverfolgung, der ein Drittel des europäischen Judentums zum Opfer fiel, zerstörte alle Hoffnungen auf eine Anpassung (Assimilation) und führte zur Wiederversammlung der Juden im „gelobten Land" Palästina.

Monotheismus *Das Erstaunlichste am Judentum für die Religionshistoriker ist der Glaube an einen einzigen Gott (Monotheismus), und das bereits zu einer Zeit, als fast alle Völker noch eine unüberschaubare Zahl von Himmlischen verehrten. Nach der jüdischen Tradition war dieser eine und alleinige Gott vor allem Anfang und der Anfang von allem. Das Bewusstsein dafür hatte sich, so sehen es die Juden, nach dem Sündenfall bei den Menschen nur verloren und musste erst durch Gott bei seinem „Knecht" Abraham durch Offenbarung wieder geweckt werden. Die Erkenntnis also, dass nur ein Gott ist und nur ein Herr über Vergangenheit, Gegenwart und Zukunft sowie alles, was unter dem Himmel und darüber ist – diese Erkenntnis ist nicht menschliche Einsicht, sondern göttliche Gabe. Gott hat sie allen Menschen angeboten, doch nur Abraham und die Seinen haben das Angebot angenommen. Daraus leitet sich der jüdische Anspruch ab, das „auserwählte Volk" zu sein (2. Mose, 19, 5): „Werdet ihr nun meiner Stimme gehorchen und meinen Bund halten, so sollt ihr mein Eigentum sein vor allen Völkern."*

Tora-Lesung während des Laubhüttenfestes (Sukkot) am 18. Tischri (6.10.2006) an der Klagemauer in Jerusalem. Der Vorleser weist mit einem silbernen Torazeiger (Jad) auf eine Stelle der Textrollen im Toraschrein (Aron ha-Kodesch).

Die mythische Vorgeschichte des jüdischen Volkes erzählen die fünf Bücher Mose, die Tora oder der Pentateuch (siehe Kasten), Grundlage des jüdischen Glaubens und erster Teil des christlichen Alten Testaments. Direkt auf das Volk Israel beziehen sich erst spätere Passagen, in denen vom Urvater (Patriarchen) Abraham die Rede ist. Ihm offenbarte sich Gott (Jahwe) als Herr des Himmels und der Erde. Abraham vertraute sich ganz seiner Führung an und verließ seine Heimstadt Ur in Chaldäa am Unterlauf des Euphrat. Heute ist von dieser einst mehr als zehntausend Einwohner zählenden Stadt nur noch der Ruinenhügel Tell Mukajir erhalten.

Warum sie untergegangen ist und warum Abraham sie verließ, lässt sich nur vermuten. Angriffe von außen spielten sicher eine Rolle, vielleicht aber auch innere Zerfallserscheinungen und möglicherweise Umweltprobleme, wie sie eine solche Bevölkerungsballung mit sich bringt. Ausgrabungen weisen auf Kanalisationsschwierigkeiten hin, und aus dem Gilgamesch-Epos, einer Sagensammlung etwa aus der Abraham-Zeit, wissen wir, dass es in Ur recht bewegt zuging. Da heißt es an einer Stelle, dass die Himmlischen darüber nicht sonderlich erbaut waren: „Enlil hörte das Getöse und sagte zu den Mitgöttern im Rat: ‚Dieser Tumult der Menschheit ist unerträglich, und es ist nicht mehr möglich zu schlafen.‘ Und so wurden die Götter bewegt, die Flut zu schicken."

Tora *Eigentliche heilige Schrift des Judentums ist die Tora (Lehre, Gesetz); alles andere erreicht ihren Rang nicht. Ihre fünf Bücher (griechisch Pentateuch) sind im christlichen Alten Testament durchgezählt, heißen im Judentum nach ihren Anfangsworten und im Lateinischen nach ihrem Inhalt: 1. Buch Mose/Bereschit (Im Anfang)/Genesis (Entstehung): Schöpfung, Sintflut, Turmbau zu Babel, Erzählungen von den Patriarchen. – 2. Buch Mose/Schemot (Er rief)/Exodus (Auszug): Flucht aus Ägypten, Übergabe der Gesetzestafeln an Mose, Tanz um das Goldene Kalb, Strafe und Vergebung, Festvorschriften, Bundeslade. – 3. Buch Mose/Waijkra (Namen)/Leviticus: Tempeldienst, Opfergesetze, Weihen, Speisevorschriften, Reinigungsgesetze, Ahndung von Sünden, Kulthandlungen, Heiligung des Volkes Israel. – 4. Buch Mose/Bemidbar (In der Wüste)/Numeri: Zählung der wehrfähigen Männer des Volkes Israel, Ordnung der Stämme, Sonderstellung der Leviten, Passahvorschriften, Erkundung des Landes Kanaan, Berufung Josuas zum Nachfolger von Mose. – 5. Buch Mose/Debarim (Reden)/Deuteronomium: Erläuterung der Sinai-Offenbarung, Erneuerung der Zehn Gebote, Verbot der Gemeinschaft mit Heiden, Ehegesetze, Abschiedsrede und Tod des Mose.*

Konfliktträchtige Region

Es muss auch keineswegs ein bestimmter Abraham aus Chaldäa mit Familie nach Norden gezogen sein, seine Wanderung steht wohl für die vieler Stämme, die eine neue Heimat suchten. Irgendwann in der ersten Hälfte des zweiten vorchristlichen Jahrtausends – die letzte Blütezeit von Ur lag um 2000 v. Chr. – wanderte Abrahams Stamm über Babylon ins Reich Mari am Oberlauf des Euphrat, von dort noch weiter nördlich nach Haran und dann in weitem Bogen über Aleppo und Damaskus nach Süden ins heutige Palästina. Gefolgt waren die Nomaden dabei der Ergiebigkeit der Weidegründe. Sonst hätten sie sich nicht ausgerechnet hier angesiedelt, wo sich die Machtlinien der großen Reiche von Ägyptern im Süden, Hethitern im Norden, Assyrern im Nordosten und Babyloniern im Osten schnitten und bewaffnete Konflikte an der Tagesordnung waren.

Dem Patriarchen Abraham wurde die Geburt eines Sohnes durch seine dafür eigentlich längst viel zu alte Frau Sarah geweissagt. Die Szene mit den drei Engeln hat Ludovico Carracci (1555–1619), ein Vertreter des italienischen Barock, um 1600 wirkungsvoll arrangiert.

Rettung durch den verlorenen Sohn

Auszug (Exodus) der Juden aus Ägypten

Zur Belohnung für seine Glaubensfestigkeit schenkte Gott Abraham und seiner hochbetagten Frau Sarah den nicht mehr erwarteten Sohn Isaak. Ihm wiederum wurden die Söhne Esau und Jakob geboren. Jakob erschlich sich das Erstgeburtsrecht und wurde aufgrund einer sehr großen Kinderschar zum eigentlichen Stammvater des Volkes Israel, wie es nach ihm, dem „Streiter mit Gott“, benannt wurde. Nach Zeugnis der Tora verkauften elf seiner Söhne Joseph, den Zweitjüngsten und Lieblingssohn, nach Ägypten in die Sklaverei, wo dieser aber große Karriere am Hofe des Pharao machte. Er wurde zur Rettung, als in Palästina eine Hungersnot ausbrach und als der inzwischen uralte und über den Verlust Josephs untröstliche Jakob mit seiner Sippe ebenfalls nach Ägypten zog und dort Hilfe und den verlorenen und inzwischen mächtigen Sohn wiederfand.

Das Meer teilte sich

Jakob starb. Joseph und seine elf Brüder waren nun die Patriarchen je eigener Stämme, die in Ägypten zu einem großen Volk heranwuchsen. Da sie aber die bunte Vielgötterwelt der Ägypter nicht anzunehmen bereit waren, blieben sie Fremde und Verachtete. Die „Kinder Israel“, wie sie sich nach Jakob bezeichneten, fassten daher den Entschluss, in ihre Heimat Palästina zurückzukehren. Doch würden die Ägypter sie so einfach ziehen lassen? Sie waren billige Arbeitskräfte und zudem geschickt in allerlei Techniken. Die Israeliten waren sich der Gefahr bewusst und machten sich heimlich unter ihrem Anführer Mose auf den Weg. Ihr Verschwinden aber war bald bemerkt, und der Pharao sandte ihnen ein Heer nach. Es hätte die Flüchtigen sicher eingeholt, wäre nicht das Wunder der Teilung des Roten Meeres für den Durchzug geschehen. Die Juden erreichten das Ostufer. Hinter ihnen schlossen sich die Fluten wieder, die Verfolger ertranken.

Wie sich der Exodus historisch abgespielt hat, darüber lassen sich nur Vermutungen anstellen. Kaum vorstellbar ist, dass der mit 600 000 Menschen angegebene Zug geschlossen aufbrach. Es werden wohl mehrere Auswanderungswellen gewesen sein, wodurch sich auch die laut Bibel folgende vierzigjährige Wanderschaft erklären würde. In diese Zeit fiel das Schlüsseldrama am Berge Sinai. Dort erhielt Moses von Gott die Tafeln des Gesetzes (siehe Kasten), während seine Leute sich heidnischen Tänzen um das Goldene Kalb hingaben. Gott zürnte daraufhin den Abtrünnigen (2. Mose, 32): „Ich werde aber ihre Sünde heimsuchen, wenn meine Zeit kommt.“ Viele, die sich am Götzendienst beteiligt hatten, erreichten das „gelobte Land“ nicht. Selbst Mose durfte es nur von einem fernen Berg aus sehen, ehe er starb und die israelitischen Stämme das Land Kanaan besetzten.

Nach Meinung des mittelalterlichen Buchillustrators (um 1295) machte sich Moses beim Abfall der Kinder Israel und ihrer Anbetung des Goldenen Kalbes (unten) mitschuldig: Bei der Entgegennahme der Gesetzestafeln (oben) am Berge Sinai ist er gehörnt dargestellt.

Dekalog *Kern aller Weisungen Jahwes an sein Volk sind die Zehn Gebote (der Dekalog), wie sie im 20. Kapitel des 2. Buches Mose und mit kleinen Abweichungen im 5. Kapitel des 5. Buches Mose stehen: „Ich bin der Herr, dein Gott, der ich dich aus Ägyptenland, aus der Knechtschaft geführt habe. Du sollst keine anderen Götter haben neben mir. – Du sollst den Namen des Herrn, deines Gottes, nicht unnützlich führen, denn der Herr wird den nicht ungestraft lassen, der seinen Namen missbraucht. – Gedenke des Sabbattages, dass du ihn heiligest. – Du sollst deinen Vater und deine Mutter ehren, auf dass du lange lebest in dem Lande, das der Herr, dein Gott, dir geben wird. – Du sollst nicht töten. – Du sollst nicht ehebrechen. – Du sollst nicht stehlen. – Du sollst nicht falsch Zeugnis reden wider deinen Nächsten. – Du sollst nicht begehren deines Nächsten Haus. – Du sollst nicht begehren deines Nächsten Weib, Knecht, Magd, Rind, Esel noch alles, was dein Nächster hat.“*

Goliath gefällt wie einen Baum

Entstehung des jüdischen Königtums (11./10. Jahrhundert v. Chr.)

Verstreut nach Stämmen siedelten die Israeliten im Jordanland. Frieden aber fanden sie zunächst nicht. Die zweite indogermanische Wanderung hatte die sogenannten Seevölker, darunter die Philister, in den vorderen Orient geführt. Sie setzten sich an der Küste fest und starteten immer wieder Angriffe ins Landesinnere. Dabei kam ihnen zunutze, dass die israelitischen Stämme zerstritten waren zur Zeit der sogenannten Richter, unter denen man sich wohl Stammeshäuptlinge vorzustellen hat. Einer der bedeutendsten war Samuel, unter dessen Ägide es zum Höhe- und Wendepunkt in der Auseinandersetzung mit den Philistern kam, symbolisch geballt in einer farbigen Geschichte:

Ein Bub namens David

Das israelitische Heer erzitterte damals vor Furcht vor einem riesenhaften Philister namens Goliath. Er bot einen Zweikampf an, der über den Sieg der beiden Heere entscheiden sollte. Es wagte sich aber keiner der Israeliten an den hünenhaften Kämpfer. Da meldete sich ein Hirtenbub namens David und erklärte, dass er den Riesen nicht fürchte. Man verlachte ihn, doch der Anführer Saul sagte sich, mehr als schief gehen könne die Sache nicht, und ließ David antreten. Dieser nahm seinen Hirtenstab sowie die Schleuder und fünf Kieselsteine als Munition. So näherte er sich Goliath, der vor Wut kochte, dass man ihm einen Knaben entgegenstellte. Er empfahl David zu verschwinden, andernfalls er sein Fleisch „den Tieren auf dem Felde“ geben werde. David aber erwiderte (1. Samuel 17, 46): „Heute wird dich der Herr in meine Hand geben, dass ich dich erschlage.“

Sprach's, hob seine Schleuder und traf den Riesen mitten gegen die Stirn, dass Goliath umfiel wie ein gefällter Baum. Die Philister flohen entsetzt, die Israeliten verfolgten sie und rieben das feindliche Heer völlig auf. Mit dem Sieg konsolidierte sich eine neue Institution, die zur Zusammenfassung der Kräfte des ganzen Volkes wesentlich beitrug: das Königtum. Saul war der erste Monarch, der über die Stämme Israels herrschte. David wurde sein Nachfolger, zunächst nur im Gebiet des Stammes Juda (daher der Begriff „Juden“). Erst nach und nach setzte er sich insgesamt durch und regierte bis etwa 965 v. Chr. Er erweiterte das Reich nach Osten weit über den Jordan hinaus, nach Süden bis an den heutigen Golf von Akaba und nach Norden tief in die Syrische Wüste hinein. Er erhob Jerusalem zur Hauptstadt seines Reiches und machte den Berg Zion zum geistlichen Zentrum des Judentums. Das gelang ihm auch dank seiner – modern gesagt – hohen kulturellen Kompetenz. Als begabter Musiker und genialer Dichter schuf David Psalmen von unvergleichlicher religiöser Poesie.

Sehen so Sieger aus? Auf dem Gemälde des frühbarocken italienischen Malers Michelangelo da Caravaggio (1571–1610) fehlt dem knabenhaften Goliath-Bezwinger David alles Triumphale.

Ein festes Haus für den Glauben

Salomo und der Tempel in Jerusalem (965–926 v. Chr.)

Nach überragenden Herrschern folgten in der Geschichte oft schwache Figuren auf dem Thron. Die Israeliten hatten das Glück, dass Davids Sohn Salomo (regierte 965–926) das politische Niveau halten und das kulturelle sogar noch steigern konnte. Er wertete das religiöse Zentrum Jerusalem weiter auf, indem er dort seinem Gott einen Tempel errichten ließ und sich damit ein unvergängliches Denkmal setzte. Die Stabilität war keine materielle: Von diesem ersten Tempel ist so gut wie nichts geblieben. Dennoch gibt es wohl kaum ein anderes spirituelles Zentrum von solcher Bindekraft, auch wenn die Juden nur noch eine Ruine von gewaltigen Quadern an Salomos Tempel erinnert, alles andere, was der Versenkung in das religiöse Geheimnis der Anwesenheit Gottes dient, müssen sie sich hinzudenken.

Zur Verklärung Salomos haben aber auch ganz handfeste Leistungen beigetragen. Der König knüpfte schon früh enge Beziehungen zu den mächtigen und reichen Nachbarn, den Ägyptern und den Phöniziern. Aus dem Nilstaat holte sich Salomo eine Prinzessin zur Frau und verband sich so mit dem Pharao, was den Handel mit afrikanischen Produkten in Schwung brachte. Mit König Hiram im phönizischen Tyrus im Nordwesten schloss Salomo Warenverträge, wobei er von den weltweiten Verbindungen der Phönizier profitierte. Für die glanzvolle Hofhaltung, die Salomo entwickelte, spielten die exotischen Lieferungen phönizischer Fernhändler eine nicht zu unterschätzende Rolle.

Reichsteilung nach dem Tod des Königs

Im Wesentlichen konnte Salomo den Bestand des David-Reichs halten, erst gegen Ende seiner Regierungszeit begann eine gewisse Erosion des Machtgebildes. Im Innern zeichnete es sich zudem ab, dass nach dem Ende der alles überragenden Herrschergestalt, die Einheit der Stämme Israels gefährdet sein würde. Der Glanz nämlich, den Salomo entfaltete, ließ die Steuerlast für die Bewohner des Reiches bedenklich anwachsen. Unzufriedenheit aber gehört zu den mächtigsten zentrifugalen Kräften. Nach Salomos Tod bildeten sich denn auch zwei Kernreiche: Nach dem Stamm Ephraim nannte sich das nördliche (später als Israel bezeichnet) mit dem Zentralort Sichem, das südliche mit Jerusalem firmierte unter dem Namen Juda.

Anders als spätgotisch konnte sich der französische Maler Jean Fouquet um 1475 den legendären Tempel des Königs Salomo in Jerusalem nicht vorstellen. Himmelhohe Spitzbogen, gewaltige Portale und reicher Zierrat machten für den damaligen Geschmack erst das wahre Gotteshaus aus. Das Bild stellt die erste Bauphase dar.

Die Reichsteilung nach Salomos Tod hätte bei friedlichem Miteinander noch nicht unbedingt zum Verfall der Macht der Israeliten führen müssen. Schlimmer wirkte sich der Konflikt zwischen beiden Reichen aus, der zu mehreren Waffengängen führte. Hinzu kamen Angriffe von außen durch Großmächte. Erst als das familiäre Kriegsbeil begraben wurde und es zu einem Bündnis von Nord- und Südreich kam, gelang eine gewisse Schadensbegrenzung, ja stellenweise sogar die Rückgewinnung von verlorenen Positionen. Dabei erwies sich Juda als erfolgreicher, weil es eine relativ ruhige Thronfolge des Hauses David zu verzeichnen hatte, während Ephraim, das spätere Israel mit der neuen Hauptstadt Samaria, in den zwei Jahrhunderten nach Salomo nicht weniger als neun Dynastien verschliss. Juda war zudem mit Jerusalem im Besitz der geistlichen Hauptstadt beider Reiche.

Im 8. Jahrhundert v. Chr. erwuchs den Völkern in der Region eine Bedrohung durch das aggressive Assyrische Reich. Sein Zentrum lag im nördlichen Zweistromland in Ninive, von wo aus die assyrischen Heere nun Richtung Kleinasien und Palästina vorstießen. Im Jahr 723 eroberte Salamanassar V. ganz Israel, sein Nachfolger Sargon II. ließ die Bevölkerung Samarias und anderer Orte zur Zwangsarbeit nach Mesopotamien deportieren. Der weitere Vorstoß aber wollte nicht glücken, denn die Belagerung Jerusalems durch die Assyrer unter Sanherib im Jahr 701 v. Chr. scheiterte; das südisraelitische Reich Juda hielt stand, ja nach dem Niedergang der assyrischen Macht erholte es sich unter König Josia (regierte 639–609 v. Chr.), der auch die inzwischen starken heidnischen Einflüsse im religiösen Bereich rückgängig machen konnte.

Die üppige Historienmalerei des 19. Jahrhunderts nahm sich auch alttestamentarischer Stoffe an: Der junge Eduard Bendemann (1811–1889) schuf im Jahr 1832 die Szene „Trauernde Juden im Exil“ nach der Schilderung des 137. Psalms.

Zerstörung des Tempels

Doch dann sank auch Judas Stern, denn in Babylon war eine neue Großmacht unter Nebukadnezar II. (605–562 v. Chr.) herangewachsen, der die Assyrer beerbte und 597 v. Chr. Jerusalem erobern konnte. Zehntausende Juden ließ der Sieger nach Babylonien verschleppen, duldete aber weiter ein Königreich Juda. Erst als auch dieses rebellierte, wandte er sich erneut gegen Jerusalem, zerstörte nach zweijähriger Belagerung Stadt und Tempelanlage Salomos im Jahr 586 v. Chr. und verschleppte weitere Bewohner Judas. Ein großer Teil der jüdischen Bevölkerung befand sich damit in der sogenannten Babylonischen Gefangenschaft. Er durfte erst nach dem Sieg der Perser unter Großkönig Kyros II. über Babylon im Jahr 538 v. Chr. in die Heimat zurückkehren.

Babylonische Gefangenschaft

Als schwere Prüfung empfanden die Juden ihr erzwungenes fast 50-jähriges Exil in Babylonien. Auch hier wie seinerzeit in Ägypten halfen ihnen das strenge Gesetz der Tora und die festen Rituale ihres Kults über die Trennung von der Heimat hinweg. Sie hielten sich in der Fremde besonders strikt an die religiösen Traditionen ihres Volkes und übten Strategien des Überlebens als Volk und Glaubensgemeinschaft ein, die ihnen später bei der Zerstreuung (Diaspora) in alle Welt halfen, Verfolgung und Leid zu überstehen. Für die Innigkeit, mit der sie an ihrem „gelobten Land“ hingen, stehen die Zeilen aus dem 137. Psalm: „An den Wassern Babylons, da saßen wir und weinten, wenn wir an Zion gedachten. / Unsere Harfen hängten wir an die Weiden dort im Lande. / Denn die uns gefangen hielten, / hießen uns dort singen und im Herrn fröhlich sein: / ‚Singet uns ein Lied von Zion!‘ / Wie könnten wir des Herrn Lied singen in fremdem Lande? / Wenn ich dein vergesse, Jerusalem, verdorre meine Rechte! / Es klebe meine Zunge an meinem Gaumen, wenn ich deiner nicht gedenke.“

Innere Prachtentfaltung

Erneuerung des zweiten Tempels unter Herodes (40–4 v. Chr.)

Rekonstruktion des Tempels, wie er unter König Herodes seit 20 v. Chr. erneuert und ausgebaut wurde. Im Vordergrund Befestigungen, deren Reste als Klagemauer bis heute erhalten sind.

Nicht alle Juden kehrten aus Babylonien zurück. Und die Heimkehrer fanden in Judäa nicht mehr viele Glaubensgenossen vor. Ganze Gemeinden waren vor dem Druck der Besatzer nach Ägypten oder in noch weitere Ferne ausgewichen. Ein neues israelisches Reich vermochte sich nicht mehr zu bilden, zumal die persische Fremdherrschaft über Palästina nach dem Siegeszug Alexanders des Großen im 4. Jahrh. v. Chr. übergangslos durch eine hellenische (von Hellas = Griechenland) abgelöst wurde. Es folgten weitere fremde Herren, und es kamen schließlich im Jahr 63 v. Chr. die Römer. Ihren Legionen vermochte nicht einmal Ägypten zu widerstehen, wie viel weniger die kleine jüdische von innerem Zwist geschwächte Gemeinschaft.

Mauer aus riesigen Quadern

Rom kontrollierte Land und Volk durch Einsetzung jüdischer Könige wie Herodes den Großen (regierte 40–4 v. Chr.). Die Römer hatten ihm ein Herrschaftsgebiet zugewiesen, das sich in den Dimensionen durchaus mit dem Reich König Davids messen konnte, nicht aber in der politischen Bewegungsfreiheit. Außen- und Sicherheitspolitik machte der römische Provinzherrscher, sodass Herodes nur die innere Prachtentfaltung blieb. Er ging als Gründer zahlreicher Städte wie Caesarea und Sebaste in die Geschichte ein und als Erbauer von Festungen, darunter vor allem Masada auf einem Felssporn hoch über dem Westufer des Toten Meeres. Für die Juden am bedeutendsten aber wurde der Ausbau und die Erneuerung des zweiten Tempels. Seit dem Jahr 20 v. Chr. ließ Herodes die Anlage auf das fast doppelte Maß des ersten, salomonischen Tempels bringen und an ihrer Nordwestecke die Festung Antonia hinzufügen. Eine Umfassungsmauer aus gigantischen Steinquadern stützte den Tempelberg. Ihrer Mächtigkeit verdankt sie es, dass ihr Westteil sich als Klagemauer bis in unsere Tage erhalten hat.

Mit dem Tod Herodes endete de facto die jüdische Autonomie. Die enge Beziehung, die Herodes zu Kaiser Augustus, dem Herrn fast der gesamten damaligen Welt, aufgebaut hatte, fand keine Fortsetzung. Die Römer ließen die jüdische Monarchie einfach in der Versenkung verschwinden und setzten Prokuratoren ein, die das Land im römischen Sinne beherrschten. Da die Römer zunehmend auch über die Besetzung der religiösen Ämter bis hin zum Hohepriester bestimmten, bauten sich Spannungen auch mit der Priesterschaft und mit dem Volk auf. Sie entluden sich 66 n. Chr. in einem Aufstand.

Bethlehemitischer Kindermord

Die Weisen aus dem Morgenland gaben König Herodes bereitwillig Auskunft: In Bethlehem sei ein Knabe geboren worden, der später als mächtiger König herrschen werde. Zu diesem Kind seien sie unterwegs. Herodes, in Furcht vor dem künftigen Rivalen, ließ daraufhin alle unter zweijährigen männlichen Kleinkinder in Bethlehem ermorden. Das weiß das Neue Testament der Christen zu berichten. Einen anderen historischen Beleg für die furchtbare Tat gibt es nicht. Aus der Luft gegriffen aber hat sie die Überlieferung auch nicht, sondern in diesem Bericht die ungeheure Brutalität aufbewahrt, mit der Herodes, vielleicht auch deswegen schaudernd der Große genannt, seine Herrschaft durchsetzte. Er heiratete aus Opportunismus Mariamne, ein Tochter aus einer früheren Herrscherfamilie, ließ sie nach acht Jahren Ehe umbringen, inhaftierte ihre Söhne und ließ kurz vor dem eigenen Tod den zum Nachfolger bestimmten Sohn Antipater aus einer späteren Ehe ebenfalls töten. Kaiser Augustus soll gesagt haben, es sei besser, am Hof des Herodes zum Vieh als zur Familie zu gehören.

Untergang Jerusalems und des Tempels

Jüdisch-römischer Krieg (66–70 n. Chr.)

Die Juden schlugen im Jahr 66 blindwütig gegen die römischen Garnisonen los, liefen aber ebenso blind ins Messer, weil sie die Lage oft falsch einschätzten. Mit zwei Legionen tauchte Titus Flavius Vespasianus in Palästina auf, dem sich sein Sohn Titus mit einer weiteren Legion aus Ägypten anschloss, sodass schließlich rund 60 000 gut geschulte römische Soldaten gegen versprengte jüdische Guerillahaufen im Feld standen. Wir sind über den Krieg durch einen Teilnehmer gut unterrichtet, der sich später um den Ausgleich zwischen Rom und den Juden bemühte und daher relativ objektiv berichtet haben dürfte: Josef ben Mathitjahu, der als Historiker Flavius Josephus berühmt wurde.

Er nahm als Kommandeur der galiläischen Festung Jotapata am Krieg gegen die Römer teil, musste aber im Jahr 67 kapitulieren. In der Gefangenschaft erlebte er Titus, dessen Vater im Jahr 69 römischer Kaiser wurde, als einen zu allem entschlossenen Befehlshaber, der den Krieg zum siegreichen Ende führte. Im Jahr 70 eroberten seine Legionen Jerusalem und zerstörten den zweiten Tempel, nach jüdischer Überlieferung genau am selben Tag, an dem auch der salomonische Tempel von den Babyloniern 655 Jahre zuvor vernichtet worden war. Das Datum, nach jüdischem Kalender der 9. Aw, wird seitdem als Trauer- und Fastentag begangen, denn damit war das Ende des Tempelkults markiert und der Untergang des zentralen Heiligtums.

Symbol des Überlebenswillens

Im Prinzip war der jüdisch-römische Krieg mit dem Untergang der Hauptstadt entschieden. Nur die Festung Masada ergab sich nicht; sie verfügte über große Vorräte und war vom Gelände her für die Belagerer eine fast unknackbare Nuss. Erst nach drei Jahren waren die Verteidiger am Ende. Doch sie ergaben sich immer noch nicht. Als die Römer schließlich die Mauern bezwangen, fanden sie nur noch eine Handvoll Überlebender der ursprünglich 960 Menschen auf Masada und Scherben mit eingeritzten Namen vor. Es waren die Lose, die über die Reihenfolge bestimmt hatten, in der die Verteidiger Selbstmord begangen hatten. Masada ist für das Judentum das wichtigste Symbol für den Überlebenswillen. Hierher pilgert die Jugend Israels und schwört: „Masada wird nicht wieder fallen!“

Roms enger Verbündeter König Herodes ließ seit 30 v. Chr. auf dem 440 Meter hohen Felsenplateau von Masada eine fast uneinnehmbare Burganlage bauen. Zahllose Sturmangriffe der Römer scheiterten im jüdischen Krieg, ehe die Festung im Jahr 73 bezwungen war.

Das Gesetz als Klammer in der Diaspora

Reine und unreine Speisen

Wie schon während der Babylonischen Gefangenschaft gaben den Juden nach der Austreibung durch die Römer der Glaube und die Riten Halt. Trotz weiter Verstreuung (Diaspora) wussten sich die Gemeinden einig unter Jahwes Gesetz. Sogar der Speiseplan hat sich nach ihm zu richten. Das bezieht sich fast nur auf den Genuss von tierischen Produkten. Wichtigste aller Auflagen für den Fleischverzehr: Das zur Nahrung bestimmte Tier muss koscher (rein) geschlachtet worden sein. Nach jüdischer Vorstellung gehört alles Leben Gott, Blut aber ist der Träger des Lebens und darf daher keinesfalls gegessen werden: „Allein esset das Fleisch nicht mit seinem Blut, in dem sein Leben ist!" heißt es (1. Mose 9, 4). Damit das nicht passiert, muss Schlachtvieh mit dem Kopf nach unten hängen. Dann wird es durch Schächten, d.h. mittels Schnitt durch Kehle (Luft- und Speiseröhre) und Halsschlagader getötet, sodass alles Blut herausläuft.

Zubereitung von ungesäuertem Brot, den sogenannten Matzen (Mazzot, Einzahl: Mazza) für das Festmahl an Passah zur Erinnerung an den hastigen Aufbruch der Kinder Israel aus Ägypten (jüdische Buchmalerei aus Spanien, um 1350).

Der Talmud *Es hat sich im Judentum schon früh die Ansicht durchgesetzt, dass es neben der schriftlichen Tora auch eine „mündliche Tora" gibt, die aus den maßgeblichen Auslegungen der Bibeltexte besteht und aus den daraus gewonnenen Lehren der Mose-Nachfolger in der geistlichen Führung des Volkes Israel. Alle Deutungen erfordern intensives Schriftstudium, und die „mündliche Tora" heißt denn auch Talmud, hebräisch für „Studium, Lernen". Er ist aber schon seit über anderthalb Jahrtausenden schriftlich fixiert in einer ausführlicheren Version, die ihre Wurzeln im babylonischen Judentum hat und in einer knapperen aus Palästina. Zwei Teile unterscheidet man: die Mischna (Wiederholung) mit den Tora-Deutungen und die Gemara (Vervollständigung), die wiederum die Mischna-Texte kommentiert. Inhaltlich stehen nebeneinander die Haggada (Vortrag) mit Predigten, Legenden und Anekdoten sowie die Halacha (Richtschnur) mit den verbindl. Regeln für Kult und alltägliches Leben. Die Talmud-Texte kreisen um Gottes Größe und Einheit, seine Unsichtbarkeit, Überweltlichkeit und Allmacht.*

Kein Schweinefleisch

Viele Tiere sind aber auch durch koscheres Schlachten nicht essbar zu machen, sie gelten von Haus aus als unrein. Dazu gehören alle Tiere, die sich von Tieren ernähren. Ebenso tabu sind Tiere, die sich in mehr als einem der drei „Elemente" Wasser, Erde, Luft bewegen, also alle Amphibien vom Krokodil bis zum Frosch. Wassertiere dürfen nur gegessen werden, wenn sie fischähnlich sind, also Schuppen und Flossen aufweisen; Krabben, Hummer, Muscheln oder Krebse gehören daher nicht auf den Tisch. Landtiere sind unter zwei Bedingungen essbar: Es muss sich um Paarhufer und Wiederkäuer handeln. Beides ist gleich wichtig, weswegen etwa Hasen nicht erlaubt sind, weil sie zwar wiederkäuen, aber keine gespaltenen Klauen haben. Umgekehrt kommt der Paarhufer Schwein nicht in Betracht, weil er nicht wiederkäut. Der Allesfresser Schwein nimmt zudem manchmal auch tierische Nahrung auf. Schweinefleisch ist also im doppelten Sinn verboten.

Fleisch und Milchprodukte sollen nicht zugleich oder unmittelbar nacheinander verzehrt werden, ja man darf sie nicht einmal zusammen kochen oder mit denselben Gerätschaften zubereiten oder von demselben Geschirr essen. Wer eine Fleischspeise zu sich genommen hat, muss mit dem Genuss von Milchprodukten warten, bis das Fleisch verdaut ist, in der Regel sechs Stunden lang. Umgekehrt reicht als Wartezeit eine halbe Stunde, weil Milchspeisen schneller abgebaut werden. Fisch dagegen gilt als neutral (parwe) und verträgt sich daher mit Milchspeisen (nicht aber mit Fleisch).

Angemessene Sprache und festliche Kleidung

Regeln für das Begehen des Sabbats

Streng geahndet wurden Verstöße gegen die gesetzlichen Regeln zur Heiligung des Sabbattages. Die Handschriftenillustration zeigt die Steinigung eines Sabbatfrevlers (aus der „Bible historiale" des Guiart Desmoulins, 1305).

Eine Speisevorschrift hat mit dem jüdischen Kalender (siehe Kasten) zu tun: Die siebentägige Woche spiegelt die Schöpfungstätigkeit Gottes. Wie dieser soll der Gläubige an sechs Tagen seine Arbeit verrichten und am siebten Tag, dem Sabbat (shaavat = ausruhen), ruhen. Das bedeutet, dass alle aufwendigen Tätigkeiten zu unterbleiben haben, also auch das Feuermachen (Autoanlassen ebenfalls). Obwohl heute dazu nur noch Schalter umzulegen sind, hat sich das Verbot erhalten. Die Vorschrift beruht auf dem dritten biblischen Gebot (2. Mose 20, 8-11): „Gedenke des Sabbattages, dass du ihn heiligest. Sechs Tage sollst du arbeiten und deine Werke tun. Aber am siebenten Tage ist der Sabbat des Herrn, deines Gottes ... Denn in sechs Tagen hat der Herr Himmel und Erde gemacht und das Meer und alles, was darinnen ist, und ruhte am siebenten Tage. Darum segnete der Herr den Sabbattag und heiligte ihn."

Natürlich gelten zur „Heiligung" des siebenten Tages noch mehr Regeln, denn er soll auch an den Auszug (Exodus) aus Ägypten erinnern, also durch Ruhe das Ende der Sklaverei und Israels Auserwähltheit markieren: Er beginnt am Freitagabend mit Einbruch der Dämmerung, und er endet am Abend des Folgetages. Würde, Zurückhaltung und angemessene Sprache sind in dieser Zeit zu wahren. Gebadet und in festlicher Kleidung begrüßen die Gläubigen den Ruhetag daheim mit Anzünden von Kerzen, was wegen der rituellen Funktion nicht unter das Verbot des Feuermachens fällt. Anschließend ist der Besuch eines Gottesdienstes in der Synagoge empfohlen, weil der Sabbat auch ein Tag der Gemeinsamkeit ist.

Segen und Gebet

Bei der Rückkehr segnen die Eltern die Kinder, und über einem Glas Wein rezitiert ein Familienmitglied den Kiddusch („Heiligung" aus dem oben zitierten Gebot). Dann folgt vor Beginn des festlichen Sabbatmahls der Segen der Challot (Einzahl: Challa), der geflochtenen Sabbatbrote, durch Salzen und Verteilung an die Anwesenden. Am Vormittag des Samstags/Sabbats schließt sich erneut der Besuch der Synagoge an, wo der wöchentliche Abschnitt aus der Tora gelesen wird. Zum Ausklang des Sabbats gibt es eine kleine Zeremonie, genannt Hawdala (Unterscheidung), die mit Lesungen, Weinsegen und Abbrennen von Würzkräutern sowie Gebet bei Kerzenschein begangen wird. Das Strahlen soll an die Schöpfung erinnern und daran, dass deren erster Tag das Licht brachte.

Erinnerung an Gottes Wegweisungen

Feste im Jahreslauf

Bei den jüdischen Festtagen handelt es sich vornehmlich um Daten des gemeinsamen Gedenkens an Eingriffe Gottes in die Geschicke seines auserwählten Volkes. Das Neujahrsfest (Rosch ha-Schana) wird in Israel am 1. Tischri gefeiert und trägt weitere Namen: Jom Terua (Tag des Widderhornblasens), Jom ha-Din (Tag des Gerichts) und Jom ha-Zikkaron (Tag der Erinnerung). In erster Linie geht es am ersten Tag des Jahres um bewusstes Erinnern an die Schöpfungstat Gottes. Da aber mit der Schöpfung auch die Sünde in die Welt gekommen ist, will das Fest zudem warnen vor dem Zorn Gottes am Tag des Gerichts. Mit dem Neujahrsfest beginnt daher eine zehntägige Bußfrist, die ihren Höhepunkt am höchsten Feiertag des jüdischen Jahres findet: am Jom Kippur. Es folgt Sukkot, das Laubhüttenfest vom 15. bis zum 22. Tischri. Der Bau von Hütten erinnert an die Bewahrung der Kinder Israel durch Gott beim Auszug aus Ägypten. Sukkot ist zugleich ein Erntedankfest.

Jom Kippur

Höhepunkt der Bußfeiern im Monat Tischri ist Jom Kippur am 10., dem Versöhnungs- und Sühnetag. Bis dahin hat jeder noch nicht völlig verworfene Sünder Gelegenheit, sich von seinen Missetaten durch vorbildliche Erfüllung der Glaubenspflichten zu reinigen und Versöhnung zu erbitten. Eigentlich bedeutet das auch im Vorfeld Enthaltsamkeit und demütiges Eingestehen der eigenen Schuld, doch hat die hohe Bedeutung des Tages in manchen Gemeinden dazu geführt, dass am Tag zuvor gesellig gefeiert wird. Geschenke an die Armen sind ebenso üblich wie gemeinsame Mahlzeiten mit Nachbarn und Verwandten, die man bei dieser Gelegenheit ebenfalls um Verzeihung für etwaige Verfehlungen ihnen gegenüber bittet. Jom Kippur selbst ist ein strenger Fasten- und Bußtag mit vielen Gottesdiensten. Am Jom Kippur nämlich öffnet Gott die Himmelstore für die Gebete und legt außerdem fest, wen er im laufenden Jahr zu sich rufen wird. Im alten Israel des Tempels war Jom Kippur auch der einzige Tag, an dem der Hohepriester das Allerheiligste betreten durfte.

Chanukka und Purim

Nach dem feierlosen Cheswan folgt der Kislew mit mehreren Festen: Wichtigstes ist Chanukka, das Weihe- und Lichterfest, das am 25. Kislew beginnt und eine Woche währt. Es erinnert an die Befreiung Jerusalems im Jahr 164 v. Chr. durch Judas Makkabäus. In jeder Nacht wird eine Kerze angezündet, bis schließlich alle Lichter auf dem Chanukka-Leuchter brennen. Noch direkter kommt dieser Aspekt beim Purim-Fest am 14./15. Adar zum Ausdruck. Es erinnert an die persische Unterdrückung und die Rettung durch Königin Esther. Purim ist ein lautes Fest. Lustige Geschichten werden aufgeführt, und der Jubel erreicht den Höhepunkt bei der Wahl der Purim-Königin, meist ein hübsches junges Mädchen. Ausnahmsweise dürfen Frauen auch an der Tora-Lesung teilnehmen, weil man ja eine Retterin feiert.

Passah und Schawuot

Das nach Jom Kippur wohl höchste Fest im jüdischen Kalender ist Pessach oder Passah am 14. Nissan. Es erinnert an den Auszug der Kinder Israel aus Ägypten (Exodus) und wird als „Fest der ungesäuerten Brote" bis zum 21. Nissan begangen. Ein gebratener Lammknochen liegt dabei auf dem sogenannten Seder-Tisch (hebräisch: seder = Ordnung). Daneben finden sich drei Matzen (Mazzot) auf dem Seder-Teller, Brotfladen aus ungesäuertem Teig, die den eiligen Aufbruch der Israeliten aus Ägypten verkörpern, der keine Zeit zur Durchsäuerung des Brotes ließ. Unserem Pfingsten schließlich entspricht das Wochenfest (Schawuot), das am 6. Siwan gefeiert wird.

Märchenhaft-magische Erinnerungsbilder an seine weißrussische Heimat und die jüdische Welt des Schtetls schuf der französische Maler Marc Chagall (1887–1985): „La Fête des Tabernacles" (Sukkot/Laubhüttenfest) entstand 1916.

Die Lebensabschnitte des gläubigen Juden begleiten verbindliche Rituale. So ist vorgeschrieben, dass bei jedem männlichen Säugling am achten Tage nach der Geburt die Beschneidung (Berit Mila) vorzunehmen ist. Der Vorgang soll das Zeichen sein des Bundes Gottes mit den Kindern Israel. Dabei wird die obere Vorhaut des Penis mittels eines Stahlmessers entfernt und die untere Vorhaut eingeschnitten. Die schmerzhafte und früher auch hygienisch nicht unbedenkliche Prozedur wird von einem eigens dafür ausgebildeten Beschneider (Mohel) vorgenommen. Trotz oft aufbrechender Kritik an der Berit Mila, hat sie sich als Einheitszeichen der Juden fast überall gehalten.

Sohn des Gesetzes

Der beschnittene Jude wird mit der Vollendung des 13. Lebensjahrs nach entsprechender Unterweisung durch den Rabbi religionsmündig, ein Bar Mizwa („Sohn des Gebotes"). Die dazu abgehaltene Feier in der Synagoge sowie das anschließende Familienfest wird ebenfalls Bar Mizwa genannt. Der durch die Feier „gebotspflichtig" und im religiösen Sinn großjährig gewordene junge Mann wird nun erstmals zur Tora-Lesung in der Synagoge aufgerufen, zählt zu den Minjan, den zehn Männern, die zur Abhaltung eines jüdischen Gottesdienstes nötig sind. Den neu in die Gemeinde aufgenommenen jungen Männern hält der Rabbi eine Ansprache, legt ihnen die Gebetsriemen (Tefillin) an und entlässt sie mit dem dreifachen Priestersegen (Birkat Kohanim), wobei oft eine Bibel oder ein Gebetbuch überreicht wird.

Tochter des Gesetzes

Im Elternhaus folgt dann ein Festmahl und eine Feier, die im 19. Jahrhundert immer weiter ausgestaltet worden ist. Kern ist der kleine Vortrag des Gefeierten geblieben, der eine Bibelstelle oder eine Talmudpassage auslegt und sich manchmal auch einer Diskussion seiner Thesen stellen muss. Weniger aufwendig, wenn sie überhaupt abgehalten wird, geht es bei der Bat Mizwa („Tochter des Gebotes") der Mädchen zu. Sie werden schon mit 12 Jahren religionsmündig und übernehmen nun bereits wichtige Aufgaben im Haushalt, weswegen sie für festgelegte rituelle Pflichten nicht die Zeit haben. Die Zäsur wird daher nur in reformjüdischen Gemeinden gefeiert, und das auch erst seit dem 19. Jahrhundert. Orthodoxe Juden lehnen die Bat Mizwa und Tora-Lesungen durch Frauen bis heute entschieden ab

Als Bar Mizwa (Sohn des Gesetzes) religionsmündig geworden, trägt der jüdische Junge erstmals die Gebetsriemen („Bar Mizwa", Radierung von Ben Ary, 1920).

Tod und Beisetzung *Was mit den Seelen nach dem Tod geschieht, beschäftigt das Judentum weniger als viele andere Religionen. Zwar gibt es Auferstehungshoffnungen, und man erwartet in irgendeiner Form eine Teilhabe an Gottes Herrlichkeit. Bis dahin aber wandeln die Seelen schemenhaft in einem Totenreich, dem Scheol. Die Bräuche, die sich um Tod und Beisetzung gebildet haben, betreffen daher weniger das Seelenheil der Verstorbenen als die Trauer der Hinterbliebenen. Nach Eintritt des Todes betten die Anwesenden den Leichnam zunächst auf den Boden, denn der Verstorbene wird nun wieder zur Erde, von der er genommen ist. Es folgt die rituelle Waschung in einem Haus der Reinigung (Tahara). Die Beerdigung beginnt mit einer Trauerfeier. Ein Rabbi hält die Trauerrede, der nächste Angehörige schließt die Feier mit dem Sprechen des Trauergebets (Kaddisch). Es folgt der Gang zum Grab, in das der Leichnam gesenkt wird und an dem sich die Teilnehmer zum Zeichen der Trauer Kleider einreißen, heute meist nur noch symbolisch ein mitgeführtes Band oder eine Krawatte. Beim Verlassen des Friedhofs werden die Hände mit Wasser gereinigt, aber nicht abgetrocknet, was die Trauer verlängern soll.*

Unter dem Druck einer feindlichen Umwelt

Die Frau im Gemeindeleben

Wie fast alle Religionen ist das Judentum männlich geprägt, waren doch Patriarchen, Richter, Könige und Propheten fast ausnahmslos Männer. Doch das Judentum hat sich als reformfähig erwiesen, wenn auch nach Ansicht vieler Gläubigen nicht im erhofften und nötigen Tempo. Die Wandelbarkeit verdankt es nicht zuletzt dem schweren Schicksal in der Diaspora. Es nahm vielfältige fremde Einflüsse auf und konnte sich nur durch hohe Anpassungsfähigkeit behaupten. Umgekehrt hat die Zerstreuung der Juden den Reformeifer nachhaltig gebremst, weil nur auf dem kleinsten gemeinsamen Nenner der Zusammenhalt zu wahren war. Das hat sich auch seit der Wiederversammlung eines Großteils der Juden in Israel kaum geändert, denn der Druck der feindlichen Umwelt ist ungeheuer hoch, und das Gemeinschaftsgefühl der Einwanderer aus über 80 Nationen kann Stabilität nur auf dem religiösen Fundament gewinnen.

Eheschließung *Ehelosigkeit gilt im Judentum als Makel aufgrund des Gebots im 1. Buch Mose 1, 28: „Seid fruchtbar und mehret euch." Will ein Paar heiraten, so kommt es vor zwei männlichen, nicht mit den künftigen Ehepartnern verwandten Zeugen zur Antrauung, wobei der Bräutigam den Ehering stellt, ihn der Braut überstreift und spricht: „Durch diesen Ring bist du mir angetraut nach dem Gesetz des Mose und Israels." Es folgt die religiöse Feier, bei der das Paar unter einen Baldachin (Chuppa) tritt, der das künftige gemeinsame Haus symbolisiert. Der Rabbiner spricht einen Segen über einem Glas Wein, von dem die Brautleute trinken, und verliest den Ehevertrag (Ketubba). Den erhält als rechtliche Sicherung danach die Braut vom Bräutigam, den sie sieben Mal umschreitet, während er ein Glas zertritt. Das soll an diesem höchsten Freudentag dazu mahnen, auch im Glück nicht die Zerstörung des Tempels zu vergessen. Ein kurzes Alleinsein (Jichud) der frisch Getrauten bildet den Abschluss der Zeremonie.*

Überlebte Dominanzvorstellungen

Entsprechend langsam öffnet sich das religiöse Establishment für Forderungen nach mehr Beteiligung von Frauen. Kaum ein Jude oder Israeli wird noch die Formel beim Wort nehmen, nach der die Frau Eigentum (Beula) des Ehemannes sei, doch das öffentliche Agieren von Frauen in der Synagoge braucht noch eine lange Zeit der Gewöhnung. Gegen die Fortschritte und die Impulse, die aus Amerika und Westeuropa kommen, werden sich auf Dauer aber selbst die Strenggläubigen nicht ganz verschließen können. Denn sie haben nur die Tradition auf ihrer Seite, die gewachsen ist in Zeiten, da die Dominanz des Mannes sich auf Kämpfertum und physische Überlegenheit stützte. Diese Argumente sind längst entfallen, ja sie beschädigen die biblische Überlieferung, nach der Gott Mann und Frau nach seinem Bilde erschaffen hat. Auch der Verweis auf bereits bestehende kultische Funktionen der Frau genügt nicht. Dazu gehören Klagen bei Trauerfällen, Herstellung von Schaufäden für Gebetsmäntel (die aber nur Männer tragen dürfen), Schmücken von kultischem Gerät und Ausrichtung religiöser Feiern, Entzünden der Lichter am Sabbat und an Festtagen. Armen- und Krankenpflege waren und sind Frauendomänen, buchhalterische, verlegerische und andere Bürotätigkeiten stehen ihnen ebenso offen, als Herrinnen des Hauses haben sie zudem auf die Einhaltung der Speisevorschriften zu achten. Und zum Militärdienst werden Frauen auch einberufen. Die Defizite werden in der Synagoge sichtbar, wo die separat sitzenden Frauen bis heute eine untergeordnete Rolle spielen und nicht einmal Gottesdienst halten können ohne die Mindestzahl von zehn Männern (Minjan).

„Jüdische Hochzeit in Marokko" heißt das Gemälde des französischen Malers Eugène Delacroix (1798–1863). Musikanten spielen zum Tanz auf, während die Gäste Braut und Bräutigam in Gesängen preisen.

Sephardim und Aschkenasim

Das mittelalterliche Judentum in der europäischen Diaspora

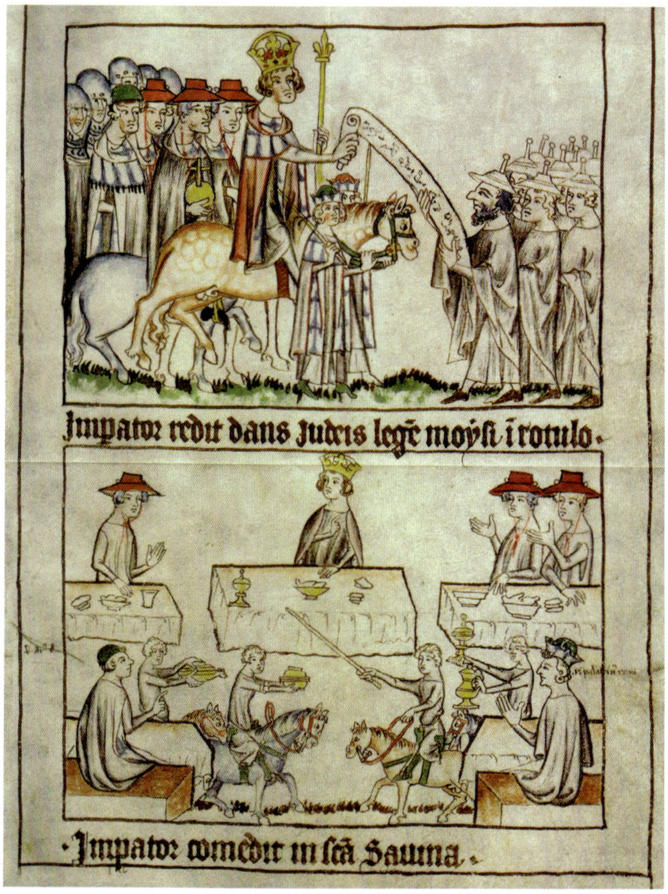

Juden waren im Mittelalter auf den Schutz der Herrscher angewiesen. Die um 1340 entstandene Buchmalerei zeigt oben Kaiser Heinrich VII. (1308–1313) zu Pferde beim Empfang einer Delegation der Juden Roms, deren Rechte er schriftlich garantiert; unten das Krönungsmahl.

Kabbala *Esoterik hat immer Konjunktur in Krisenzeiten, und das Judentum in Europa durchlebte schwere Zeiten im Mittelalter. Deswegen erhielt die religiöse Strömung der Kabbala (hebräisch „Überlieferung") seit dem 13. Jahrhundert Zulauf. Sie präsentierte sich als Hüterin der tieferen biblischen Wahrheiten, die bei der üblichen Auslegung nicht erfasst würden. Mithilfe von Buchstabendeutung und Zahlenmystik suchten die Kabbalisten jedem Zeichen und jedem Satz der Bibel geheime Bedeutung beizulegen. Damit eröffneten sie theologischer Spekulation ein weites Feld über Engel und Dämonen, zehn Weltsphären (Sefirot), die das Göttliche durchlaufe, Seelenwanderung (Gigul) und messianische Prophezeiungen. Im Volksglauben sanken diese Konstrukte zu bizarren magischen Praktiken herab bis hin zu Geisterbeschwörungen und Abwehrzauber. Das stigmatisierte die Juden noch weiter als unheimliche, ja verdächtige Sondergruppe und behinderte nachhaltig Bemühungen um ihre Integration.*

Mit dem Untergang Bar Kochbas und der Seinen waren im Jahr 135 alle Hoffnungen auf ein eigenes jüdisches Gemeinwesen im gelobten Land Palästina zerstoben. Die Juden wanderten nach Babylonien, später auch bis Indien und China nach Osten ab, oder sie siedelten sich in anderen römischen Provinzen an. Vor allem Spanien wurde zu einem jüdischen Zentrum, weswegen die Westjuden auch Sephardim genannt wurden nach dem hebräischen Namen für die Iberische Halbinsel. Durch Kaiser Caracalla (regierte 211–217) erhielten sie das Bürgerrecht, ihre Stellung aber geriet durch den Siegeszug des Christentums seit Konstantin dem Großen (Kaiser 306–337) in Gefahr. Als „Gottesmörder", die Christus der römischen Justiz ausgeliefert hatten, waren sie Verfolgungen und als wirtschaftlich besonders erfolgreiche Volksgruppe dem hasserfüllten Neid ihrer christlichen Mitbürger ausgesetzt.

Maurische Toleranz, christlicher Druck

In Spanien nahte im 8. Jahrhundert die Rettung in Gestalt der Mauren, islamischer Araber aus Nordafrika, die wesentlich toleranter waren als die christlichen Herrscher, die vor ihnen bis an den Nordrand der Halbinsel zurückweichen mussten. In der folgenden Epoche blühte das sephardische Judentum und hatte wesentlichen Anteil an der Tradierung antiker Kultur, die von den Arabern weit besser bewahrt worden war als vom christlichen Westen. Erst als die christlichen Könige und Fürsten im Zuge der Reconquista, der schrittweisen Rückeroberung des Landes, nach und nach wiederkehrten, war das Judentum dort auf Sicht dem Untergang geweiht. Wer sich im 15./16. Jahrhundert nicht zum Christentum bekehrte, musste Spanien verlassen oder fiel der Inquisition zum Opfer. Viele Juden wanderten nach Mitteleuropa, wo sie allerdings auch nicht eben willkommen waren, nicht einmal bei den schon früher hierher gewanderten Glaubensgenossen, den nach dem hebräischen Namen für Deutschland sogenannten Aschkenasim, die es selbst schwer genug hatten.

Sie hatten die christliche Knute und Ausbeutung besonders seit Beginn der Kreuzzüge im 11./12. Jahrhundert zu spüren bekommen, weil man sie der Komplizenschaft mit den Muslimen verdächtigte bei deren Eroberung der heiligen Stätten der Christenheit in Palästina. Viele wichen vor dem Druck nach Osten aus, sodass Aschkenasim bald gleichbedeutend mit dem Begriff „Ostjuden" wurde. Sie ließen sich in Litauen, Polen und in der Ukraine nieder oder zogen noch weiter nach Russland hinein. Dabei nahmen sie das mittelhochdeutsche Idiom mit und entwickelten es durch hebräische Anreicherung zum Jiddischen, einer ungemein fruchtbaren Literatursprache.

Sündenböcke für Rückschläge aller Art

Chassidismus und kirchliche Verfolgung im Hochmittelalter

Eine andere spirituelle Antwort als die Kabbala auf die wachsende Judenfeindschaft stellte der Chassidismus dar (Chassidim = die Frommen). Schon in der Antike hatte es eine ähnliche Bewegung gegen die Verweltlichung durch den Hellenismus, also die sinnenfrohe griechische Kultur, gegeben. Wie damals ging es auch jetzt im Hochmittelalter um eine größere religiöse Innerlichkeit. Der Impuls nahm seinen Ausgang von dem durch Judenverfolgungen besonders schlimm betroffenen Regensburg, wo Samuel ben Kalonymus als Gemeindevorsteher prägend wirkte. Wie die christlichen Bettelorden, stand auch für die Chassidim an erster Stelle die Forderung nach Einfachheit, Demut und Nächstenliebe. Sie sahen in der ungleichen Verteilung der irdischen Güter eine Folge der Sünde und forderten die Umverteilung zugunsten der Armen als Buße.

Diese frühen Chassidim zeichneten sich durch besondere Tora-Treue und zugleich durch ausgeprägte Toleranz aus. Das half ihnen wenig im Kreuzzugsklima, und auch die Schutzmaßnahmen der Fürsten bis hin zum Kaiser vermochten auf Dauer wenig auszurichten. Besonders verhängnisvoll wirkte sich aus, dass die Kirche in dieser Zeit das Feindbild Jude neu entdeckte und es auch für alle sichtbar machen wollte. Auf einem Konzil in Rom verkündete der mächtige Papst Innozenz III. im Jahr 1215, dass Juden sich durch den spitzen Judenhut oder mit einem gelbem Fleck auf der Oberbekleidung deutlich kenntlich zu machen hätten. Sonst könnten sich womöglich Christinnen mit Juden oder Jüdinnen mit Christen einlassen, wodurch das Seelenheil des christlichen Teils in große Gefahr geriete.

Haltlose Anschuldigungen

Das christliche Mittelalter war eine gläubige Epoche, aber darum auch eine furchtbar abergläubische. Wenn sich Katastrophen nicht erklären ließen, wurde göttliche Strafe angenommen. Die konnte man sich durch eigene Sünden zuziehen, sie ließen sich aber auch durch die Verfehlungen anderer erklären, was natürlich bequemer war. Schon im 12. Jahrhundert waren in England und Frankreich Gerüchte aufgekommen, nach denen die Juden ihren angeblichen Blutdurst durch das Schlachten von Christen stillten, die sie rituell geopfert hätten. Als bei einem Brand in Fulda 1235 fünf Kinder umkamen, wurden sie zum Opfer dieser jüdischen Mordpraxis stilisiert. Die Juden hatten insofern noch Glück, als das Ereignis in die Regierungszeit des Stauferkaisers Friedrich II. fiel, der für solche haltlosen Anschuldigungen keinen Sinn hatte. Er stellte fest, dass Juden, die nicht einmal das Blut von Tieren verzehren dürften, sich kaum an Menschenblut gütlich tun würden.

Der Schwarze Tod

Im 14. Jahrhundert konnte kein guter Kaiser Friedrich mehr helfen: Die Pest wütete in Europa und raffte ein Drittel der gesamten Bevölkerung dahin. Dass die Juden von diesem „Schwarzen Tod" ebenso betroffen waren, konnte das Gerücht nicht eindämmen, sie hätten durch Vergiftung von Brunnen die Seuche verursacht. Eine Welle von Pogromen schwappte durch das Abendland. Sie erfasste auch Gebiete, die von der Pest gar nicht betroffen waren, und vernichtete zahllose Gemeinden. Es beteiligten sich sogar viele Behörden an den Verfolgungen durch Ausweisungen aller Juden aus Städten, Regionen oder gar ganzen Ländern, wie das England schon 1290 vorgemacht hatte und wie es Frankreich 1394 ebenfalls beschloss. In Deutschland wurde unterschiedlich verfahren; vor allem die gut organisierten Städte griffen zu pauschaler Vertreibung, oft auf Veranlassung der Zünfte, die sich Konkurrenten vom Halse schaffen wollten, oder von einflussreichen Persönlichkeiten, die so Gläubiger loswurden.

Selbst die hochverehrten Propheten des Alten Testaments stellten sich die Künstler des späten Mittelalters mit spitzem Judenhut vor. Der namentlich nicht bekannte Meister des Pfullendorfer Altars schuf um 1500 dieses Brustbild.

Emanzipation und Assimilation

Gleichstellung der Juden in Mittel- und Westeuropa

Die Judenfeindschaft schwelte in Europa zu Beginn der Neuzeit weiter, vor allem im Osten, von wo nun viele wieder nach Westen zurückwanderten. Hier nämlich hatte ein Umdenkprozess nach Ende der Glaubenskriege begonnen: Die Aufklärung räumte im 17./18. Jahrhundert mit religiösen Vorurteilen auf und eröffnete den Juden die Chance zur rechtlichen Gleichstellung (Emanzipation). Das begriffen aber keineswegs alle als Fortschritt, sondern sahen darin auch eine Gefahr für die jüdische Identität. Insofern begrüßten es manche, dass in Deutschland die Gleichstellung zögerlicher eingeführt wurde als im revolutionären Frankreich. Preußische Bemühungen blieben zunächst in Ansätzen stecken. Erst während der deutschen Einigung 1866–1871 kam es dann zu Regelungen, die in volle Gleichberechtigung mündeten.

Wachsende Toleranz

Besorgte strenggläubige Juden hatten hierzulande also Zeit, sich an den Gedanken einer stärkeren Angleichung (Assimilation) an die deutsche Bevölkerung zu gewöhnen und festzustellen, dass staatsbürgerliche Gleichberechtigung noch nicht tatsächliche Gleichheit bedeutete. Vorbehalte gegen Juden verloren sich gesellschaftlich wie kulturell nur sehr allmählich und nie ganz. Unübersehbar aber kam es seit dem Wirken des jüdischen Berliner Philosophen Mendelssohn (1729–1786) und seines deutschen Freundes Lessing (1729–1781) zu einer wachsenden Toleranz, wie sie Lessing in seinem Drama „Nathan der Weise" thematisiert hatte. Die Schlagworte dafür steigerten sich von „Anbürgerung" über „Eingliederung" bis zu „Verschmelzung".

„Die Betrachtung der Ringe" (1845) nannte der jüdisch-deutsche Maler Moritz Daniel Oppenheim (1800–1882) sein Gemälde zu Lessings „Nathan der Weise" (1779). Die darin von den Religionen geforderte Toleranz spitzte Oppenheim auf den Konflikt zwischen Judentum (rechts) und katholisches (Mitte) wie evangelisches Christentum zu.

Schtetl *In Osteuropa hatte der Chassidismus im 18. Jahrh. eine Renaissance erlebt, sodass die Abgrenzung zur christlichen Umwelt krasser wurde. Das sahen auch die Behörden so und sorgten zur Vermeidung von Konflikten für Trennung der Bevölkerungsgruppen. Mit den jüdischen Gemeinden wurden Verträge geschlossen, die ihnen Siedlungsräume zuwiesen, wo sie die Mehrheit bildeten. Dabei wurde auf Konzentration in städtischen Zentren (etwa 1000 bis 20 000 Einw.) geachtet, weil Streusiedlungen schwerer zu kontrollieren sind. Es bildete sich das typisch jüdische Städtchen (jiddisch „Schtetl") des Ostens, wo die Juden auf relativ engem Raum weitgehend unter sich waren, jiddisch sprachen und in der Synagoge („Schul") und Betstube („Schtibl") hebräische Studien trieben. Bilder von Chagall (1887–1985) und Romane von Scholem Aleijchem (1859–1916) erzählen von dieser liebenswerten, meist armseligen und doch lebensvollen, von der Religion geprägten und vom äußeren Druck zusammengehaltenen Welt.*

Unverändert aber gab es einen Bodensatz von Hass, gespeist durch Neid. Die Emanzipation öffnete den Juden nämlich nach und nach weitere Berufe. Ihr Geld erlaubte es ihnen, nun auch als Fabrikanten und vor allem als Händler aufzutreten. Als 1819 ein jüdischer Bankier im Bayerischen Landtag einen Antrag auf weitere Gleichstellung der Juden einbrachte, kam es in Würzburg, wo Juden überhaupt erst wieder seit 1803 leben durften, zu Krawallen. Mit dem Ruf „Hepp Hepp!" der Hirtenbuben, die so ihr Vieh scheuchten, trieb der Mob die Juden aus ihren Wohnungen, plünderte ihre Läden und schreckte auch vor mörderischer Gewalt nicht zurück. Die Unruhen breiteten sich über ganz Deutschland aus. Dennoch setzten die meisten Juden weiterhin ihre Hoffnungen auf den Emanzipationsprozess, andere wanderten wie auch viele Deutsche nach Amerika aus, und wieder andere traten die Flucht nach vorn an und ließen sich taufen. Zugleich wurde der Ruf nach Reformen im Judentum selbst lauter.

Rückbesinnung auf das Land der Väter

Entstehung des Zionismus (2. Hälfte 19. Jahrhundert)

Für orthodoxe Juden wurde „Assimilation" zum Inbegriff jüdischer Selbstaufgabe. Die Psalmworte wurden mahnend, ja drohend zitiert: „Wenn ich dein vergesse, Jerusalem ...!" Das war das Stichwort für einige Wortführer, die eine Assimilation für unmöglich oder aber für gefährlich hielten und die sahen, dass unweigerlich alles darauf zulaufen musste, wenn nicht wieder engerer Kontakt zum „gelobten Land" der Väter, zu Palästina gesucht würde. Mit bloßer Betonung der jüdischen Eigenart und peniblem Einhalten der Halacha, also des Religionsgesetzes, würde es auf Dauer nicht getan sein.

Das Heimweh nach dem Erez Jisrael (Land Israel) war nichts Neues, aber inzwischen zum passiven Ritual erstarrt. Jetzt gewann es frischen, aktiven Klang, auch wegen der Lage der osteuropäischen Juden. Anders als ihre Glaubensgenossen im Westen waren sie nicht aus den Gettos der Städte und ihrer Isolierung im Schtetl herausgekommen. Auch wenn die Idee einer räumlichen Rückbesinnung auf Zion aus dem Westen kam, so fiel sie im Osten doch auf besonders fruchtbaren Boden. Seit den 1880er-Jahren, die in Russland schwere Pogrome gebracht hatten, begannen osteuropäische Gesellschaften mit dem Ankauf von Land in Palästina, um jüdische Siedlungen aufzubauen.

Auch im Westen fand diese als „Zionismus" bezeichnete Bewegung Anhänger. Schon 1862 hatte der Rabbiner Moses Hess sein Buch herausgebracht: „Rom und Jerusalem, die letzte Nationalitätsfrage". Darin legte er seine Überzeugung von der Schicksalsgemeinschaft des Judentums dar. Sie könne nur überleben, wenn sich die Juden wieder als Volk bewusst würden und sich dazu in ihrem „Heimatland" versammelten. Hess hatte dabei schon Palästina im Visier und erkannt, dass weder Assimilation noch Emanzipation in den Gastländern zum Ziel führen würden.

Dreyfus-Affäre

Doch erst die Dreyfus-Affäre wurde zum Schlüsselerlebnis. Ausgerechnet im liberalen Frankreich zeigten sich anlässlich eines Spionage-Skandals starke Vorurteile gegen die Juden: Der jüdische Hauptmann Alfred Dreyfus (1859–1935) wurde bezichtigt, den Deutschen Geheimnisse verraten zu haben. Er wurde trotz massiver Zweifel am Beweismaterial 1894 zu lebenslanger Verbannung verurteilt. Beweise für seine Unschuld veranlassten den Romancier Émile Zola (1840–1902) drei Jahre später zum flammenden Appell „J'accuse" (Ich klage an) an den Staatspräsidenten. In einem zweiten, ebenfalls dubiosen Verfahren wurde Dreyfus zu einer abgemilderten Strafe verurteilt, die aber nach dem Geständnis des wahren Täters auch keinen Bestand hatte. Dennoch kam es erst 1906 zur völligen Rehabilitierung des jüdischen Offiziers. Die Affäre hatte einen tief sitzenden Judenhass freigelegt. Der Schock über diesen Abgrund an Ressentiments selbst in höchsten Kreisen saß tief im Judentum; viele bisher Integrationswillige wurden zu überzeugten Zionisten.

Schaffung einer Heimstätte

Auch für Theodor Herzl (1860–1904), einen österreichischen Publizisten, der mit seinem Buch „Der Judenstaat – Versuch einer modernen Lösung der Judenfrage" (1896) zum eigentlichen Begründer des politischen Zionismus wurde: Er erstrebte für das jüdische Volk die Schaffung einer „öffentlich rechtlich gesicherten Heimstätte in Palästina". Bewerkstelligen wollten das Herzl und seine Anhänger durch verstärkte Siedlung in Palästina. Nach erneuten Pogromen in Russland kam es 1903 zur zweiten Alija, die bis 1914 rund 85 000 Juden nach Palästina brachte.

Erst in Osteuropa, vermehrt dann aber auch im Westen fand Theodor Herzl (Mitte) Anhänger für seine Idee, die Juden wieder im „gelobten Land" zu versammeln (Foto: an Bord eines Schiffes auf der Fahrt nach Palästina).

Das Wort war neu, das, was es bezeichnete, so alt wie das Judentum oder doch wie dessen Zerstreuung in alle Welt: „Antisemitismus". 1879 prägte der deutsche Publizist Wilhelm Marr (1818–1904) den in doppelter Weise irreführenden Begriff für die Judenfeindschaft. Nach Jahrhunderten der Vermischung waren die wenigsten Juden noch mit dem ebenfalls problematischen Begriff Semiten zu bezeichnen. Die nach dieser sprachwissenschaftlichen Terminologie tatsächlichen Semiten, also Araber, Beduinen und andere Steppenvölker, waren mit Marrs „Antisemitismus" gar nicht gemeint, sondern nur die Juden. Trotzdem hat sich der unangemessene Begriff durchgesetzt.

Im 19. Jahrhundert wandelte sich der bisher religiös begründete Antisemitismus wesensmäßig: Konnten sich Juden bisher durch Taufe vor Verfolgungen schützen, so suchten nun die Fanatiker nach Mitteln, ihnen auch diesen Weg zu verstellen. In Gleichberechtigung und fortschreitender Assimilation sahen sie eine schwere Bedrohung. Ausgelöst von der tiefen wirtschaftlichen Depression seit 1873 (Gründerkrise) tauchten vermehrt antisemitische Thesen auf, die Juden als Rasse klassifizierten. Wiederum gehörte Marr zu den Wortführern. Er schloss daraus, dass sich der jüdische Ritus seit Jahrtausenden trotz aller Angriffe und Einflüsse unverändert erhalten habe, auf einen Charakterzug, der nur in der Minderwertigkeit der „jüdischen Rasse" zu suchen sei. Wie sonst könnten die Juden ohne Hemmungen überall als „Schmarotzer" existieren? Dahinter könne nur der Plan zur Erringung der Weltherrschaft durch Aussaugen der „Wirtsvölker" stecken.

Als abgefeimte Wucherer stellte diese Illustration aus der „Bible moralisée" (um 1250) die Juden dar, die sogar noch fromme Brüder übervorteilten. Die wirtschaftlichen Erfolge der Juden – Christen waren Geldgeschäfte als sündig versagt – ließen im Mittelalter den Neidantisemitismus aufkommen.

Wirkungslose Taufe

Ein missverstandener Rassebegriff hatte damals Konjunktur, denn 1859 war das Werk des Naturforschers Charles Darwin erschienen: „Die Entstehung der Arten durch natürliche Zuchtwahl". Unter Gleichsetzung von Art und Rasse begriffen Biologisten die Geschichte der menschlichen Gesellschaft ebenfalls als eine „Auslese" der für den „Kampf ums Dasein" am geeignetsten Völker und Rassen. Ein Volk wie die Juden, das nicht einmal die eigene Heimat habe bewahren können, müsse minderwertige Rassemerkmale haben und stelle daher für die gesunden Rassen eine schwere Gefahr dar. Bei Vermischung drohe „Bastardisierung", die ohnedies schon fortgeschritten sei und nur durch Trennung von den Juden oder gar durch ihr „Ausscheiden aus dem Volkskörper" gebremst und in weiteren Schritten rückgängig gemacht werden könne. Für Emanzipation der Juden war in diesem Konzept ebenso wenig Platz wie für eine Assimilation; christliche Taufe konnte den angeblich rassischen Makel nicht abwaschen.

„Protokolle der Weisen von Zion" *Im August 1921 entlarvte die Londoner „Times" ein Dokument als Fälschung, das den Antisemiten zum Beweis ihrer These einer „jüdischen Weltverschwörung" diente und trotz Entlarvung weiter diente: Die in St. Petersburg 1905 veröffentlichten und in Deutschland zuerst 1920 erschienenen „Protokolle der Weisen von Zion", einer angeblich jüdischen Geheimregierung, enthielten auf etwa 100 Druckseiten in Form von Aufzeichnungen und Reden den Plan zur Eroberung der Weltherrschaft durch die Juden: Es komme darauf an, dass die Juden in aller Welt Unruhen, Revolutionen und politische Zersetzung unterstützten, weil dadurch die jüdische Macht unausweichlich wachse und in die Weltherrschaft münden werde. Die auf eine französische Kampfschrift von 1864 gegen Kaiser Napoleon III. zurückgehende Fälschung stammte aus der Werkstatt der zaristischen Geheimpolizei Ochrana, erregte in Deutschland erhebliches Aufsehen und erreichte bis 1933 weit über dreißig Auflagen.*

Drohungen wörtlich umgesetzt

Systematische Entrechtung in Deutschland (1933–1939)

Wie so viele Katastrophen wurde nach 1918 auch und vor allem die Niederlage Deutschlands im Ersten Weltkrieg den Juden angelastet. Die Nationalsozialistische Deutsche Arbeiterpartei (NSDAP) des aus Österreich stammenden Agitators Adolf Hitler war nur eine der antisemitisch geprägten rechten Parteien, aber sie war die radikalste und letztlich die bei weitem erfolgreichste. In ihrem Programm von 1920 stand bereits, dass kein Jude „Volksgenosse" sein könne. Am 30.1.1933 zum Reichskanzler bestellt, bewies Hitler schon in den ersten Monaten seiner Regierung, dass er wörtlich gemeint hatte, was er den rund 500 000 deutschen Juden immer wieder angedroht hatte: Am 1.4. ließ er einen Boykott jüdischer Geschäfte inszenieren, am 7.4. entfernte der „Arierparagraph" alle Juden aus dem Staatsdienst, am 22.4. entzogen die Behörden jüdischen Ärzten die Kassenzulassung, am 22.9. verfügte das Gesetz über die Reichskulturkammer den Ausschluss der Juden aus dem kulturellen Leben.

Nürnberger Gesetze *Am 15.9.1935 wurde in Nürnberg das Reichsbürgergesetz verkündet: Danach waren Juden und andere Personen „nichtarischen Blutes" künftig nur noch bloße Staatsbürger ohne politische Rechte. Hinzu kam das sogenannte Blutschutzgesetz: Es verbot Eheschließungen zwischen Juden und „Deutschblütigen" und sah für außerehelichen Geschlechtsverkehr zwischen solchen Personen als „Rassenschande" Zuchthausstrafen vor. In diesen Rassengesetzen, zusammenfassend „Nürnberger Gesetze" genannt, wurde auch festgelegt, wer als Jude im Sinne der Gesetze zu gelten hatte: Neben den „Volljuden" alle Personen mit drei jüdischen Großelternteilen (Dreivierteljuden) sowie alle Personen mit nur zwei jüdischen Großelternteilen (Halbjuden), wenn sie sich zum mosaischen Glauben bekannten oder mit einem „Volljuden" verheiratet waren. Die Gesetze waren ein weiterer Schritt bei der Entrechtung der Juden, der nur nicht noch radikaler ausfiel, weil die Olympischen Spiele 1936 in Berlin bevorstanden.*

Staatlicher Gewaltexzess

Allerdings stellten alle diese Erlasse und Gesetze die Ämter vor erhebliche Probleme, weil eine schlüssige Definition, wer als Jude einzustufen sei, noch ausstand. Das wurde 1935 mit den Nürnberger Gesetzen nachgeholt (siehe Kasten). Es gab keinen Weg mehr, der Diskriminierung zu entfliehen, als den aus dem Land. Nur zögernd schlugen ihn zunächst wenige Juden ein. Deutschland war seit Jahrhunderten ihre Heimat, Deutsch ihre Sprache, deutsch ihre Gesinnung. Erst als sich die Bedrohung immer weiter steigerte, kam es zur Massenflucht. Inzwischen aber war die Entrechtung der Juden so weit fortgeschritten, dass manche nicht mehr über die Mittel zur Flucht verfügten und sich in ihr Schicksal ergaben. Wie das aussehen würde, konnte seit dem 9./10.11.1938 kaum noch zweifelhaft sein: Nach dem Mord eines jüdischen Jugendlichen an einem deutschen Diplomaten in Paris ließ die Partei ihre Schlägertrupps los: 7500 jüdische Geschäfte und 171 Gotteshäuser wurden zerstört, 91 Menschen ermordet, 26 000 inhaftiert.

„Reichskristallnacht" nannte der Volksmund die Gewaltorgie, denn dass hier der Staat hatte wüten lassen, das stand für die meisten fest. Die Schuld aber lastete der NS-Staat den Juden an, konfiszierte Entschädigungszahlungen der Versicherungen und verhängte eine Buße von einer Milliarde Reichsmark. Eine Flut von Verordnungen folgte: Juden wurde der Besuch von Theatern, Kinos und Ausstellungen verboten, alle jüdischen Kinder mussten die staatlichen Schulen verlassen, in Pässe von Juden wurde ein großes J gestempelt.

Die Reaktion der Bevölkerung auf den Judenboykott vom 1.4.1933 in Deutschland ließ es den neuen Nazi-Machthabern geraten erscheinen, die Aktion nicht zu verlängern. Administrative Maßnahmen dagegen wie die Entfernung der Juden aus dem Staatsdienst wurden rigoros durchgedrückt.

Völkermord im Osten

„Endlösung der Judenfrage" (1939–1945)

Kein Mahnmal, kein Museum vermag so eindringlich wie der Tatort selbst zur Nachwelt vom größten Grab der Weltgeschichte zu sprechen: Hauptwache des Vernichtungslagers Auschwitz-Birkenau, Tor zum Tod für mehr als anderthalb Millionen Menschen (Foto 1995).

Trotz der rasanten Brutalisierung der Verfolgungen nahmen viele Hitler immer noch nicht beim Wort. Er wollte den Krieg, und die Schuld an diesem von ihm unbeirrt angestrebten Waffengang gab er schon vorweg den Juden, als er am 30.1.1939 drohte: „Wenn es dem internationalen Finanzjudentum ... gelingen sollte, die Völker noch einmal in einen Weltkrieg zu stürzen, dann wird das Ergebnis nicht die Bolschewisierung der Erde und damit der Sieg des Judentums sein, sondern die Vernichtung der jüdischen Rasse in Europa." Das hielten selbst Menschen, die Hitler so ziemlich jedes Verbrechen zutrauten, kaum für denkbar. Noch setzten ja seine Behörden auf Auswanderung und zwangen vermögende Juden, für ärmere die Mittel zur Ausreise zur Verfügung zu stellen. So gelang 1939 noch einmal 80 000 deutschen Juden die Flucht. Dann kam der Krieg, und die im Lande gebliebenen waren ebenso gefangen wie die mit jedem Feldzug hinzu kommenden Juden der eroberten Länder.

Loswerden wollte man sie um jeden Preis, doch der Krieg hätte eine Abschiebung in entlegene Gebiete nur ermöglicht, wenn der sicher eingeplante Sieg über Russland gelungen wäre. Als der nicht mehr zu erwarten war, begannen Hitlers Schergen das selbst für sie lange Undenkbare zu denken: die Ermordung aller Juden im deutschen Machtbereich. Dass es so gänzlich undenkbar doch nicht war, hatte der Russlandfeldzug seit 22.6.1941 gezeigt. Hinter der Front operierten hier Einsatzgruppen zur „Bandenbekämpfung". Damit war vor allem die Liquidierung von Juden gemeint. Bis Jahresende 1941 hatten diese Todeskommandos bereits eine halbe Million Menschen erschossen. Und doch ging das Hitler noch zu langsam. Je weiter der Sieg in unerreichbare Ferne rückte, desto rascheres Handeln schien ihm geboten, um die „heilige Mission meines Lebens" zu erfüllen.

Seuchen, Hunger, Sklavenarbeit

Spätestens um die Jahreswende 1941/42 fiel die Entscheidung zur Errichtung von Vernichtungslagern im besetzten Polen, wohin alle greifbaren Juden zu deportieren seien. Viele waren schon vorher nach Polen gebracht und in Gettos gesperrt worden, in denen Seuchen und Hunger die Bewohner dezimierten. In der nach dem Tagungsort benannten Wannseekonferenz vom 20.1.1942 wurden die Einzelheiten der „Endlösung der Judenfrage" festgelegt. Aus allen Teilen Europas rollten bis Ende 1944 unaufhörlich Züge mit Juden in die Lager, wo sie zum größten Teil gleich durch Giftgas getötet oder später durch Sklavenarbeit zu Tode gebracht wurden. Mehr als fünf Millionen Menschen, weit überwiegend Juden, aber auch Sinti und Roma, Kriegsgefangene und andere, starben in den Todesfabriken, deren größte Auschwitz war.

Gaskammern

Tarnung war bis zuletzt oberstes Gebot bei den Massenmorden in den Vernichtungslagern. Die Räume oder Gebäude, in denen die Opfer durch Gas getötet wurden, waren daher wie Duschräume mit Rohrleitungen und Brausen ausgestattet und gekachelt. Solche Gaskammern wurden zuerst in kleinem Maßstab im Rahmen des Programms zur Tötung Behinderter verwendet, ehe sie in den Todeslagern im Osten sowie in einigen KZ im Reichsgebiet den Völkermord vollendeten. Die Gaskammern waren luftdicht verschließbar und wurden entweder mit Kohlenmonoxid aus Flaschen, das aus den Brausen strömte, oder mit Motorabgasen, die hineingeblasen wurden, oder, wie vor allem in Auschwitz, mit Zyklon B betrieben. Dieses Blausäurepräparat wurde in kristalliner Form durch Schächte eingeworfen und setzte bei Luftberührung Cyanwasserstoff frei; der Tod trat binnen weniger Minuten durch Ersticken ein.

Von der „Heimstätte" zum Staat

Krieg um Israels Unabhängigkeit (1947–1949)

Die britische Mandatsmacht hatte die jüdische Einwanderung nach Palästina mit Rücksicht auf die arabische Bevölkerung sehr restriktiv gehalten. Selbst angesichts der völkermörderischen Verfolgung durch die Nazis im Krieg änderte sich daran kaum etwas und nach Ende des Kriegs auch nicht. Das ließ die illegale Einwanderung blühen und führte zum Eklat um das Flüchtlingsschiff „Exodus" (siehe Kasten). Im Jahr 1947 lebten im Land zwischen Jordan und Mittelmeer etwa anderthalb Millionen Araber und fast eine Million jüdische Siedler. Konflikte waren an der Tagesordnung, weswegen der Plan entstand, sie durch Teilung des Landes zu entschärfen.

„Exodus" *Das Flüchtlingsschiff „Exodus", benannt nach dem alttestamentlichen Auszug der „Kinder Israel" aus Ägypten, stach am 11.7.1947 von Sète in Südfrankreich aus in See. Es hatte etwa 4500 Juden aus Mitteleuropa an Bord, Überlebende der Shoa, die bisher in Lagern für DPs (Displaced Persons) gelebt hatten. So nannten die Alliierten heimatlose Menschen, die sie im besetzten Deutschland vorgefunden hatten, darunter auch viele Juden. Deren Sehnsucht nach dem „gelobten Land" war verständlicherweise besonders groß, und so hofften sie, dass die Briten trotz des Einwandererstopps für Palästina eine Ausnahme machen würden. Doch ihr Schiff wurde vor Haifa von der britischen Flotte gestellt, nach kurzem Kampf geentert und nach Zypern verbracht. Da aber ein Exempel statuiert werden sollte, beließen es die Engländer nicht dabei, sondern schoben die abgewiesenen Einwanderer wieder nach Deutschland ab, wo sie gerade erst mit knapper Not dem großen Morden entronnen waren. Die Weltöffentlichkeit reagierte mit Entsetzen und zwang London zum Einlenken.*

Tel Aviv 14. Mai 1948: Die weiße Flagge mit dem Davidstern (Magen David) und zwei blauen Streifen steigt am Mast empor zum Zeichen, dass der Staat Israel aus der Taufe gehoben wird.

Erfolge der Haganah

Am 29.11.1947 billigte die UN-Vollversammlung mit großer Mehrheit die Aufteilung des bisherigen Mandatsgebiets in arabische und jüdische Gebiete. Während die Juden sich einverstanden erklärten, wiesen die Palästinenser alle Vorschläge zurück. Sie zogen einen Waffengang vor, weil sie sich wegen ihrer Überzahl und der Unterstützung durch die arabischen Nachbarn gute Chance auf einen Sieg und damit womöglich auf eine völlige Beseitigung des Problems, sprich: der jüdischen Siedlungen versprachen. Und zunächst sah es auch so aus, als sich aus syrischen und ägyptischen Freiwilligen eine Arabische Befreiungsarmee bildete. Die jüdischen Kämpfer der 1920 gegründeten Haganah („Selbstschutz") gewannen jedoch nach anfänglichen Rückschlägen die Initiative und konnten weit größere Gebiete als im Teilungsplan vorgesehen erobern.

Als die Briten ihr Mandat über Palästina Anfang Mai 1948 aufgaben, rief der Zionistenführer David Ben Gurion (1886–1973) am 14. Mai (heute Nationalfeiertag Jom Haazmaut) den Staat Israel auf der Basis der inzwischen gewonnenen Gebiete aus. Der Abzug der Briten war zugleich das Signal für die arabischen Staaten Ägypten, Transjordanien, Syrien, Irak und Libanon, mit regulären Streitkräften gegen das neue jüdische Gemeinwesen vorzugehen; der Kampf wurde zum Unabhängigkeitskrieg. Durch Waffenlieferungen aus dem Westen gestärkt, vermochten sich die etwa 30 000 Mann der Haganah gegen die erdrückende Übermacht zu halten und sogar das zeitweilig abgeschnittene Jerusalem zu versorgen. Trotz Drucks der UN dauerten die Kämpfe schließlich bis Anfang 1949 an und endeten nur, weil die arabische Seite weitere Rückschläge befürchten musste. Israel hatte 6000 Gefallene zu beklagen, bei einer jüdischen Bevölkerung von damals kaum einer Million Menschen ein schwerer Aderlass an jungen Männern.

„Treibt sie ins Meer!“ 

Militärische Siege, verlorener Frieden (1956, 1967, 1973, 1982, 2006)

Die meisten Araber waren aus den von Israel eroberten Gebieten geflohen. In den Nachbarländern wurden die Flüchtlinge allerdings nicht integriert, sondern zumeist in Lagern und abgeschlossenen Gebieten konzentriert, indem man ihnen die baldige Rückkehr nach einem ebenfalls baldigen arabischen Sieg versprochen hatte. Der blieb auch beim nächsten Waffengang aus, denn 1956 stand Israel nicht allein, sondern beteiligte sich mit Bodentruppen auf der Halbinsel Sinai an einer Luftlandeoperation britischer und französischer Fallschirmjäger. Die beiden Westmächte hatten angegriffen, weil Ägypten den Suezkanal verstaatlicht und so den lebenswichtigen Seeweg nach Indien und Fernost unter seine Kontrolle gebracht hatte. Der Handstreich misslang. Die Supermächte USA und Sowjetunion zwangen die Angreifer zum Rückzug.

Präventivschlag

Das Flüchtlingsproblem blieb weiter ungelöst und entwickelte sich bei rasch wachsender Kopfzahl zur Zeitbombe. Immerhin hielt ein fragiler Frieden die Region ein Jahrzehnt lang relativ ruhig; Blauhelme der UN sicherten neuralgische Punkte am Gaza-Streifen, an anderen Grenzabschnitten und zur See. Die Nadelstiche gegen den jüdischen Staat durch Terroranschläge, Artillerieüberfälle von den Golanhöhen und Grenzverletzungen hielten jedoch unvermindert an. Und die arabische Propaganda verlangte unermüdlich die Beseitigung des jüdischen Staates. 1967 eskalierte der Konflikt, als der ägyptische Präsident Nasser das UN-Mandat nicht verlängerte, seine Truppen auf dem Sinai verstärkte, den Golf von Akaba sperrte und die Parole ausgab: „Treibt sie ins Meer!“ Israel blieb nur der Präventivschlag, der am 5. Juni erfolgte und den Angriff Ägyptens, Jordaniens und Syriens auslöste, Staaten mit der zigfachen Bevölkerungszahl Israels. Dennoch gelang den jüdischen Streitkräften der Sieg an allen Fronten.

Der Sechstagekrieg blieb nicht der letzte bewaffnete Konflikt. Schon 1973 griffen die Nachbarn erneut an, ausgerechnet am höchsten jüdischen Feiertag Jom Kippur. Wieder behielt der Judenstaat die Oberhand. 1982 gelang ihm die Besetzung des Libanon, von wo aus ständig Angriffe auf den Norden Israels ausgingen. Von hier aus kam es auch im Sommer 2006 zur Eskalation, als die islamische Hisbollah („Partei Gottes“) mit Raketensalven gegen Israel vorging. Der massive Gegenschlag aber führte dieses Mal nicht zum Sieg, sondern nur zu schweren Zerstörungen im Libanon, zu entsetzlichem Flüchtlingselend und zu wachsender Erbitterung. Frieden war mit jedem Krieg in immer weitere Ferne gerückt (siehe Kasten).

Kein Frieden im Heiligen Land: Am 8.3.2002 rückten israelische Kampfwagen in Jesu Geburtsstadt Bethlehem ein; 33 Menschen kamen bei Gefechten mit Intifada-Kämpfern ums Leben.

Intifada *Ihr Recht auf die Heimat versuchten die Palästinenser seit 1987 durch offenen Aufstand in den seit 1967 israelisch besetzten Gebieten geltend zu machen. Diese vor allem von Jugendlichen getragene sogenannte Intifada („sich erheben“) flaute 1991 wieder ab und führte immerhin zur Errichtung einer palästinensischen Autonomie-Behörde, aber auch zur Gründung der radikal-islamischen Hamas („Eifer“). Sie wurde zu einem entscheidenden Faktor bei der im Jahr 2000 ausbrechenden erheblich blutigeren zweiten Intifada. Und sie übernahm 2006 nach Erringung der absoluten Mehrheit die Regierung im Palästinensergebiet. Sie weigert sich, das Existenzrecht Israels anzuerkennen und hat damit sowie mit fortgesetztem Terror (Selbstmordattentate), der Gegenterror provoziert, den Friedensprozess weitgehend zum Erliegen gebracht. Die Räumung des Gaza-Streifens durch Israel hat daran wenig bis nichts zu ändern vermocht. Innerpalästinensischer Streit belastete die Lage obendrein.*

CHRISTENTUM

Jesu Lehre, wie sie in der jüdischen Tradition, aber auch quer zu dieser steht, findet sich wohl nirgends so komprimiert wie in der Bergpredigt (Matthäus 5–7). Auf einer (nicht näher bezeichneten) Anhöhe spricht Christus vor einer großen Menge (Fra Angelicos Bild aus dem 15. Jahrh. zeigt den inneren Kreis der Jünger). Eine klare Anspielung auf die Überreichung der Gesetze Gottes an Moses auf dem Berge Sinai. Jesus knüpft direkt daran an, indem er erklärt, er wolle das Gesetz nicht aufheben, sondern es besonders strikt erfüllen. Sinn der Gebote nämlich sei die unbedingte Nächstenliebe, ja sogar die Feindesliebe. Das Vaterunser ist Teil der Bergpredigt.

Erlösung im Zeichen des Kreuzes

Menschwerdung Gottes

Weit über eine Milliarde Anhänger machen das Christentum zur größten Religionsgemeinschaft. Seine spirituellen Wurzeln liegen in der jüdischen Eingottlehre; das Alte Testament bildet einen Teil des Heiligen Buches der Christen, der Bibel. Auch das Christentum verehrt Gott als Schöpfer des Kosmos, der am Leben des Menschen als seinem „Ebenbild" Anteil nimmt. Die Christen glauben an ein Jenseits, in dem der Mensch nach dem Tod in der Herrlichkeit Gottes lebt oder wegen schwerer Sünden zu ewiger Strafe verdammt ist. Für sein Seelenheil soll der Gläubige nach den Geboten Gottes und der Kirche leben, die Erlösung ist aber nicht durch eigenen Verdienst zu erlangen, dazu bedarf es göttlicher Gnade.

Gründer des Christentums ist die historische Gestalt des Jesus von Nazareth, genannt Christus (der Gesalbte Gottes), der als Prediger, Lehrer und Wundertäter zu Anfang unserer nach seinem (nicht ganz korrekt errechneten) Geburtsjahr ausgerichteten Zeitrechnung in Palästina wirkte und den Kreuzestod starb. Nach christlichem Glauben war er der Mensch gewordene Gottessohn (siehe Kasten), der durch sein Opfer am Kreuz die sündige Menschheit erlöst hat. Sein Leben und seine Lehre sind in den Evangelien enthalten, die zusammen mit Schriften der Apostel (Sendboten Christi) das Neue Testament der Bibel bilden.

Bei Christusdarstellungen betonten spätantike und mittelalterliche Künstler durch Dekor und Position besonders die herrscherliche Seite des Religionsstifters.
Als Pantocrator (Allherrscher) erscheint er auf dem Mosaik in der Kuppel der Vorhalle (Narthex) der Kirche des Chora-Klosters (Kariye Camii, Istanbul, frühes 14. Jahrhundert).

Prägende Kraft des Abendlands

Durch intensive Mission entstanden schon bald nach Jesu Tod im ganzen Römischen Reich Christengemeinden. Im 4. Jahrhundert wurde das Christentum Staatsreligion. Der Bund mit den politisch Mächtigen und der Aufbau einer effizienten Kirchenorganisation machte es zur prägenden Kraft des aufstrebenden Abendlandes. Es behauptete sich über den Zusammenbruch des Römischen Imperiums hinaus.

Seit dem 8. Jahrhundert sah sich das Christentum mit dem Islam konfrontiert. Im Jahr 1054 kam es zum sogenannten Schisma, das zur Bildung einer römisch-katholischen Kirche im Westen und einer orthodoxen im Osten führte. Einen weiteren dramatischen Einschnitt brachte im 16. Jahrhundert die Reformation Martin Luthers. Sie spaltete die katholische Universalkirche erneut und ließ eine Vielzahl protestantischer Kirchen und Sekten entstehen. Im Gefolge der Aufklärung im 18. Jahrhundert verlor das Christentum seine beherrschende Stellung als abendländische Ideologie und ist heute zunehmend auf seine pastoralen und karitativen Anfänge verwiesen.

Trinität *Zentrales Geheimnis des christlichen Glaubens ist der „dreieinige Gott". Die Lehre von dieser Trinität genannten Wesenhaftigkeit besagt, dass Gott in drei Personen existiert, als Vater, Sohn und Heiliger Geist zwar real von einander verschieden, in ihrem göttlichen Wesen jedoch eins. Daher ist jede der drei Manifestationen als der eine und wahre Gott anzusehen. Alle drei stellen „nach außen" ein Wirkprinzip dar, unterscheiden sich aber „nach innen", was ihr Ursprungsverhältnis angeht: Gottvater war und ist von Ewigkeit zu Ewigkeit und mithin ursprungslos und immer nur selbst Ursprung. Auch Ursprung für Gottsohn, der vom Vater aus der göttlichen Substanz „gezeugt" wird. Gottgeist entspringt beiden als die wirkende Göttlichkeit, sozusagen als der „Odem", der Sein und Leben schafft und erfüllt. Die hochkomplexe gedankliche Konstruktion spiegelt das glaubende Bemühen, Gott als personale Fülle des Seins zu begreifen, eines Seins, das sich erst im „Wir" von Schöpfer und Geschöpf entfaltet. Im Menschen, dem Wesen, das Gott „nach seinem Bilde" geschaffen hat, kommt die Schöpfung zu Bewusstsein und mit dem Schöpfer ins Gespräch.*

„Da liegt es, das Kindlein, auf Heu und auf Stroh ...“, heißt es im Weihnachtslied „Ihr Kinderlein kommet“. Der niederländische Maler Gerrit van Honthorst (1590–1656) hat die Zeile um 1620 bildlich gefasst.

Die Verfasser der Evangelien hielten alles das für besonders wichtig, was schon früh auf die Ausnahmestellung des von ihnen verehrten Jesus hinwies. Sie berichteten davon, dass ein Engel Maria, der jungfräulichen Verlobten (siehe Kasten) eines Zimmermanns namens Joseph aus dem galiläischen Nazareth, die Schwangerschaft mit dem Sohn Gottes verkündete. Joseph akzeptierte das, nachdem auch ihm ein Engel die unfassbare Nachricht gebracht hatte. Nach der Eheschließung mit Maria machte er sich aufgrund eines Volkszählungsgesetzes des römischen Kaisers Augustus, Herrscher auch über Palästina, auf den Weg in seine Geburtsstadt Bethlehem. Dort brachte Maria ihren und Gottes Sohn Jesus in einem Stall zur Welt. Engel erschienen Hirten und schickten sie zur Anbetung des Kindes in den ärmlichen Verschlag. Ein heller Stern leuchtete damals am Himmel auf und wies drei Magiern oder Königen „aus dem Morgenland“ ebenfalls den Weg dorthin, wo sie den Höchsten in niedrigster Umgebung erkannten, anbeteten und beschenkten.

Bedeutungsloser Widerspruch

Solche Geburtsmythen kennen wir auch aus anderen Religionen. Sie sind im Fall Jesus verbunden mit der Erfüllung von Weissagungen aus dem Alten Testament, nach denen der Messias (griechisch-lateinisch: Christus) aus dem Stamm des großen Königs David kommen werde. Und Joseph stammte angeblich von dessen Dynastie ab. Dass er als Marias Mann nur vor der Welt mit dem Gottessohn Jesus verwandt war und dieser mithin gar nicht in die Geschlechterreihe gehörte – mit Widersprüchen solcher Art hielten sich die Autoren der Schriften über Leben und Lehren ihres Heilands nicht auf. Stattdessen nannten sie weitere Indizien für die Herausgehobenheit Jesu: So hätte der damals für die Römer herrschende König Herodes (amtierte 40–4 v. Chr.) die orientalischen Könige ausgeforscht, wo Jesus lebte, und alle Knaben seines Alters in Bethlehem töten lassen. Maria, Joseph und das göttliche Kind entkamen mit knapper Not nach Ägypten.

Mit Hinweis auf solche Geschichten, die an jüdische Traditionen und andere mythische Vorbilder anknüpften, ist der Nachrichtenwert der Evangelien immer wieder bestritten worden. Um Fakten aber ging es den Verfassern auch nicht. Die von ihnen betonten wunderbaren Züge verweisen das Geschehen ja gerade in eine Sphäre, in die es rein rational und ohne Glauben keinen Zutritt gibt. Was die Historizität des Menschen Jesus selbst allerdings angeht, so verfügen wir über andere Quellen, die an wesentlichen Teilen seiner Biografie keinen Zweifel lassen.

Jungfrauengeburt *Bedeutsam an der im Neuen Testament nicht ausdrücklich benannten Jungfräulichkeit der Mutter Jesu ist zunächst einmal das Wunderbare. Es findet sich ähnlich auch in anderen Kulten. Erst später rückte der damit nach christlichem oder genauer kirchlichem Verständnis verbundene Aspekt der „Reinheit“ in den Vordergrund. Danach hat Maria die von Eva in die Welt gebrachte Sünde durch Geburt des Erlösers getilgt und nimmt eine Sonderstellung unter den Menschen ein, da sie im Sohn einer Selbstmitteilung Gottes gewürdigt worden ist. In katholischer Sicht musste daher Maria selbst ebenfalls sündelos sein. Das Dogma von der „Unbefleckten Empfängnis“ (1854) stellte fest, dass auch die Gottesmutter von ihrer Mutter Anna „rein“ empfangen worden ist. Mit einem weiteren Dogma, dem über die „leibliche Aufnahme“ Marias in den Himmel (1950), fand die Marienverehrung ihren theologischen Abschluss. Protestantische Kirchen lehnen sie ab, weil ohne biblisches Fundament.*

Botschaft der Nächstenliebe

Taufe, Lehre, Wanderschaft

Als ältester Sohn der Familie hat Jesus wohl das väterliche Handwerk erlernt. Obwohl bereits vom jungen Jesus Wunderdinge berichtet wurden, kann als gesichert allenfalls gelten, dass er äußerst aufgeweckt und lernbegierig war. Das bestätigte sich später, als sich der einstige Handwerker bei Disputen mit Schriftgelehrten als sehr gut vertraut mit den heiligen Schriften erwies. Die mehrmals erwähnte Anrede Rabbi (hebräisch: Meister) spricht ebenfalls dafür. Am Anfang von Jesu Wander- und Lehrtätigkeit stand seine Taufe durch einen Wüstenprediger namens Johannes, was zwischen 27 und 29 n. Chr. geschehen sein muss. In den Berichten darüber weigert sich Johannes zunächst, Jesus zu taufen, und tut es erst, als es ihm dieser befiehlt. In dem Moment sei der Heilige Geist in Gestalt einer Taube auf Jesus niedergefahren, wobei eine Stimme gesagt habe: „Du bist mein lieber Sohn, an dir habe ich Wohlgefallen" (Markus 1, 11).

Jesu Taufe im Jordan durch Johannes den Täufer ist ein Zeichen für seinen göttlichen Auftrag, den er demütig annimmt. Joachim Patinier (um 1480–1524) verlegte das Geschehen in eine zerklüftete Fels- und Flusslandschaft (um 1520).

Das sind natürlich Ausschmückungen der Schreiber, denen es um die Gottessohnschaft Jesu ging. Ähnlich wird es mit den für die Folgezeit berichteten Wundern sein, die zwar nicht aus der Luft gegriffen, wohl aber überhöht dargestellt worden sind. Sie sorgten schon zu Lebzeiten Jesu für wachsenden Zulauf und ebenso für wachsende Sorge bei den Behörden, die in seiner Anhängerschaft und in seinen Jüngern (siehe Kasten) ein Unruhepotenzial sahen. Dabei war ihm kaum beizukommen: Obwohl er sich als der von Johannes verkündete „Größere" verstand, betonte er stets: „Mein Reich ist nicht von dieser Welt" (Johannes 18, 36). Und auf die Fangfrage, ob man dem Kaiser Steuern zahlen solle, ließ sich Jesus eine Münze zeigen, wies auf das Kaiserbildnis und sprach: „So gebt dem Kaiser, was des Kaisers ist, und Gott, was Gottes ist!" (Matthäus 22, 21).

Erst der Mensch, dann das Gesetz

Dennoch kümmerte er sich in den Augen der Etablierten verdächtig intensiv um die Mühseligen und Beladenen, die Ausgegrenzten und Sünder. Man warf ihm Freundschaft mit Huren und korrupten Zöllnern vor, mit den verächtlichsten Menschen der Gesellschaft. Das aber lag gerade in der Logik seiner Botschaft der Nächstenliebe und der Hilfe für die, die sie am nötigsten brauchen. Und er stellte sich in eine Reihe mit ihnen, als er sagte: „Was ihr getan habt einem von diesen meinen geringsten Brüdern, das habt ihr mir getan" (Matthäus 25, 40). Das bedeutete allerdings keine Abkehr von der jüdischen Lehre, deren uneingeschränkte Geltung er unterstrich. Er kritisierte nur die Buchstabengläubigkeit und erwiderte etwa auf die Kritik der Pharisäer daran, dass er auch am Sabbat Kranke heile: „Der Sabbat ist um des Menschen willen gemacht und nicht der Mensch um des Sabbats willen" (Markus 2, 27).

Jünger *Jesu unerschütterliche Glaubensgewissheit zog die Menschen an. Die verglichen mit dem Täufer und Bußprediger Johannes hellere Sicht von der Güte Gottes trotz des bevorstehenden Gerichts und Jesu Aufforderungen, Gottes Liebe von ganzem Herzen zu erwidern, bewegte seine Zuhörer tief und einige so sehr, dass sie ihrerseits Familie und Beruf aufgaben und Jesus als Jünger folgten. Es dürften sicher mehr als „die Zwölf" gewesen sein, von denen immer wie von den zwölf Söhnen Jakobs und den nach ihnen benannten zwölf Stämmen des alten Israels die Rede ist. Damit aber wird nur der engste Kreis gemeint gewesen sein, in dem Simon Bar Jona, genannt Petrus (gr.: der Fels), der zuerst von Jesus berufene Jünger die Rolle des Ersten unter Gleichen spielte. Er stand Jesus auch menschlich nah, der in Petrus Haus am See Genezareth seine ersten Wundertaten vollbrachte.*

Jesus wusste, dass ihn Neid und Hass der jüdischen Religionsführer verfolgten. Dennoch beschloss er, nach Jerusalem zu ziehen. Er wollte am Passahfest teilnehmen (Erinnerung an die Rettung aus ägyptischer Sklaverei). Sein Einzug in die Stadt gestaltete sich kaum so spektakulär, wie es die Evangelien berichten, doch für die Behörden noch beunruhigend genug. Als Jesus im Tempel zu lehren begann, stellten ihn die Sadduzäer (Tempelobere) denn auch zur Rede, woher er das Recht dazu nähme. Er erwiderte, ob denn Johannes das Recht zu taufen vom Himmel erhalten habe oder von irgendwelchen Würdenträgern. Dabei blieb es zunächst, denn die Anhängerschar Jesu ließ es nicht geraten erscheinen, zu sehr auf das Hausrecht zu pochen. Der nächste Zusammenstoß aber war programmiert: Wie Heiligtümer oft Orte schwunghaften Handels sind, so auch der Tempel damals. Jesus sah es mit Missvergnügen, und schließlich platzte ihm der Kragen: „Und er ging in den Tempel und fing an, die Händler auszutreiben und sprach zu ihnen: Es steht geschrieben: ‚Mein Haus soll ein Bethaus sein'; ihr aber habt es zur Räuberhöhle gemacht" (Lukas 19, 45/46).

✝ **Gethsemane** *Knapp außerhalb der Mauern von Jerusalem, jenseits des Baches Kidron betrieb ein Verwandter oder Jünger Jesu das Landgut Gath Schemanin (Ölkelter), in der Bibel Garten Gethsemane genannt. Dort bereitete sich Jesus nach dem Passahmahl betend auf die Prüfungen vor, die ihm nun bevorstanden. Als Mensch war er voll Furcht und fragte Gott, ob er den von ihm gereichten Leidenskelch wirklich leeren müsse. Die Jünger bat er, derweil zu wachen. Doch immer wenn er nach ihnen sah, fand er sie schlafend. Obwohl er sie vor der Gefahr gewarnt hatte, ließen sie ihn allein in der Bitternis des absehbaren Sterbens. Judas, der Gethsemane als einen von Jesus geschätzten Ort kannte, hatte keine Mühe, die Sicherheitskräfte zu ihm zu führen. Sie trafen kaum auf Gegenwehr. Der aufgeschreckte Petrus zog zwar die Waffe, doch verwies ihm das Jesus: „Stecke dein Schwert an seinen Ort. Denn wer das Schwert nimmt, der soll durchs Schwert umkommen" (Matthäus 25, 52).*

Ankündigung von Leidensweg und Tod

Das war schon mehr als Amtsanmaßung, das untergrub die Autorität der Sadduzäer. Die Tempelwache erhielt Anweisung, Jesus zu verhaften. Die Ordnungshüter aber kamen zu spät, denn Jesus hatte sich bereits entfernt, um mit den Seinen das abendliche Passahmahl einzunehmen. Dabei eröffnete er ihnen, dass nun sein Leidensweg beginne. Er übernahm an der Tafel die Rolle des Dienenden, indem er den Tischgenossinnen und -genossen Brot und Wein reichte und sie bat, künftig diese Gottesgaben zu seinem Gedächtnis zu sich zu nehmen (Abendmahl). Und er offenbarte ihnen, dass ein Spitzel unter ihnen sei, der ihn in der Nacht verraten, also an die Tempeljustiz ausliefern werde. Dann zog er sich zurück zum Beten (siehe Kasten).

Über den Verrat des Jüngers Judas Ischarioth, denn um diesen handelte es sich, entlud sich später alle Wut, wobei zweierlei übersehen wird: Es hätte des Verrats kaum gebraucht, denn der Prediger Jesus wäre über Kurz oder Lang auch so gefasst worden. Und: Der später als der vornehmste derer angesehene, die sich über den Verräter entrüsteten, hielt selbst nicht stand, als die Staatsmacht auch nach ihm griff, und Jesus hatte es ihm vorausgesagt. Als Petrus ihm vorschlug, sich mit Waffengewalt gegen die drohende Verhaftung zur Wehr zu setzen, entlarvte Jesus das jedoch als Maulheldentum: „Petrus, ich sage dir: Der Hahn wird heute nicht krähen, ehe du dreimal geleugnet hast, dass du mich kennst." (Lukas 22, 34).

Dramatisch inszeniert hat der griechisch-spanische Maler El Greco (1542–1614) Jesu Zornesausbruch angesichts des sittenlosen Treibens im Tempel zu Jerusalem (Gemälde, um 1600).

„Mein Gott, warum hast du mich verlassen?“

Verhör, Aburteilung und Hinrichtung

Der verhaftete Jesus wurde in das Haus des Hohepriesters Kaiphas gebracht und den Richtern vorgeführt, Männern aus der Tempelaristokratie. Sie brauchten Aussagen, die in römischen Augen ein Einschreiten erforderlich machen würden, denn ihre eigenen Strafmöglichkeiten waren beschränkt durch Vorbehaltsrechte der Besatzungsmacht. Und sie erhielten diese Aussagen durch Zeugen, die gehört haben wollten, dass Jesus sich immer wieder als Christus (Gesalbter des Herrn) bezeichnet und mit der Zerstörung des Tempels gedroht hätte. Das konnte die Schutzmacht nicht dulden, denn die Wahrung des religiösen Friedens gehörte zu den wichtigsten Aufgaben. Diesen Frieden störte Jesus auch durch seinen göttlichen Anspruch: „Bist du denn Gottes Sohn?“ fragten ihn seine Richter. „Er sprach zu ihnen: Ihr sagt es, ich bin es“ (Lukas 22, 70).

Damit hatte Jesus sich selbst das Urteil gesprochen, denn diese ungeheuerliche Behauptung musste den Römern als Bedrohung ihrer Oberhoheit erscheinen, als „Aufwiegelung des Volkes“. Die Sadduzäer konnten getrost alles Weitere dem römischen Statthalter Pontius Pilatus überlassen. Er hatte letztlich über Jesu Schicksal zu befinden, ein Mann der viel Rücksicht auf das jüdische Establishment nehmen musste, um unnötige Konfrontationen zu vermeiden. Mit Kaiphas war er sogar befreundet; der Hohepriester unterhielt für ihn einen gut funktionierenden Nachrichtendienst. Da die Tempeloberen Jesu Tod wünschten, stand zu erwarten, dass sich Pilatus nicht zieren würde. Laut Neuem Testament machte er zwar einige Ausflüchte und wusch seine Hände in Unschuld, überließ dann aber Jesus erwartungsgemäß den Henkern.

I.N.R.I.

Sie „schmückten“ Jesus mit einer Krone aus Dornen, bürdeten ihm das Kreuz auf, an dem er sterben sollte, und ließen es ihn zum Hinrichtungsort, dem Hügel Golgatha („Schädelstätte“), tragen. Dort wurde es im Beisein einer großen Zuschauermenge aufgerichtet und Jesus am Querholz festgebunden oder durch die Hand- und Fußwurzeln angenagelt. Ihm zu Häupten ließ Pilatus ein Schild anbringen mit dem Namen des Verurteilten und mit dem Grund für die Todesstrafe: „I.N.R.I.“, das sollte heißen „Iesus Nazarenus Rex Iudaeorum“ (Jesus aus Nazareth, König der Juden). An beiden Seiten von Jesu Kreuz standen zwei weitere, an denen Kapitalverbrecher („Schächer“) starben, auch das als Erniedrigung gedacht. Der Gemarterte verschied schließlich nach Stunden mit einem Schrei, den Lukas so wiedergibt: „Vater, ich befehle meinen Geist in deine Hände!“ Bei Matthäus heißt es: „Mein Gott, mein Gott, warum hast du mich verlassen?“

Auferstehung

Nur einige mutige Anhänger Jesu und einige Frauen seines Gefolges, die von der Männergesellschaft nicht als Gefahr für die öffentliche Ordnung angesehen wurden, hatten unter dem Kreuz ausgeharrt. Sie sorgten für die Beisetzung des Leichnams in einem Felsengrab. Aber auch sie waren nun orientierungslos, und die Untröstlichkeit begann ihr suggestives Werk. Es konnte nicht sein, dass der von Gott Gesandte und nach der eigenen Klage dann Verlassene nun seinerseits die Seinen auf immer verlassen hatte. Nach drei Tagen ereigneten sich daher am Passah-Sonntag die ersten Erscheinungen Jesu, der sich Jüngern und Anhängerinnen zeigte und dessen Grab plötzlich leer war. Inwieweit man Trauer-Halluzinationen dafür verantwortlich machen muss oder nicht, kann unentschieden bleiben, denn schon vom Propheten Elia ging der Rede, er sei nicht tot, sondern nur verborgen. Außerdem wurde die Auferstehung Jesu von so vielen bezeugt, dass sie zum Kernpunkt des christlichen Glaubens wurde.

Alle zehn Jahre seit 1634 wird im bayerischen Oberammergau Christi Passion als Bühnenspiel gegeben. Im Jahr 2000 (Foto) kamen über 500 000 Zuschauer aus aller Welt in das „Herrgottschnitzerdorf“, wie der Ort wegen seiner sakralen Bildkünstler auch genannt wird.

Im Rausch der Lehre

Himmelfahrt und die Ausgießung des Heiligen Geistes

Vierzig Tage nach Ostern feiern die Christen Himmelfahrt. Gemeint mit der Aufnahme Jesu in den Himmel ist die Rückkehr in das unsichtbare Reich Gottes, wobei Himmel nichts Überweltliches oder Kosmisches bezeichnet, sondern etwas, das „höher ist als alle Vernunft". Wohl gerade deswegen hat das Motiv des gen Himmel fahrenden Christus die Künstler aller Epochen mächtig angezogen. Verständlicherweise insofern, als der Heiland mit seiner Entrückung nicht „weg" war, sondern weiterhin überall und immer nach dem Glauben der Christen anwesend ist, wo sie ihn bekennen. Sie vertrauen dabei auf die letzten Worte Jesu, wie sie der Schluss des Matthäusevangeliums überliefert hat. Zum irdischen Abschied gab er den Jüngern den Missionsauftrag (siehe Kasten) und die Versicherung mit: „Siehe, ich bin bei euch alle Tage bis an der Welt Ende."

Sehr direkt beim Wort nimmt die Illustration von Julius Schnorr von Carolsfeld (1784–1872) den Bericht der Apostelgeschichte über die Ausgießung des Heiligen Geistes (Blatt 226 der sogenannten Schnorr-Bibel, 1860).

Feuerzungen

Zehn Tage später, am jüdischen Erntedanktag, der sieben Wochen nach Passah gefeiert wurde, waren die nun endgültig und buchstäblich herrenlosen Jünger in Jerusalem versammelt, berichtet die Apostelgeschichte des Lukas im zweiten Kapitel. Die Stimmung war trotz der Gewissheit, dass Christus auferstanden war, ein wenig gedrückt, denn ohne seine physische Anwesenheit schien die Zukunft dunkel. Da kam vom Himmel ein Brausen wie von einem Sturm, und Feuerzungen schwebten über den Häuptern der Männer, die plötzlich Mut fassten, hinaustraten und zu predigen begannen. Die Stadt wurde zu einem Fest voller Menschen aus aller Herren Länder, sodass sich bald eine gemischte Menge um die Prediger bildete, wobei jeder erstaunt feststellte, dass Jesu Jünger von ihrem Herrn in der jeweiligen Landessprache, also in vielen Sprachen zugleich zu reden schienen. Einige hielten sie für betrunken („voll des süßen Weins"), während andere mehr und mehr von den Worten vor allem des Petrus gepackt wurden, sodass sich schließlich Tausende taufen ließen.

Geburtstag der Kirche

Dieser Bericht von der Ausgießung des heiligen Geistes auf die Jünger lässt sich nur als Wunder verstehen, das zeichenhaft deutlich machte, dass der vom Geist Gottes Getroffene alle Angst verliert, in seiner Begeisterung nicht schweigen kann und verstanden wird. Den Jüngern stellte sich nun als den ersten aller Christen die Aufgabe: Bildung einer Gemeinde, die sich zu Christus bekennt und Keimzelle einer weltumspannenden Gemeinschaft von Gläubigen werden sollte. Pfingsten, abgeleitet vom griechischen Wort für die Zahl fünfzig (pentekoste), nämlich fünfzig Tage nach Ostern, wird daher von den Christen als Geburtstag ihrer Kirche gefeiert.

✝ **Missionsauftrag** *Unmittelbar bevor Jesus entrückt wurde, hielt er die engsten Getreuen an, seine Lehre weiterzutragen: „Gehet hin und machet zu Jüngern alle Völker: Taufet sie im Namen des Vaters und des Sohnes und des heiligen Geistes" (Matthäus 28, 20). Dieser Missionsauftrag bedeutete eine unerhörte Überschreitung des Gesetzes aus den fünf Büchern Mose. Als „auserwählt" galt Jesus nicht das jüdische Volk allein, sondern die gesamte Menschheit. Sie habe Anspruch auf das von ihm gebrachte Evangelium (griechisch: frohe Botschaft). Betont war damit aber noch ein anderer Aspekt: Jeder Christ hat sozusagen eine Bringschuld denen gegenüber, die noch nicht zum Glauben gefunden haben oder noch gar nichts von der frohen Botschaft wissen. „Heiden", als die Angehörige anderer Völker den Juden galten, kann es für die Christen in diesem Sinn nicht geben, nur Menschen, zu denen die Kunde von Jesu Erlösungstat noch nicht gedrungen ist.*

Vom Verfolger zum Apostel

Bekehrung und Missionstätigkeit des Paulus

Trotz ihres Bekenntnisses zu Christus wurden seine Anhänger zunächst nicht als eigene Religionsgemeinschaft wahrgenommen. Sie lebten ja weiterhin nach jüdischer Sitte und nach dem Religionsgesetz, der Halacha. Man sah in ihnen daher nicht mehr als eine jüdische Sekte, die sogenannten Nazaräer. Entscheidend für die räumliche wie geistliche Überwindung der Grenzen des Judentums wurde die Gestalt des Apostels Paulus. Er hieß ursprünglich Saulus und war als gnadenloser Verfolger der Christen hervorgetreten. Er stammte aus einer streng pharisäischen Familie aus Tarsus (Kleinasien) und besaß das römische Bürgerrecht. Er bespitzelte in sadduzäischem Auftrag die Jerusalemer Urgemeinde der Christen und lieferte Beweise für Gesetzesverstöße. Bei einer Reise nach Damaskus, wohl um 35 n. Chr., erlebte er eine überwältigende Erscheinung Jesu und wandelte sich radikal zum Paulus, der sich ganz der christlichen Mission verschrieb.

„Die Bekehrung des Saulus" nannte der nach seinem Geburtsort bei Bergamo benannte Maler Michelangelo da Caravaggio (1571–1610) sein großes Gemälde (2,30 mal 1,75 Meter). Der Betrachter empfindet fast die Blendung nach, die den erbitterten Christenfeind beim Klang von Jesu Stimme niederwirft: „Saul, Saul, was verfolgst du mich?"

Konflikt mit dem Judentum

Wohl auch aufgrund seiner Herkunft sah er keinen Grund zur Beschränkung seiner Verkündigung auf den palästinensisch-syrischen Raum, sondern trug das Evangelium auf drei großen Missionsreisen weit in die anderen Provinzen des Römischen Reiches hinaus. Die erste führte Paulus um 45 n. Chr. nach Zypern und Kleinasien, die zweite zwischen 49 und 53 nach Mazedonien und Griechenland, wo er auch Athen und Korinth besuchte, und die dritte im Anschluss daran nach Ephesos. Überall begründete er christliche Gemeinden und stärkte die bereits existenten. Im Jahr 57/58 kehrte er zurück nach Jerusalem, wo er verhaftet wurde. Er hatte sich mit seiner Lehre von Christi Aufhebung des mosaischen Gesetzes gegen den Anspruch der Juden gestellt, das allein auserwählte Volk zu sein.

Als Reichsbürger erreichte er jedoch um 60 n. Chr. die Überstellung nach Rom. Dort konnte sich Paulus zunächst recht frei bewegen und war unermüdlich missionierend tätig. Bald aber schlug der politische Wind um. Kaiser Nero (regierte 54–68) suchte Sündenböcke für krisenhafte Entwicklungen und fand sie in den Christen, über die allerlei abscheuliche Gerüchte im Umlauf waren. Unzählige Mitglieder der schon relativ großen, von Petrus betreuten Gemeinde der Stadt wurden bestialisch hingerichtet. Paulus soll als römischem Bürger die „Gnade" der Enthauptung zuteil geworden sein, während Petrus am Kreuz starb. Das geschah um 62–64, als die apostolische Tradition des Christentums sich dem Ende zuneigte. Die Fixierung der Glaubensinhalte fiel in die Epoche danach.

Neues Testament

Die Lehren des Christentums wurden im Neuen Testament (NT) zunächst in altgriechischer Sprache niedergelegt. Die schließlich in den gültigen Kanon aufgenommenen Schriften entstanden in den Jahren zwischen 50 und 120, also vergleichsweise zeitnah zum Geschehen, das sie schildern. Das Neue Testament besteht aus den drei „synoptischen" (biografisch gehaltenen) Evangelien nach Matthäus, Markus und Lukas sowie aus dem stärker theologisch-philosophisch ausgerichteten Johannesevangelium; hinzu kommen 21 Briefe (meist von Paulus) sowie die Apostelgeschichte des Lukas und die Offenbarung des Johannes. Jesus selbst hat keine Texte verfasst; es werden ihm jedoch Passagen nahezu wörtlich zugeschrieben, darunter die Bergpredigt mit dem Gebet des Vaterunser aus dem Matthäusevangelium, Kapitel 5 bis 7. Das Alte Testament wird von Christen und Juden gleichermaßen anerkannt. Die erste Übersetzung des NT in die deutsche Umgangssprache stammt von Martin Luther aus dem Jahre 1522 (vollst. Bibelübersetzung 1534).

Höhepunkt und Ende der staatlichen Unterdrückung

Das 1246 entstandene Fresko in der römischen Basilika Quattro Coronati illustriert eine kirchliche Fälschung: Kaiser Konstantin überlässt Papst Silvester I. weltliche Herrscherinsignien und den Lateranpalast. Auf diese angebliche „Konstantinische Schenkung" stützten die Päpste später ihre Macht- und Besitzansprüche.

Die staatliche Verfolgung stärkte das Christentum. Einerseits durch Standhaftigkeit derer, die für ihren Glauben in den Tod gingen, andererseits durch die weitere Zerstreuung der Anhänger Jesu über das ganze Reich. Für den Bestand der sich verbreitenden Gemeinden war Geschlossenheit durch verbindliche Lehren und durch eine effiziente Organisation wesentlich. Es bildeten sich mit der Zeit Ämter und eine stabile Hierarchie: Bischöfe übernahmen lokal und regional die geistliche Leitung, der durch Zuständigkeit auch für die Verwaltung und die Ernennung von nachgeordneten Amtsträgern Macht zuwuchs. Ihre Auslegung der Schrift wurde maßgeblich. Auf Synoden (Zusammenkünften) mit Amtskollegen einigten sie sich auf theologische Richtlinien, die in der Auseinandersetzung mit anderen Kulten und inneren Abweichlern überlebenswichtig waren.

Kritik am Kaiserhof

Nach einer Phase der Ruhe unter den sogenannten Adoptivkaisern im 2. Jahrhundert, folgte ein Jahrhundert der Wirren: In rascher Folge wechselten sich vom Militär gekürte Herrscher ab, die mit harter Hand ihre stets gefährdete Macht zu sichern suchten. Es kam daher immer wieder zu Verfolgungen der Gemeinden, zuletzt unter Kaiser Diokletian (285–305), der die Christen mit Stumpf und Stiel auszurotten suchte. Er erreichte freilich genau das Gegenteil: Das Vorbild der Märtyrer bekehrte viele Menschen, und die ungeheure Brutalität der Unterdrückung ließ den Widerstand auch bei denen wachsen, die von staatswegen Mittäter sein sollten. Selbst am kaiserlichen Hof regte sich Kritik, und als es um die Nachfolge des Kaisers ging, wechselte einer der aussichtsreichsten Kandidaten die Seiten: Konstantin (272–337, Mitkaiser seit 303, Alleinherrscher seit 323) siegte in den Nachfolgekämpfen im Zeichen des Kreuzes, das seine Fahne (Labarum) schmückte.

Ungeteilter Gott

Erklärter Christ war er damit noch nicht, doch begünstigte er die Christen, machte den Sonntag (Tag der Kreuzigung) zum Feiertag, förderte den Kirchenbau und kümmerte sich auch um die Glaubenseinheit. Sie war gefährdet durch einen heftigen Streit über das wahre Wesen Jesu Christi, und Konstantin ließ daher 325 ein Konzil nach Nikaia (Nizäa, heute Iznik, Kleinasien) einberufen. Mehrere hundert Bischöfe folgten seinem Ruf und verabschiedeten nach ausführlichen Diskussionen das später noch ergänzte Nicänische Glaubensbekenntnis (Symbolum Nicaenum), das Basis des noch heute gültigen ist. Es verurteilte die Thesen des Arius.

Primat des Bischofs von Rom

Untergang des weströmischen Reiches

Den Riss zwischen West- (Rom) und Ostteil (Konstantinopel) des Römischen Reiches konnte Kaiser Theodosius I. (379–395) ein letztes Mal überbrücken. Das und die offizielle Erhebung des Christentums zur Staatsreligion (380/381) brachte ihm den Ehrentitel „der Große“ ein. Danach drifteten die Reichsteile endgültig auseinander, wobei der Westen die volle Wucht der anbrandenden germanischen Völker zu spüren bekam und ihnen schließlich erlag. Da diese Völker arianisch missioniert worden waren, kam es nur sehr zögernd zu einer Annäherung der Bevölkerung an die neuen Herren, die ihrerseits Abstand wahrten. Wenn dennoch kaum ein Bruch zwischen antiker Tradition und nachrömischer Kultur entstand, dann wegen des überlegenen römischen Rechtssystems und vor allem wegen der fortdauernden Schlüsselrolle der Kirche und ihres Oberhaupts, des Bischofs von Rom.

Keine Angst vor den Hunnen

Dieser beanspruchte als Nachfolger des Gemeindegründers Petrus den geistlichen Vorrang (Primat) und gewann durch die Schwächung des Kaisertums zunehmend weltliche Macht. Leo I. (Bischof 440–461), später „der Große“ genannt, erlangte als Papst (lateinisch: papa = Vater) reichsweite Autorität, als es ihm glückte, den nach Italien vorgedrungenen Hunnenkönig Attila mit seinem Heer 452 zum Abzug zu bewegen. Tief beeindruckt hatte die Menschen, mit welcher Furchtlosigkeit Leo dem Schrecken des ganzen Abendlands entgegengetreten war. Erstaunlicherweise schaffte er es dann drei Jahre später sogar, die Rom plündernden Vandalen in die Schranken zu weisen, und das obwohl sie Arianer waren und die katholische Kirche nicht anerkannten.

Sein Beispiel gab den Nachfolgern Kraft, die sich seit 476 dem Zugriff der ebenfalls arianischen Ostgoten gegenüber sahen und mit dem Untergang des weströmischen Reiches fertig werden mussten. Die Päpste wurden zu den entscheidenden Figuren bei der Aufgabe, die Belange der Bevölkerung den neuen germanischen Herren gegenüber zu vertreten und kraft ihrer geistlichen Autorität die unvermeidlichen Konflikte in Grenzen zu halten. Insofern fiel die Geburtsstunde des Papsttums mit der Sterbestunde des weströmischen Kaisertums zusammen, von dessen Macht es einiges „erbte“.

Kirchenväter *Acht, je vier westliche und östliche, wegweisende Theologen des Frühchristentums (2.–7. Jahrhundert) werden als Kirchenväter bezeichnet. Hieronymus (347–520), dem wir den Text der lateinischen Bibel verdanken, gehört ebenso dazu wie sein Zeitgenosse Augustinus (354–430), der wohl bedeutendste aller Lehrer. Er war wie sein Vorbild Paulus zunächst eher ein Gegner der Christen. Im Jahr 386 erlebte er seine Bekehrung durch eine göttliche Stimme und empfing im Jahr darauf die Taufe durch den Mailänder Bischof Ambrosius (340–397), der ebenfalls zu den Kirchenvätern zählt. Augustinus sah das zentrale Problem darin, wie dem Menschen ein glückliches Leben möglich sei. Seine Antwort war kurz: Glück bestehe im Erreichen und Genießen des höchsten Guten, das in Gott versammelt ist. Genießen ist dann zu verstehen als Gott-Erkennen und Gott-Schauen, indem man die ewigen Wahrheiten begreift. Gegen Skeptiker führte er deren eigene Zweifelsucht ins Feld: Wenn man erkenne, dass man nichts erkennen könne, sei doch zumindest sicher, dass Erkenntnis möglich ist. Gott habe es dabei aber nicht bewenden lassen, sondern dem Menschen die Gabe des Erfassens der Wahrheit verliehen durch Gewährung der Teilhabe an seinen, Gottes, Ideen, die dem Weltlauf und damit dem Lebenslauf einen Sinn hin auf das Endgericht Christi und seinen Sieg über das Reich des Bösen geben.*

Siebeneinhalb Meter breit ist das Fresko des Malers Raffael (1483–1520) „Die Begegnung Leos I. mit Attila“ (1512–14) im Vatikan. Der mit der Tiara geschmückte Papst, ein Herrscher ohne Truppen, reitet dem Hunnenkönig und seinen schwer bewaffneten Reitern furchtlos entgegen.

Besonders gereizt hat die Künstler aller Epochen unter den „Versuchungen des Heiligen Antonius" die Lockung des Satans mit einer schönen Frau. David Teniers d. J. (1610–1690) hat den Moment festgehalten, in dem der Eremit seine Andacht in der unwirtlichen Felsengrotte unterbricht und sich umschaut.

Eine wirkliche Nachfolge Jesu hielten Männer des frühen Christentums nur durch radikale Abwendung von den Lockungen der Welt für möglich. Es breitete sich ein Einsiedlerwesen (Eremitentum) aus, wobei Gleichgesinnte zueinander fanden, die auf Reichtum, Sexualität und Genüsse verzichten wollten, um ganz dem Glauben zu leben. Dabei spielte auch die nicht nur im Christentum verbreitete Ansicht eine Rolle, die materiell-leibliche Welt sei von Grund auf böse und müsse so weit wie irgend möglich überwunden werden. Allein und bald auch in Gruppen zogen sich diese „Mönche" genannten Männer (von griechisch monachos = allein Lebender) in die Einsamkeit zurück.

Gemeinsam einsam

Einer der berühmtesten wurde der Heilige Antonius (251–356), um dessen „Versuchungen" sich zahlreiche Legenden ranken und dessen Einsiedelei in Mittelägypten zum Pilgerziel wurde. Die anderen Eremiten der Gegend erwählten ihn sich zum „Vater" (hebräisch: abba, daher das Wort „Abt" für den Klostervorsteher) und zeigten damit, dass auch viele Einsiedler ihr Christentum in Gemeinschaft leben wollten, wie von Jesus immer gefordert. Diesen Gedanken betonte auch des Antonius Zeitgenosse und Landsmann Pachomius (287–347), der damit zum Begründer des Klostermönchtums vor allem östlicher Prägung wurde. Im Westen setzte sich dieser umfassendere Ordensgedanke erst später bei anderer politischer Lage durch.

Bete und arbeite!

Genauer: Als sie immer verworrener geworden war. 476 hatten die Ostgoten Italien erbeutet. Deren Herrschaft beendeten Heere des oströmischen Kaisers Justinian (527–565), und die Oberhoheit Konstantinopels wiederum beendeten schon 568 die Langobarden. Große Anziehungskraft entwickelte in diesen kriegerischen Zeiten eine Organisation, die Benedikt von Nursia (480–547) ins Leben gerufen hatte. Nach seinen Richtlinien war im Jahr 529 auf dem Monte Cassino ein Kloster entstanden, dessen Regel auf Klöster im ganzen Abendland ausstrahlte. Der Erfolg lag vor allem darin, dass Benedikt Fleiß und Andacht als Säulen seines Ordens sah: „Ora et labora! – Bete und arbeite!" Eine feste Tageseinteilung unterstützte die Bemühungen um innerlich-gläubige Disziplin. Dieses Mönchtum wurde zum Träger auch der lateinischen Sprache und der antiken Bildung und damit zum Bewahrer der geistig-geistlichen Einheit des Abendlands.

Bündnis von Thron und Altar

Abendländische Machtverlagerung

Der Übergang vom Altertum zum Mittelalter bedeutete für das Christentum nicht nur den Eintritt in eine von ganz anderen Mächten als bisher dominierte Epoche, sondern auch eine geografische Verlagerung des Machtzentrums. Geistlich blieb zwar Rom sozusagen der Nabel der Welt, doch politisch wanderte dieser nach Byzanz (Konstantinopel oder Ostrom) und im Westen erst nach Ravenna und seit dem 6. Jahrhundert noch weiter nach Norden ins Frankenreich. Die Kirche reagierte mit verstärkter Mission, in der Mönche aus Irland und Schottland eine tragende Rolle spielten. Unter ihnen ragte Winfried (672–754) hervor, der wegen seiner Bekehrungserfolge in Mitteleuropa den Ehrennamen Bonifatius („Gutredner") erhielt und als „Apostel der Deutschen" verehrt wird.

Als Bonifatius in Friesland erschlagen wurde, war Karl, ältester Sohn von Frankenkönig Pippin III., gerade sieben Jahre alt. Die historische Bedeutung von Vater und Sohn beruht nicht zuletzt auf ihrer Kirchenpolitik. Pippin, ursprünglich nur mächtigster Minister („Hausmeier") des letzten Merowinger-Königs Childerich III., hatte sich 751 selbst zum König aufgeschwungen. Das ihm fehlende königliche Geblüt hatte er durch kirchliche Salbung wettgemacht und damit das folgenreiche Bündnis von Thron und Altar begründet. Die Kirche ihrerseits brauchte den Frankenherrscher als Schutz, den der oströmische Kaiser immer weniger gewährleisten konnte. Zum Dank für den Segen des Papstes garantierte Pippin den großen Landbesitz der Kirche in Mittelitalien, das Patrimonium Petri, das sich zu einem regulären Staat entwickeln sollte.

Treuhänder des Römerreichs

Sohn Karl, bald der Große genannt, setzte die väterliche Kirchenpolitik schon deswegen fort, weil sie ihm zur Legitimierung seiner weit über sein Stammland hinaus reichenden Expansionspolitik diente. Erster Schritt nach seinem Machtantritt im Jahr 768 war die Unterwerfung der Langobarden und die Annahme ihrer Königswürde. Damit war auch territorial die Verbindung zwischen Italien, dem Kernland des untergegangenen römischen Imperiums und des Papsttums, und der neuen fränkischen Vormacht im Abendland hergestellt. Die Päpste fungierten bei dieser Machtverschiebung sozusagen als Treuhänder des untergegangenen Römerreiches, und Karl nutzte die kirchliche Unterstützung in der Folgezeit zur Ausdehnung seines Reiches. Alle seine Feldzüge stellte er in den Dienst der christlichen Mission und die Kirche dankte es ihm, indem Papst Leo III. (amtierte 795–816) Karl am Weihnachtstag des Jahres 800 in Rom zum Kaiser krönte.

Kaisertum

Karl der Große war gar nicht angetan vom päpstlichen „Überfall" mit der Kaiserkrone. Er hatte gegen die Erhöhung nichts einzuwenden, war sie doch nur die Bestätigung seiner beherrschenden Rolle im Westen. Ihm widerstrebte aber die Tatsache, dass er sozusagen vom Papst zum Kaiser „gemacht" worden war. Für ihn selbst bedeutete das nichts, beherrschte er doch auch die Kirche nach Belieben, doch für die Nachfolger konnte der Vorgang zur Hypothek werden. Und er wurde es mit einiger Verzögerung auch: Das gesamte Mittelalter war geprägt von dem manchmal nur schwelenden, zu anderen Zeiten aber auch offen ausbrechenden Konflikt zwischen dem geistlichen Schwert (Papst) und dem weltlichen (Kaiser). Rom bezog sich beim Anspruch auf absolute, also auch weltliche Superiorität (Vorrang) mit Vorliebe auf die Krönung Karls, die als „Translatio Imperii" (Übertragung der antiken kaiserlichen Gewalt) auf den Frankenkönig durch den Papst gedeutet wurde.

Das Mosaik im Triclinium (Speiseraum) des Lateranpalastes in Rom entstand unmittelbar vor der Kaiserkrönung Karls des Großen 796. Es zeigt den Apostel Petrus bei der Verleihung des Bischofsmantels an Papst Leo III. und der Fahne Roms an den Frankenherrscher.

Papst- gegen Kaiserkirche

Ostrom hatte zwar das fränkische Kaisertum nach einigem Zaudern anerkannt, doch seine Kirche lehnte Weisungen aus dem Westen ab und löste sich bald ganz vom Papsttum. 863 versuchte Papst Nikolaus I. (Pontifikat 858–867) vergeblich den byzantinischen Patriarchen Photios wegen missionarischer Streitigkeiten abzusetzen, der seinerseits 867 den Papst in den Bann erklärte und damit schon die faktische Trennung (Photianisches Schisma) vorwegnahm. Die im Jahr 1054 endgültig vollzogene Spaltung der Großkirche in die westliche Papst- und die östliche Kaiserkirche, das morgenländische Schisma (griechisch: Trennung), war eher eine politische als eine religiöse. Zwar entwickelten sich Gottesdienst, Bilderverehrung, Mönchtum und Klerus auseinander, doch der theologische Kern unterscheidet sich bis heute so wenig, dass beide Kirchen gemeinsame Erklärungen zu Glaubensfragen herausgeben.

Anerkannte nur Christus über sich: der 1042–1055 regierende byzatinische Kaiser Konstantin IX. Monomachos („der Mönch"). Auf dem im 11. Jahrhundert entstandenen Mosaik in der Istanbuler Hagia Sophia sitzt er zur Rechten Christi.

Die Kirche von Konstantinopel sah sich als die eigentliche Erbin der von Konstantin dem Großen ins Leben gerufenen Reichskirche; daher die Eigenbezeichnung „orthodox" (rechtgläubig). Rivalität mit Rom war programmiert. Es ging dabei um handfeste politische Interessen, auch wenn man nach außen unüberbrückbare liturgische (gottesdienstliche) und dogmatische Unterschiede beschwor. Die Ostkirche lehnte beispielsweise das Fasten am Sonnabend ab und sah keinen Grund, ihren Priestern Ehelosigkeit zu verordnen. Abänderungen des 325 beschlossenen Nicänischen Glaubensbekenntnisses hatte die Ostkirche in keinem Fall übernommen. Für sie ist außer der Heiligen Schrift nur die Tradition, wie sie in der Liturgie und in den Werken der Kirchenväter überliefert ist, wegweisend. Auch haben heilige Bilder (Ikonen) einen ganz anderen Stellenwert der Verehrung als im Westen.

Im Verlauf der Jahrhunderte bildeten sich viele selbstständige (autokephale, griechisch: mit eigenem Oberhaupt) orthodoxe Nationalkirchen, die aber eine einheitliche Lehre, gemeinsame Gottesdienstordnungen und ein für alle verbindliches Kirchenrecht zusammenhalten. Jede der autokephalen Kirchen wird, wie der Begriff sagt, von einem eigenen Patriarchen (wörtlich: „väterlicher Herrscher") geführt, der keinem Oberpatriarchen und schon gar nicht dem Papst, sondern Christus allein verantwortlich ist. Allerdings hatten in fast allen Ostkirchen jahrhundertelang die weltlichen Herrscher ein gewichtiges Wort mitzureden, sodass man von Staatskirchen sprechen konnte.

Investiturstreit *Das endgültige Zerwürfnis mit Konstantinopel fiel in turbulente Zeiten für die römische Kirche. Sie war im 11. Jahrhundert auch in schwere Auseinandersetzungen mit dem Kaisertum verwickelt. Dabei ging es um das Recht der Einsetzung (Investitur, eigentlich: Einkleidung) von Bischöfen und anderen Kirchenfürsten, das der Kaiser traditionell für sich beanspruchte. In Schwächezeiten der Kirche hatte er deren höchste Amtsträger gern zur Regierung des Reiches herangezogen (Reichskirchensystem). Nun besann sich Rom darauf, dass die päpstliche Macht direkt von Gott komme und mithin der kaiserlichen übergeordnet sein müsse. Die Investitur ihrer Bischöfe jedenfalls betrachtete sie fortan als allein ihre Angelegenheit. Der Kampf wogte unentschieden hin und her: Heinrich IV. (1056–1106) musste sich 1077 mit dem Gang nach Canossa vor Papst Gregor VII. (Pontifikat 1073–1085) demütigen, den er später seinerseits absetzte und verjagte. Letztlich aber obsiegte die Kirche im Wormser Konkordat des Jahres 1122, in dem Kaiser Heinrich V. (1106–1125) auf wesentliche Rechte verzichtete.*

Demut und Armut

Gründung neuer Orden im Hochmittelalter

Wegen der wachsenden weltlichen Macht der Kirche entwickelte sich eine Gegenbewegung neuer Frömmigkeit und geistlicher Einkehr in Klöstern. Zunächst handelte es sich dabei um Einrichtungen der Benediktiner oder um Orden, die eine Reform der Benediktinerregel anstrebten. Dazu gehörten die Kartäuser und ihr 1084 ins Leben gerufener strenger Orden mit Einzelzellen (Kartause) und weitgehendem Schweigegebot. Auch die Zisterzienser, ein 1098 von Robert von Molesme in Citeaux (daher der Name) gegründeter Orden stand in der Nachfolge der Benediktiner, legte besonderen Wert auf praktische Tüchtigkeit und spielte daher bei der Erschließung neuer Gebiete eine bedeutende Rolle. Die Prämonstratenser, ein seit 1120 von Norbert von Xanten in Prémontré bei Laon aufgebauter Orden, vertraten ein Armutsideal wie später auch die beiden wichtigsten Kongregationen (Klosterverbände) des hohen Mittelalters.

Inquisition *Die Kritik an der Amtskirche wuchs im hohen Mittelalter. Viele Menschen wandten sich von zentralen Glaubenslehren ab. Mit ihnen ging die Kirche, gestützt auf die weltliche Justiz, hart ins Gericht. Sie wurden hochnotpeinlicher Befragung (inquisitio) oder gar der Folter unterzogen und bei weiterem Widerstand hingerichtet. Mit Aufkommen der Albigenser (nach der südfranzösischen Stadt Albi) oder Katharer (griechisch „die Reinen", verballhornt zu „Ketzer") im 12. Jahrhundert, die Kriegsdienst, Ehe, Heiligenverehrung und Altes Testament ablehnten, entstand die päpstliche Behörde der Inquisition als eine Art Glaubenspolizei. 1231 übertrug Papst Gregor IX. (1227–1241) den Dominikanern die Zuständigkeit dafür. Der Volksmund belegte die frommen Brüder daher mit dem bissigen Spitznamen „domini canes" (Wachhunde des Herrn). Ihre Methoden wurden zusehends brutaler; Zigtausende tatsächlicher oder angeblicher Kirchengegner fielen ihr in den folgenden Jahrhunderten zum Opfer.*

Einsatz für die Mühseligen und Beladenen

Eine nannte sich „Ordo Fratrum Praedicatorum" (Predigerorden), gegründet von Dominikus (1170–1221), einem temperamentvollen Wanderprediger, der sich als „Apostel des armen Christus" einen Namen machte. Bei seinem Tod umfasste der Dominikaner-Orden acht Provinzen und 60 Klöster, 1303 waren es bereits 557 Konvente in 18 Provinzen mit 15 000 Mitgliedern. Sie strebten eine Erneuerung des Bewusstseins für die Mühseligen und Beladenen aus der Kirche heraus an, verlangten eine Abkehr der Geistlichkeit vom Besitzdenken und propagierten die Nachfolge Christi nach dessen und seiner Apostel Vorbild. Aufgrund ihrer radikalen Frömmigkeit wurden sie Träger der Inquisition (siehe Kasten).

Noch einflussreicher wurde die Gründung des Franz von Assisi (1181–1226). Der Sohn aus reichem Hause erkannte die Leere seines Lebens und beschloss, künftig arm wie die Armen zu leben und seine Kraft der tätigen Nächstenliebe zu widmen. In einer Zeit erfüllt vom Waffenlärm der Kreuzzüge und der Bruderkriege allerchristlichster Herrscher fand Franz bald viele Anhänger, die wie er die Nachfolge Christi und seine Botschaft wörtlich nahmen: „Kommt her zu mir alle, die ihr mühselig und beladen seid; ich will euch erquicken." Der wachsenden Gemeinschaft der Minderbrüder oder Minoriten, wie sich die Franziskaner nannten, gab Franz eine Ordensregel, die Papst Innozenz III. 1210 billigte. Nach der Bekehrung Klaras von Assisi bildete sich seit 1212 auch ein weiblicher Zweig, die Klarissen. Sie wanderten wie die Männer durch das Land, halfen, wo sie konnten, und predigten Demut gegenüber der Schöpfung und unbedingte Armut.

Franz von Assisi hätte es kaum gebilligt, dass der Papst schon 1228 den Grundstein für eine ihm, Franz, geweihte mächtige Basilika (Oberkirche, Ostfassade mit Campanile im Frühnebel) legte. Nur der Ort hätte im zugesagt: Einstiger Hinrichtungsplatz Collo d'Inferno (Hügel der Verdammnis). Hier ist der Heilige denen nahe, um die er sich zeitlebens gekümmert hat, den Gescheiterten.

Waffengänge in Christi Namen

Das Zeitalter der Kreuzzüge (11.–13. Jahrhundert)

Hatte nicht Christus gesagt: „Wer das Schwert nimmt, der soll durchs Schwert umkommen"? Jetzt wurde er von Künstlern wie in dieser Buchmalerei von 1310 zum Anführer der Ritterheere stilisiert.

Das neue Selbstbewusstsein der Kirche seit dem 11. Jahrhundert ging einher mit wachsendem Glaubenseifer, ja Fanatismus ihrer Anhänger. Appelle zum Kampf für Christus fanden weiten Widerhall. Zunächst in Spanien, wo seit dem 8. Jahrhundert der Islam Fuß gefasst und sich bis an die Pyrenäen ausgebreitet hatte. Die verbliebenen christlichen Herrschaften riefen zur Rückeroberung (Reconquista) der Halbinsel auf und konnten die Mauren, wie man die dortigen Muslime nannte, in jahrhundertlangen Kämpfen bis 1492 vertreiben – und von ihren grandiosen kulturellen Leistungen profitieren. Weniger Erfolg hatten, aber um so mehr Opfer forderten die eigentlichen Kreuzzüge zur Befreiung der Heiligen Stätten der Christenheit in Palästina, das schon seit Mohammeds (570–632) Zeiten vom Islam kontrolliert wurde. 1095 erging der erste Aufruf im Abendland zum Zug nach Jerusalem, und Zigtausende folgten dem päpstlichen Appell.

Nur vorübergehende Teilerfolge

Der 1099 unter enormen Opfern auf beiden Seiten mit der Eroberung Jerusalems abgeschlossene erste Kreuzzug sollte aber bis auf Episoden der einzige wirkliche Sieg der Christenheit im Nahen Osten bleiben, denn der zweite Kreuzzug 1147 scheiterte schon bei Konstantinopel, der dritte endete mit dem Tod Kaiser Friedrichs I. 1190 vorzeitig, und weitere Versuche erzielten lediglich Teilerfolge, von Friedrich II. (1212–1250) abgesehen, der 1229 die Krone des Königreichs Jerusalem ohne Gewaltanwendung gewinnen konnte. Doch selbst dieser schier allmächtige Kaiser geriet immer wieder unter Druck durch den Kirchenbann, mit dem ihn die Päpste zum Kreuzzug zwingen wollten. Ihm gegenüber blieben die römischen Attacken wirkungslos, doch andere Herrscher konnten oder wollten sich dem Ruf des Heiligen Vaters nicht entziehen. Bis 1291, als mit Akkon die letzte christliche Bastion in Palästina fiel, hielten die Kämpfe an.

Ihre aus christlicher Sicht kläglichen Ergebnisse lenkten die Energien nach Nordosten ab und zehrten auch an der Autorität des Papsttums. Es geriet in französische Abhängigkeit und in die „Babylonische Gefangenschaft" in Avignon, wo die Päpste 1309–1376 residieren mussten. Erst dann konnten sie nachhaltig geschwächt nach Rom zurückkehren und einen neuen Aufstieg einleiten.

Deutscher Orden

Zur Pflege von Kranken und Schwachen, zum Schutz von Kaufleuten und Pilgern bildeten sich während der Kreuzzüge im Heiligen Land mehrere Orden. Darunter war eine Hospitalgemeischaft, die bei der Belagerung von Akkon 1190 entstand und sich mönchische Regeln gab, die 1198 päpstlich anerkannt wurden. Von da an nannten sich die Brüder „Ordo Teutonicorum" und betonten damit, dass sich in ihren weißen Mantel mit dem schwarzen Kreuz anders als gewöhnlich nur Deutsche kleiden sollten. Die von einem auf Lebenszeit gewählten Hochmeister geführte Organisation entsprach in der Gliederung denen anderer Ritterorden, Sitz war bis zum Verlust der Stadt 1291 Akkon, danach Venedig, seit 1309 die Marienburg bei Danzig und seit 1457 Königsberg. Schon lange vor dem Abschied aus Palästina vollzog sich ein Zielwechsel unter Hochmeister Hermann von Salza (1210–1239): Die Deutschordensritter engagierten sich zunehmend in der Ostmission, eroberten Preußen, Livland und Estland und wurden zur entscheidenden Ordnungsmacht im Baltikum. Im 15. Jahrhundert sank der Stern des Ordensstaats, der sich einem polnisch-litauischen Heer 1410 bei Tannenberg geschlagen geben musste und unter polnische Lehnshoheit geriet.

Gegen Papst, Götzen und Ablasshandel

Die Reformation und ihre Vorläufer (14.–16. Jahrhundert)

Den tiefsten Einschnitt in die Kirchengeschichte markiert die ragende Gestalt Martin Luthers (1483–1546) aus dem anhaltinischen Eisleben. Der wortgewaltige Mahner war nicht der erste, der die Fehlentwicklung der Universalkirche geißelte, doch er hatte anders als seine Vorgänger einen Verbündeten, gegen den sich die bisherigen Abwehrmittel als unwirksam erwiesen: den Buchdruck. Luthers Worte verbreiteten sich in Windeseile. Dabei lehrte er kaum anderes als der englische Theologe John Wyclif (um 1320–1384) in seiner Pfarre mit dem prophetischen Namen Lutterworth. Beide verwarfen den Primat (Vorrang) des Papstes, Ablasshandel, Heiligen- und Bilderverehrung. Doch die Lollarden, die Wyclifs Lehren verbreiteten, wurden durch massive Verfolgung mundtot gemacht. Den Vorreformator selbst erklärte das Konstanzer Konzil (1414–1418) zum Ketzer, ließ seine Gebeine exhumieren und verbrennen.

Ein Fenster im 2007 sanierten und erweiterten Geburtshaus Martin Luthers in Eisleben zeigt den Reformator (links) und seinen später wichtigsten theologischen Mitstreiter Philipp Melanchton (1497–1560). Luther sagte über ihn: „Magister Philippus fähret säuberlich und still daher, bauet und pflanzet, säet und begeust mit Lust, nachdem Gott ihm hat gegeben seine Gaben reichlich.“

95 Thesen

Bei lebendigem Leibe verbrannt wurde einer seiner Nachfolger, der tschechische Prediger Jan (Johannes) Hus (1369–1415). Er hatte mit seinen mutigen Reden den Kirchenbann (1412) heraufbeschworen und sich dem Konzil gestellt, nachdem ihm freies Geleit zugesichert worden war. Das aber half ihm nicht nach dem Todesurteil, weil man einem Ketzer gegenüber sein Wort nicht halten müsse. Sein Tod auf dem Scheiterhaufen wurde zum Fanal für die blutigen Hussitenkriege. Konnte danach der religiöse Frieden in Mitteleuropa noch einmal einigermaßen wiederhergestellt werden, so zerbrach er endgültig unter den Angriffen Luthers, die am 31.10.1517 mit der Veröffentlichung von 95 Thesen vor allem gegen den Ablass begannen und zur Gründung einer eigenen evangelischen (auf dem Wort Gottes basierender) oder protestantischen (nach dem Protest gegen kaiserliche Repression) Kirche führten.

Durch Übersetzung des Neuen Testaments (1522), flammende Flugschriften („Von der Freiheit eines Christenmenschen“ u. a.) und machtvolle Choräle („Ein feste Burg ist unser Gott“ u. a.) schuf Luther nicht nur die Basis für eine Volksfrömmigkeit auf biblischer Grundlage, sondern auch eine reichsweit verständliche Hochsprache. Sie trug zum Zusammenhalt der neuen Gemeinden entscheidend bei und zur Verbreitung der befreienden Botschaft, dass der Glaube allein und keinerlei Verdienst oder Ablass für Christi Erlösungsgeschenk bereit mache.

Nach Luthers Beispiel traten die Schweizer Ulrich Zwingli (1484–1531) und Johannes Calvin (1509–1564) als Reformatoren auf und förderten damit die Aufsplitterung der theologischen Ansätze.

Bauernkrieg *Hart war das Los der Landbevölkerung in den feudalen Gesellschaften des Mittelalters. Die Bauern leisteten Frondienste und waren Leibeigene der Lehnsherren. Schon im 13. Jahrhundert kam es zu Revolten dagegen („Als Adam grub und Eva spann, wo war denn da der Edelmann?“). Ende des 15. und zu Beginn des 16. Jahrhunderts nahmen sie den Charakter von Flächenbränden an, die von der Reformation noch angefacht wurden. Die von Luther gepredigte Gotteskindschaft aller Menschen und die von ihm geforderten religiösen Freiheiten verstanden viele Bauern auch als Recht auf Sprengung der sozialen Fesseln. 1524/25 brach ein regelrechter Krieg der Bauern gegen die Feudalherren aus, in dem die Aufständischen unter Führern wie Thomas Müntzer zunächst Erfolge erzielen konnten. Luther versuchte zu vermitteln, wandte sich dann aber „Wider die räuberischen und mörderischen Rotten der Bauern“, die von den fürstlichen Söldnern brutal niedergemacht wurden.*

Schwere Erschütterung des Glaubens

Dreißigjähriger Krieg (1618–1648)

Im Augsburger Religionsfrieden war es 1555 zu einem mühsamen Ausgleich zwischen katholischen und protestantischen Ständen des Reiches gekommen. Danach sollte die Konfession des jeweiligen Landesherren ausschlaggebend für die der Untertanen sein. Das funktionierte in relativ homogenen Territorien recht gut, auf Dauer aber nicht in so zersplitterten wie den habsburgischen Erblanden. Das evangelische Böhmen jedenfalls widersetzte sich entschieden den Bemühungen um eine Gegenreformation (siehe Kasten), wie sie von Wien gefördert wurde. 1618 entluden sich die Spannungen im Prager Fenstersturz, bei dem kaiserliche Räte von den protestantischen Delegierten in den Burggraben des Hradschin geworfen wurden. Das war das Fanal zum Böhmischen Aufstand, der in einen schier endlosen Krieg mündete.

Der konfessionelle Urkonflikt allerdings wurde bald von Machtfragen überlagert. Der von Habsburg, Bayern und Spanien angeführten katholischen Liga stand ein wechselndes Bündnis protestantischer Mächte gegenüber, das Dänemark, Schweden und sogar das katholische Frankreich unterstützten. Setzte sich in den ersten beiden Waffengängen, dem Böhmisch-Pfälzischen Krieg (bis 1623) und dem Niedersächsisch-Dänischen Krieg (bis 1629), noch die katholische Partei durch, so brachte das Eingreifen des Schwedenkönigs Gustav II. Adolf im Schwedischen Krieg (bis 1635) eine Wende und am Ende die Hoffnung auf Frieden. Doch daran war vor allem Frankreich aus Gründen der Rivalität mit Habsburg nicht interessiert und griff auf schwedischer Seite ein. Ein weiteres Jahrzehnt blutiger Schlachten auf deutschem Boden brachte keinen Sieger hervor.

Deutschland am Boden

Schließlich schlossen die erschöpften Parteien in einem mehrjährigen Prozess Kompromisse, die 1648 den Westfälischen Frieden ermöglichten. Er stellte fast überall die Ausgangssituation wieder her. Deutschland freilich lag am Boden, und der christliche Glaube war vom Bruderkrieg schwer erschüttert. Wie im späten Mittelalter der Schwarze Tod, die Pest, Zweifel in die Glaubengewissheit gesät hatte, so düngte das Blut der Millionen Opfer (ein Drittel der deutschen Bevölkerung) des Dreißigjährigen Krieges den Boden für die Aufklärung. Was waren das für Kirchen der Nächstenliebe, die zu solchen Hassorgien fähig waren? Ihre Glaubwürdigkeit jedenfalls hatte schwer gelitten.

Gegenreformation *Eine Art Strategie lässt sich erst im Nachhinein hinter den Reaktionen der römischen Kirche auf die protestantischen Herausforderungen erkennen. Vieles, was die Reformatoren angeprangert hatten, lag ja tatsächlich im Argen und erforderte Klärungen, wie sie auf dem Tridentiner Konzil (1545–1563) gesucht wurden, und organisatorische Veränderungen. Zugleich ging die katholische Kirche propagandistisch in die Offensive, deren Träger der 1534 von Ignatius von Loyola gegründete Jesuitenorden wurde. Das Bündel der Maßnahmen und das Bemühen um innere Reformen nennt die Geschichtsschreibung „Gegenreformation". Sie umfasste gewaltsame Versuche einer Rekatholisierung ganzer Gebiete, kulturelle Impulse wie den baulichen Prunk des Barock, Förderung der Volksfrömmigkeit, Belebung des Marienkultes, Werbung für Mönchs- und Nonnenorden, Gründung von Hochschulen, bildungs- und sozialpolitische Initiativen sowie intensive missionarische Anstrengungen. Erfolge blieben nicht aus, was auch an der Schwäche des Gegners lag: Luthertum und Calvinismus trugen einen erbitterten Streit aus, bei dem der eigentliche „Feind", die „Papisten", manchmal in Vergessenheit geriet.*

„Der Frieden machet froh und mehrt, / Der Krieg betrübet und zerstört." Deckfarbenmalerei, die den Westfälischen Frieden von 1648 thematisiert. Aus dem Stammbuch des Johannes Frentzel (Leipzig 1650).

Ausbreitung in alle Welt

Mission, Sonderentwicklungen, Sekten

Die Bilderhandschrift „Lienzo de Tlaxcala" (Mitte 16. Jh.) schildert die Taufe von Indios in Mexiko nach der Unterwerfung des Aztekenreiches durch den spanischen Conquistador Hernán Cortés (1485 – 1547).

Puritaner *Calvins Ansatz zeichnete sich verglichen mit dem Luthers durch einen erheblich stärkeren Rigorismus aus, moralisch wie theologisch. Seine reformierte Kirche beeinflusste eine Richtung in der Anglikanischen Kirche Englands, die sich eher aus politischen Gründen von Rom gelöst und daher noch viele katholische Elemente bewahrt hatte. Dagegen richteten sich die Puritaner (lat. puritas = Reinheit), die seit den 1560er-Jahren eine gründliche Abkehr vom „Papismus" anstrebten. Das ging der Hochkirche und damit den Herrschern zu weit, sodass es zu Verfolgungen der Puritaner kam. Sie reagierten darauf ganz im calvinistischen Sinn mit wirtschaftlichem Erfolg oder durch Auswanderung. Am bekanntesten wurde die Gruppe der sogenannten Pilgerväter, die 1620 mit der „Mayflower" an der Küste von Massachusetts landeten und dort den Grund für den späteren evangelikalen Fundamentalismus in den USA legten. Auch der europäische Pietismus wurzelt in puritanischem Gedankengut.*

Die Reformation spaltete die Universalkirche und brachte den Christenmenschen die Freiheit, ihrem Gewissen zu folgen. Und das spricht höchst unterschiedlich, gerade in Glaubensdingen. Außerdem: Die Reformation kam zu einer Zeit, da sich Europa aufmachte, die übrige Welt zu kolonisieren, was auch geistlich zu verstehen war. Wo die weißen Siedler, Soldaten, Seeleute hinkamen brachten sie Bibel und Gebetbuch mit. In den ersten Jahren der Entdeckungsreisen waren beide noch katholisch. Wenig später aber traten die Träger der Mission in konfessionelle Konkurrenz. War es für diejenigen, die mit den besten christlichen Vorsätzen Jesu Lehre verbreiten wollten, schon schlimm genug, dass sie meist im Gefolge von gnadenlosen Ausbeutern kamen, so erschwerte ihnen die Mehrstimmigkeit der Verkündigung ihr Werk weiter.

Durchgesetzt hat sich das Christentum daher vor allem dort, wo die Urbevölkerung von den Europäern unterdrückt, zur Minderheit gemacht oder gar ausgerottet wurde. An den äußersten Rand geraten etwa ist sie in der Neuen Welt, wobei die Indianer im Norden fast ganz verschwanden. Hier setzte sich vornehmlich die protestantische Richtung des Christentums durch und machte Nordamerika zu einer Brutstätte für Sondergruppen. Zum einen waren viele Einwanderer wie die Puritaner (siehe Kasten) wegen der religiösen Diskriminierung daheim ausgewandert, zum anderen fehlte ein großkirchlicher Zusammenhang, und zum dritten förderte das weite Land religiöse Inselbildungen. Katholische Einflüsse machten sich ebenfalls bemerkbar, sodass die Vereinigten Staaten nicht nur ethnisch ein „melting pot" (Schmelztiegel) wurden, sondern auch religiös.

Kaum überschaubare Auffächerung

Zudem war es dort und anderswo so, dass die religiösen Bräuche und Vorstellungen, die die Missionare vorfanden, ihre Spuren in der Volksfrömmigkeit der neu christianisierten Länder hinterließen und ihrerseits spirituell zurückwirkten. Das machte den Chor der Christen noch vielfältiger und hat zu kaum mehr überschaubarer Auffächerung geführt: von den Adventisten bis zu den Zeugen Jehovas, von den Baptisten bis zu den Quäkern. In den Augen der großen Kirchen sind die meisten Sondergruppen höchstens noch Sekten, ein Wort mit schlechtem Klang. Es bedeutet vom Wortsinn her nur Absonderung, hat aber etwas von Eiferertum, Aberglaube und Geheimorganisation, verdächtig auf jeden Fall. Dabei findet sich unter diesen Gruppen so manche, von der sich die Kirchen eine Scheibe abschneiden könnten, wenn es etwa um tätige Nächstenliebe geht.

Unter Konstantin dem Großen rückte das Christentum nach 313 de facto und unter Theodosius I. 381 auch de iure zur Staatsreligion im römischen Reich auf. Das setzte sich in den Teilreichen fort, und im Osten auch in den missionierten Staaten, deren Könige zugleich Kirchenoberhäupter wurden. Im Westen erneuerte der Franke Chlodwig I. mit seiner Taufe 496 das Bündnis mit der Papstkirche, und die mittelalterlichen Herrscher setzten es trotz der schweren Konflikte mit Rom fort. Mit der Reformation wandelte sich die Beziehung in vielen Ländern nur durch Ablösung der römischen Kirche durch die jeweilige protestantische. Nach dem Augsburger Religionsfrieden von 1555 verkörperte in den deutschen Ländern der Landesherr auch die konfessionelle Bindung der Untertanen. Erst mit der französischen Revolution 1789 setzte ein Umdenken ein, allerdings noch einmal gebremst durch die Restauration nach 1815.

Die Erosion der politischen Macht der Kirchen aber war letztlich nicht aufzuhalten. Die jungen Staaten Italien und das Deutsche Reich beschnitten den Einfluss der katholischen Kirche durch Annexion des Kirchenstaats (1870) einerseits und durch den Kulturkampf Bismarcks gegen sie andererseits (siehe Kasten). In Preußen behauptete die evangelische Kirche noch die Staatskirchenrolle und verlor sie erst mit dem Untergang des Kaiserreichs 1918. Auch in anderen Ländern bröckelte das Bündnis zwischen Staat und Kirche: Frankreich schaffte es 1905 ab, in Deutschland schrumpfte es zusammen auf eine Dienstleistung des Staates (Erhebung der Kirchensteuern); Schweden löste es 1999 auf. Nur in Dänemark, Norwegen, England, Island und Griechenland ist die enge Bindung bis heute in Kraft, und die Macht der römisch-katholischen Kirche etwa in Polen konnte auch vom Kommunismus nicht nennenswert geschmälert werden.

Mit dem faschistischen Italien gelang dem Vatikan ein Arrangement: Der „Duce" Mussolini (rechts) und Kardinalstaatssekretär Gasparri (sitzend) beim Abschluss der Lateranverträge 1929. Die Hoffnung auf ähnliche Verständigung mit Hitler im Konkordat vom 20.7.1933 erwies sich hingegen als illusorisch.

✝ **Kulturkampf** *Der Arzt und Kulturpolitiker Rudolf Virchow (1821–1902) prägte für die Auseinandersetzungen zwischen dem preußischen Staat und der katholischen Kirche nach der Reichsgründung unter preußischer Führung (1871) den Begriff „Kulturkampf". Damals entluden sich konfessionelle Konflikte (protestantischer Staat gegen katholische Zentrumspartei), Interessengegensätze zwischen (katholischen) Groß- und (protestantischen) Kleindeutschen, antipreußische Affekte, kirchenfeindliche Tendenzen des Liberalismus sowie soziale Probleme. Mit Kanzelparagraph (Verbot politischer „Agitation" durch Geistliche, 1871), Auflösung des Jesuitenordens (1872), Schulaufsichtsgesetz (1872), Einführung der Zivilehe (1874/75) und anderen Maßnahmen versuchte Reichskanzler Bismarck den Einfluss des Katholizismus zurückzudrängen, konnte aber den passiven Widerstand der Kirche letztlich nicht brechen, sodass es seit 1879 zu einem Ausgleich kam.*

Fragiler Burgfrieden

Insgesamt aber verloren die Kirchen unter den totalitären Systemen des 20. Jahrhunderts weiter an Boden. Die katholische versuchte sich 1929 durch die Lateranverträge mit dem faschistischen Italien und 1933 durch ein Konkordat mit dem nationalsozialistischen Deutschland zu schützen. Vor allem Hitler aber kümmerte sich nicht um solche Vereinbarungen, entfesselte einen Kirchenkampf und wahrte nur aus Kriegsrücksichten einen fragilen Burgfrieden mit den Konfessionen. Stalin und seine Satelliten unterdrückten religiöse Bestrebungen fast noch rigoroser. So kam es im Osten Deutschlands zu starker Entkirchlichung der Gesellschaft. In Russland dagegen ist eine gewisse Restauration des Kirchensystems zu beobachten.

Gemeinsamer Herr, gemeinsame Werte

Ökumenische Bestrebungen

Sichtbare Zeichen für wachsende Nähe setzte der Ökumenische Kirchentag Ende Mai 2003 in Berlin. Ganz im Sinn des Mottos „Ihr sollt ein Segen sein" grüßten der Ratsvorsitzende der evangelischen Kirche in Deutschland Bischof Wolfgang Huber (links) und Georg Kardinal Sterzinsky, Erzbischof von Berlin, die über 200 000 Besucher.

Nach 1648 hat der konfessionelle Frieden gehalten trotz immer wieder aufbrechender Differenzen: Die katholische Kirche stand im 18. Jahrhundert dem Pietismus verständnislos gegenüber und konnte auch mit den diversen Erweckungsbewegungen des 19. Jahrhunderts nichts anfangen. Heute beispielsweise herrscht heftiger Dissens in Fragen der „Homo-Ehe", die Rom vehement ablehnt, während Protestanten sich mit der Idee anfreundeten. Andersherum tat sich die evangelische Seite sehr schwer mit dem 1870 auf dem 1. Vatikanischen Konzil verkündeten Dogma von der Unfehlbarkeit des Papstes, wenn er amtlich („ex cathedra") über Fragen des Glaubens und der Lehre befindet. Das hat den Graben ebenso vertieft wie das 1953 verkündete Dogma von der Himmelfahrt Marias.

Weltkirchenrat

Bestrebungen nach neuer ökumenischer (griechisch: bewohnte Erde) Einheit hatten es immer schwer. Erst 1948 konnte in Amsterdam die Gründungsversammlung des „Ökumenischen Rates der Kirchen" (ÖRK) abgehalten werden, auch kurz als Weltkirchenrat bezeichnet. Er hat sich trotz der unverändert erheblichen Unterschiede im Glaubensverständnis als relativ stabile Größe erwiesen und umfasst heute 339 Mitgliedskirchen. Die Einheit der Kirchen aber bleibt ein Fernziel und wird eigentlich auch nicht mehr in der Form erwartet, dass es irgendwann einen Zusammenschluss aller geben könne. Man versteht sich als „Einheit in versöhnter Verschiedenheit". Die römisch-katholische Kirche zog sich auf die Position zurück, dass die Fülle der Wahrheit und die Einheit in ihr bereits verwirklicht sei. Ökumene könne nur in der Rückkehr der anderen unter das Dach der katholischen Kirche erfüllt werden. Papst Pius XII. (1939–1958) gestattete aber die Teilnahme an den ÖRK-Konferenzen. Erst Johannes XXIII. (1958–1963) setzte dann mit der Ankündigung eines „Ökumenischen Konzils" neue Akzente.

Am 31.10.1999 war es eine Sensation, dass – am Reformationstag! – eine gemeinsame Erklärung katholischer und evangelischer Theologen zur Lehre darüber herausgegeben wurde, wie der Mensch vor Gott Gnade finden könne. Dieser Kerngegensatz ist nun aus der Welt. Doch ansonsten bleibt vieles unüberbrückbar: Ob Heiligenverehrung, Rolle des Papstes oder Frauenordination – da scheiden sich die Geister nach wie vor. Die Herzen der Gläubigen aber sind offenbar weiter: In vielen Städten sehen sie kaum noch auf die Konfession, besuchen den jeweils anderen Gottesdienst und stehen zusammen, wenn es um christliche Werte geht. Viele Katholiken akzeptieren Pastorinnen. Auf der anderen Seite hat der Papst durchaus auch – salopp gesagt – evangelische Fans. Warum da ein gemeinsames Abendmahl nicht möglich sein soll, verstehen immer weniger Christen. Die Amtskirchen sollten vielleicht mehr das tun, was Luther bei seiner Bibelübersetzung so geholfen hat: „Dem Volk aufs Maul schauen."

Im Geist der Evangelien

Zwar bedrohen heute nicht mehr gottlose Diktatoren wie Stalin oder Hitler die Kirchen, einfach aber sind die Zeiten dennoch nicht. Mitgliederschwund und Konfrontation mit den Fundamentalisten anderer Religionen lassen eine Besinnung auf den gemeinsamen Herren und seine Botschaft, die für beide großen Kirchen verbindlich in der Heiligen Schrift steht, geraten erscheinen. Auch der Kampf um die Bewahrung der bedrohten Schöpfung wäre gemeinsam leichter zu führen. Und der Globalisierung, die zentrale christliche Werte außer Kraft zu setzen droht, wäre mit abgestimmtem Gegensteuern im Geist der Evangelien ebenfalls besser zu begegnen.

Petersdom in Rom

ISLAM

Denkmal des wohl größten Sieges des Islam ist die Hagia Sophia in Istanbul. In den Jahren 532–537 unter Kaiser Justinian I. dem Großen im byzantinischen Stil erbaut, wurde die Kirche mit der mächtigen Kuppel (gut 30 Meter im Durchmesser und 56 Meter hoch) nach der Eroberung Konstantinopels 1453 durch die Türken unter Sultan Mehmet II. zur Moschee umgewidmet und mit vier Minaretten flankiert. Im Zuge der europäischen Wende der Türkei unter Kemal Atatürk (1923–1938) gestaltete man das Gotteshaus 1934 in ein Museum um, das Besucher aus aller Welt ungeachtet ihrer religiösen Orientierung gleichermaßen anzieht und Wahrzeichen der Stadt am Bosporus ist.

Barmherziger Erbarmer

Entwicklung der jüngsten Weltreligion

Als letzte der großen Weltreligionen entstand im 7. Jahrhundert der Islam auf der Basis der Offenbarungen des Propheten Mohammed, die im Koran aufgezeichnet sind. Durch Übernahme von Vorstellungen des Judentums und des orientalischen Christentums (Thora, Psalter und Evangelien gelten als Vorläufer) und durch die vom Propheten weitergegebenen Lehren entwickelte sich eine streng monotheistische Religion, die unbedingte „Ergebung", so die Übersetzung des Begriffes „Islam", in Allahs Willen von den Anhängern, den Muslimen, fordert. Die im Koran geoffenbarten göttlichen Gesetze sind ganz diesseitig formuliert und verlangen im Alltag strikte Befolgung.

Ältestes sakrales Bauwerk und eines der wichtigsten Heiligtümer des Islam ist die Ende des 7. Jahrhunderts errichtete Felsenkuppel (Qubba as-Sachra) auf dem Tempelberg von Jerusalem, in abendländischen Sprachen „Felsendom" genannt.

Von Nordafrika bis Indonesien

Bei Mohammeds Tod (632) bereits fast alle arabischen Stämme umfassend, hat der Islam in mehreren Ausbreitungsbewegungen weite Gebiete Vorder- und Mittelasiens, Indiens und Nordafrikas unterworfen und zugleich die arabische Sprache in diesem Weltteil verbreitet. Durch Mission gewann der Islam Inder, viele Chinesen und seit etwa 1500 die Bewohner Indonesiens für sich. Wichtig vor allem wurde die Islamisierung der Türken, deren Osmanisches Reich zum bedeutendsten Träger islamischer Kultur wurde. Während dieser Ausbreitung hat sich die Religion bei Wahrung ihrer Grundlehren mit der Zeit gewandelt und sich regionalen Gegebenheiten angepasst. Als Anhänger des Islam gelten heute über eine Milliarde Menschen.

Schon in den ersten Jahrzehnten nach Mohammed entwickelten sich vor allem zwei verschiedene Richtungen des Islam aus Differenzen über die Führung der Glaubensbewegung: Die Sunniten unterstellten sich den Angehörigen der Prophetenfamilie, die Schiiten wiederum akzeptieren aus dieser Familie nur die leiblichen Nachkommen der Mohammed-Tochter Fatima aus deren Ehe mit Mohammeds Vetter Ali. Unterschiedliche Interpretationen der Glaubensinhalte entstanden daraus, wobei sich die sunnitische Linie weitgehend durchsetzte: Lehre von der Allmacht Allahs, „des Erbarmers, des Barmherzigen", schicksalhafte Vorherbestimmtheit (Kismet), Verantwortung des Menschen beim Endgericht, Auferstehung, begrenzte Vielehe, Adaptierung mystischer Lehren des Sufismus. Nur etwa zehn Prozent der Muslime sind Schiiten. Sie erwarten einen von Mohammed abstammenden Imam, der die Menschheit führen wird, und zeichnen sich durch Glaubensstrenge und Kompromisslosigkeit aus. In der Gegenwart bilden sie die aktivste Gruppierung.

Gottesbegriff *Mit der Zeit, so lehrte Mohammed, seien die göttlichen Offenbarungen früherer Epochen verfälscht worden. Ihm sei gewährt worden, das reine Wort Gottes zu empfangen und weiterzugeben. Eine typische Verfälschung sah er und sehen seine Anhänger etwa in der christlichen Lehre von der Dreifaltigkeit (Trinität). Dadurch werde die absolute „Einheit" Allahs (Gottes) in Frage gestellt und ihm Sohn und Heiliger Geist „beigesellt". Der unteilbare, alles umfassende, allwissende und allgewaltige Schöpfer, nach dessen Willen sich alles Werden und Vergehen, Handeln und Geschehen richtet, bedarf solcher Hilfsgrößen nach islamischer Lehre nicht. Seine Allgüte erweise sich in den Wundern seiner Schöpfung und im größten aller Wunder, dem Koran, durch den der Ewig-Unerkennbare und Unsagbare zur Menschheit spricht und ihr den „geebneten Weg" (die Scharia) weist. Am „Tag der Abrechnung" wird das Allgerechte der Menschen Taten wägen und vergelten. Hoffnung gibt seine Gnade: „Er straft, wen Er will, und erbarmt sich, wessen Er will" (Sure 29, 21).*

Mohammeds Geburtsstadt Mekka lag politisch im 6. Jahrhundert an der äußersten Peripherie. Während das 450 Kilometer weiter nördlich gelegene Yatrib, später Medina, in die Spannungen der Nordmächte Persien und Byzanz (Ostrom) verwickelt wurde, blieb es noch ruhig in Mekka. Doch die Rivalitäten der Großen erreichten bald auch den stillen Wallfahrtsort. Dabei spielte das im Machtverfall begriffene Südarabien eine Sonderrolle, weil hierher schon die Abessinier ihre Form des Christentums gebracht hatten. Es geriet in Konflikt mit den in den Jemen ins Exil gegangenen Juden, die Unterstützung bei den Persern fanden, sodass der Südwestzipfel der Arabischen Halbinsel zum Schauplatz byzantinisch-persischer Stellvertreterkämpfe wurde.

Auf dem Weg dorthin liegend, konnte Mekka vom religiösen Hintergrund des Konflikts nicht unberührt bleiben. Es neigte zunächst der persischen Sache und damit dem Zoroastrismus (siehe Kasten) zu, geriet dann aber unter den Einfluss der Monophysiten. Diese Christen vertraten die Ansicht, dass Jesus nicht ebenso Mensch wie Gott sei, sondern nur von göttlicher Natur. Gefallen fanden die Mekkaner zudem an einigen christlichen Bräuchen, ähnelten doch etwa die Prozessionen ihren Pilgerzügen zu heiligen Orten, darunter zur Kaaba („Würfel"), die schon in heidnischer Zeit Verehrung genoss.

Rolle der Gestirne

Von einer Christianisierung der arabischen Stämme aber konnte nicht die Rede sein. Das Gros der Nomaden und auch der Städter blieb heidnisch, worunter man keinen einheitlichen Kult zu verstehen hat, sondern eine diffuse Vielgötterei, die sich bemerkenswert oft an Steinmonumenten festmachte. Und ein ganz besonderer Stein, der Meteorit Hadjar al-Aswad („schwarzer Stein"), ist in die Südostecke der Kaaba eingelassen. Als Gemeinsamkeiten kamen der Schicksalsglaube und ein Gestirnkult hinzu, wie er orientalischen Kulturen wegen der Bedeutung der Sterne für Zeitrechnung und Anbauplanung eigentümlich ist.

Zoroastrismus *Staatsreligion des persischen Reichs der Sassaniden (Blütezeit 226–642) war der Zoroastrismus oder Parsismus (von: persisch), der in den arabischen Raum hineinwirkte. Er ging zurück auf den um 600 v. Chr. lehrenden Propheten Zarathustra (griechisch: Zoroaster), der sich als Verkünder des Gottes Ahura Masda („weiser Herr") verstand, des Schöpfers und Erhalters der Welt und Urgrunds der Macht des Lichts, das er vor Ahriman, dem Geist des Bösen und der Finsternis, schützt. Der Kampf zwischen dem zerstörerischen Prinzip und der rechten Ordnung bestimmt danach die Geschichte der Welt und das Leben des Einzelnen, der sich zwischen Gut und Böse frei entscheiden und das Böse überwinden kann. Das gelingt ihm vor allem dann, wenn er, wie von Zoroaster gefordert, Gutes denkt, redet und tut. Insofern hat der Zoroastrismus Berührungspunkte mit den christlichen und jüdischen Lehren, sodass eine wechselseitige Verstärkung ihres Einflusses in der Region gegeben war.*

Die arabischen Stämme aber kennzeichnete eher ein Neben- als ein Miteinander. Einzelaktionen bewiesen allerdings bereits, dass sie bei gebündeltem Handeln eine nicht zu unterschätzende Macht entfalten könnten. Alles weist darauf hin, dass Arabien damals an der Schwelle zu einer neuen Zeit stand. Die Überlieferung hat das Andenken an die sogenannten Hanifen, Eremiten oder Einzelgänger, aufbewahrt, die um die Mitte des 6. Jahrhunderts auf der Gottsuche waren. Sie scharten aber noch keine Anhänger um sich. Ihr Suchen belegt indes, dass sich Unbehagen an den götzenartigen Kulten breit zu machen begann.

Fast ein Jahrtausend nach Mohammed erschien die von Wüsten und Bergketten beherrschte Arabische Halbinsel den Europäern immer noch höchst fremdartig, obwohl geo- und kartografisch bereits recht exakt erfasst: Landkarten-Gemälde von Giovan Battista Ramusio (1485–1557), Venedig 1540.

Frühe Zeichen der Erwählung

Jugend und Berufungserlebnis Mohammeds

Sprachrohr Allahs: Der Erzengel Gabriel, im Christentum Verkünder der Schwangerschaft Marias mit dem Gottessohn, offenbarte Mohammed die Texte des Korans, des ewig ungeschaffenen göttlichen Wortes (illuminierte arabische Handschrift, um 1400).

Über das Leben Mohammeds ist wenig Gesichertes bekannt; vieles Überlieferte gehört ins Reich der Legende, aber auch untrennbar zum geschichts- und wirkmächtigen Bild des späteren Propheten. Immerhin wissen wir, dass er Mitglied des herrschenden Koraisch-Stamm in Mekka war, aber eher aus einer Unterschichtfamilie kam. Sein Vater starb zudem vermutlich schon vor seiner Geburt um 570, und auch die Mutter verlor der Junge bereits als Sechsjähriger. Er wuchs bei einer Amme und dann bei einem Onkel auf, der offenbar wenig für die Ausbildung des Mündels tat. Der junge Abul Kasim Muhammad Ibn Abd Allah, so der volle Name, war als Hirte tätig und nahm der Überlieferung nach auch an Karawanenzügen bis nach Syrien teil. Dort soll ihn ein christlicher Mönch als „Erwählten“ erkannt haben.

Blick für Reformbedarf

Und die Legende weiß auch zu berichten, dass schon damals Wunderzeichen die Besonderheit des Knaben erkennen ließen, der überall, wo er auftauchte, Segen brachte. In den Bereich der Tatsachen gehört allerdings eher, dass der kommende Religionsstifter aus seiner schwierigen Situation heraus einen kritischen Blick entwickelte und den sozialen wie geistlichen Reformbedarf erkannte. Mohammeds persönliche Lage änderte sich entscheidend um das fünfundzwanzigste Lebensjahr, als er der reichen Kaufmannswitwe Chadidja (siehe Kasten) begegnete und in ihre Firma einheiratete.

Jedenfalls fand sich Mohammed plötzlich in gesicherten Verhältnissen und gewann die Freiheit, die er zum Reifen seiner religiösen Ansichten brauchte. Er zog sich dazu mehrfach in die Einsamkeit auf den Berg Hira nur fünf Kilometer nördlich von Mekka zurück, wo er im Jahr 610, rund vierzig Jahre alt, seine Berufung erlebte. Zunächst nahm er an, er habe Gott selbst schauen dürfen, doch ließ sich das später nicht mit der Lehre von der ungeheuren Kluft, die Geschöpf und allmächtigen Schöpfer voneinander trennt, in Einklang bringen. Und es vertrug sich auch nicht mit dem Bildnisverbot. Aus der Erscheinung Gottes wurde die eines seiner vornehmsten Boten, nämlich die des Erzengels Gabriel, der Allahs Worte übermittelte, aber zunächst von Mohammed eine Äußerung verlangte, was diesem erst bei der dritten Aufforderung gelang. Daraufhin wurden ihm als erste Mitteilung Allahs die Worte der Sure 96, Vers 1 bis 5 anvertraut:

„Lies! Im Namen deines Herrn, der erschuf,
Erschuf den Menschen aus geronnenem Blut.
Lies, denn dein Herr ist allgütig,
Der die Feder gelehrt,
Gelehrt den Menschen, was er nicht gewusst.“

Unbequemer Gottesverkünder

Konflikte mit dem Mekkaner Establishment

Nach den ersten Offenbarungen trat eine Pause (Fatra) ein, von Mohammed tief schmerzlich als Gottverlassenheit erfahren. Dann aber kamen die Botschaften wieder und erreichten ihn fortan regelmäßig bis in seine letzten Lebenstage. Zunächst vertraute er sie seiner Frau und seinen Verwandten an, erweiterte den Kreis allmählich und ging erst nach drei Jahren an die Öffentlichkeit der Stadt. Das schien ihm nicht leicht gefallen zu sein, doch beugte er sich der Pflicht, die Menschen zu warnen vor dem Jüngsten Gericht, das die Guten belohnen und die Sünder bestrafen werde. Die Provokation für die stolzen Mekkaner lag vor allem darin, dass Mohammed ihre Vielgötterei (siehe Kasten) radikal kritisierte und als Kern aller Sündhaftigkeit brandmarkte.

Der Konflikt eskalierte. Die Meinungsführer verdächtigten Mohammed, er strebe nur nach der Macht. Seinen Prophetenanspruch bestritten sie auch mit dem Hinweis darauf, dass sich ein allmächtiger Gott sicher keinen Abkömmling armer Leute zum Botschafter wählen würde. Und schon gar keinen Kranken, der offensichtlich von Dämonen geplagt sei. Dieses Gerücht nährte Mohammed durch den Bilderreichtum seiner Predigten und die scharfe Akzentuierung seiner Sprache, die etwas Magisch-Mächtiges, eben Dämonisches hatte. Kurz: Man wollte Mohammed und seine Jünger loswerden, eine schwierige Sache bei seiner Zugehörigkeit zum führenden Stamm der Stadt und auch wegen einer gewissen Bewunderung für den unbeugsamen Verkünder.

Prekäre Lage

Seine Glaubensgewissheit beeindruckte die lauen Gemüter und machte ihnen ein schlechtes Gewissen. Insgeheim mussten sie die Überlegenheit seiner Lehre von dem einen allmächtigen Gott über ihre kultische Verzettelung anerkennen. Einen hohen Reiz entwickelte für die praktisch orientierten Araber zudem die Lehre, dass zwar Gott der „ganz Andere“, der vom Menschen himmelweit Getrennte sei, dass aber dieser Mensch frei war zu wählen und zu seiner Erlösung etwas tun könne. So ohne Weiteres kam man an Mohammed mithin nicht vorbei. Hinzu kam die Uneinigkeit seiner Gegner. Wenn Mohammeds mekkanische Tage dennoch gezählt waren, dann vor allem wegen zweier Schicksalsschläge: 619 starb Mohammeds Onkel Abu Talib, das Oberhaupt seiner Sippe, und Mohammed verlor im selben Jahr auch seine Frau Chadidja, die ihm die wichtigste Vertraute gewesen war. Der neue Sippenchef entzog Mohammed den Schutz; die Lage des Propheten und seiner Anhängerschaft in der Stadt wurde prekär.

Gegen Vielgötterei

Religiöse Vorstellungen haben ein zähes Leben, und Mohammeds hochabstrakte Eingottlehre war für die an Götter und Geister aller Art gewöhnten Zeitgenossen eine ziemliche Zumutung. Mochten sie seine Lehren anfangs noch als Spintisiererei abtun oder einfach weghören, so wurde der immer eindringlicher vorgetragene Appell Mohammeds zur Umkehr zunehmend zum Ärgernis. Der in den Augen seiner Mitbürger selbsternannte Prophet geißelte bald auch die Verehrung von Ortsgöttinnen, die er zunächst noch als „Töchter Allahs“ geduldet hatte. Allenfalls Zwischenwesen wie Engel oder Dämonen kamen für ihn und die Muslime in Betracht. So nannten sich die wenigen Anhänger, die Mohammed zu überzeugen vermocht hatte, nach demselben Wort wie dem, das später der Religion den Namen gab. „Islam“ und „Muslim“ gehören als Substantivierung beziehungsweise Partizip zum arabischen Verbum „aslama“, was so viel heißt wie „sich ganz, vorbehaltlos hingeben“, nämlich in die Hand Allahs, „des Erbarmers, des Barmherzigen“, wie er zu Beginn jeder Sure im Koran angerufen wird.

Dynastisches Denken spielte in der Epoche Mohammeds eine große Rolle. Die im 18. Jahrhundert geschaffene Miniatur zeigt auf der rechten Seite den Propheten mit seiner Tochter Fatima und deren Mann Ali sowie die Enkel Hasan und Husain.

Anbruch einer neuen Zeit

Hidjra von Mekka nach Medina (622)

Trotz zahlenmäßiger Unterlegenheit, behielten die Anhänger des Propheten in vielen Gefechten mit Heerhaufen aus Mekka die Oberhand. Die türkische Illustration vom Ende des 16. Jahrhunderts über die Schlacht bei Badr (624) führte das wie schon die Zeitgenossen darauf zurück, dass Allahs Engel sich Mohammeds Streitern angeschlossen hat.

Moschee *„Ort, an dem man sich zum Gebet niederwirft" (Masgid), nannten die Muslime den ummauerten und halb überdachten Platz in Medina, an dem ihr erstes Gotteshaus entstand. Das arabische Wort „Masgid" dafür verbreitet sich über Spanien und Frankreich, klanglich europäisiert zu „Moschee", in alle Welt. Zu diesen Gebetsgebäuden gehörte in der Frühzeit ein meist von Säulen umschlossener Hof und ein Reinigungsbrunnen für rituelle Waschungen. Der Schmuck der eigentlichen Halle bestand und besteht gewöhnlich nur aus einer architektonischen Gliederung durch Rund- oder Spitzbogen in mehrere Querräume sowie einer in Gebetsrichtung (nach Mekka) eingelassenen Gebetsnische (Mihrab) und das Lesepult (Minbar). Wegen der vom Islam geforderten Bildlosigkeit dominieren als Zierelemente Arabesken (Blattrankenornamente). Bald gehörte zu vielen Moscheen auch das Minarett (nach dem arabischen Wort für „Leuchtturm"), von dem aus der Muezzin (Gebetsrufer) die Gläubigen einlädt.*

Um 620 war Mohammeds Ruf als Prediger über Mekka hinaus gedrungen und vor allem war weithin bekannt geworden, dass die muslimische Gemeinde keine Stammesgrenzen kannte. Gerade die Zerklüftung der arabischen Gesellschaft aber war es ja, die einem kulturellen und geistigen Aufbruch entgegen stand, was insbesondere in der 450 Kilometer nördlich von Mekka gelegenen Ansammlung von Orten namens Yatrib fühlbar wurde. Anders als in Mekka, wo ein Stamm dominierte, lieferten sich hier zwei arabische und drei jüdische Stämme einen erbitterten Kleinkrieg, der die Existenz des Gemeinwesens gefährdete. Muslime gab es auch hier bereits, und sie haben vielleicht den Stammesführern den Vorzug gemeindlicher Organisation deutlich gemacht oder doch vorgelebt.

Ob das ausschlaggebend war oder ob unter den Muslimen in Yatrib einflussreiche Leute waren, die erfolgreich für Mohammed warben, darf offen bleiben. Es kamen jedenfalls Emissäre nach Mekka, die ihn in ihre Stadt einluden und zusagten, dass er dort als Prophet anerkannt würde. Im Sommer 622 entschloss sich Mohammed zur Hidjra (Hedschra), der Auswanderung aus oder, anders übersetzt, der Loslösung von Mekka. Der Schritt sollte sich als Durchbruch für die Lehre des Propheten erweisen, weshalb die Hidjra als Beginn der islamischen Zeitrechnung gilt.

Einzug auf einer Kamelstute

Die Lösung aber wird sicher nicht ganz konfliktfrei vor sich gegangen sein. Siebzig von Mohammeds Anhängern waren ihm voraus gezogen und hatten sich als Emigranten (Muhadschirun) in Yatrib, dem späteren Madinat an-nabi (Stadt des Propheten), kurz Medina, niedergelassen. Zusammen mit den dortigen Muslimen bildeten sie eine ansehnliche Gemeinde (Umma), deren Führung Mohammed bei seiner Ankunft im September übernahm. Der Legende nach ritt er auf einer Kamelstute in die Stadt ein und wählte zur Wohnstätte den Platz, an dem sein Reittier erstmals anhielt. Davor ließ er bald nach dem Muster der jüdischen Synagoge ein Gebetshaus (siehe Kasten) mit einem überdachten Hof errichten.

Hier versammelten sich seine Anhänger zu politischer Aussprache wie zu kultischen Handlungen, insbesondere zu den fünfmal täglich zu verrichtenden Gebetsgottesdiensten und dem freitäglichen Predigtgottesdiensten. Direkt an den Hof schlossen sich die privaten Gebäude Mohammeds und seiner zunächst zwei Frauen an, darunter seiner Lieblingsfrau Aischa. Heute steht an der Stelle der Hütten über dem Sterbeort und dem Grab des Propheten und seiner Tochter Fatima die große Wallfahrtsmoschee.

Wo Abraham das erste Gotteshaus baute

Mohammeds Machtübernahme in Mekka

In Medina bemühte sich Mohammed um eine Verständigung mit den dort mächtigen Juden. Sie aber wollten seine Lehre nicht annehmen. Sie kannten zwar noch die Herkunft des Patriarchen und „Propheten" Abraham (Ibrahim) an, aber nicht, dass er, wie Mohammed vom Erzengel erfuhr, das „erste Haus Gottes" auf arabischem Boden errichtet habe, nämlich die Kaaba in Mekka. An dieser Stelle habe er auf Gottes Befehl seinen Sohn Ismael opfern wollen, was Gott verhindert habe, als er sah, dass Abraham tatsächlich auch dieser furchtbaren Weisung gehorchen würde. Zum Dank bauten Abraham und Ismael den Anbetungsort. Zur Kaaba richtete Mohammed daher die Gebete und machte so seine Geburtsstadt zum heiligen Zentrum des Islam. Er arabisierte damit sozusagen die biblische Tradition, was zur Verankerung seiner Lehre in der Region wesentlich beitrug.

Listenreich eingefädelt

Die Juden bekämpfte er und verdrängte sie schließlich. Doch gegen sie wie die Christen, die ja ebenfalls „Schriftbesitzer" waren und, wenn auch irregeleitet, denselben Gott anbeteten, wandte er sich bei Weitem nicht mit der Schärfe wie gegen die Heiden, worunter er Stämme in der Wüste und im Norden von Medina ebenso verstand wie die Mekkaner. Mit ihnen kam es zu mehreren schweren Kämpfen, in denen die muslimische Gemeinde (Umma) an den Rand der Existenz geriet. Doch auf längere Sicht erwies sich Mohammed und seine Lehre als so attraktiv, dass der Zulauf Verluste weit überstieg und Mekka in die Defensive geriet. Mit dessen Führung kam es zu einer von Mohammed listenreich eingefädelten Vereinbarung über einen „Pilgerzug" zur Kaaba im Jahr 629. Es wurde aber ein Eroberungszug, denn es bildete sich eine derartig mächtige Marschsäule, dass die Mekkaner wie gelähmt waren und Mohammed als künftigen Herren akzeptierten. Hinzu kam, dass Mohammed für den Fall der Übernahme der Stadt Amnestieregelungen versprach und Plünderungen verbot. Am 11.1.630 zog er in seine Geburtsstadt ein, hielt Gericht und verhängte maßvolle Strafen gegen Unbelehrbare; auch wenige Hinrichtungen sind belegt. Sonst aber gab es allenfalls Geldstrafen, deren Erlös an die ärmeren Anhänger, denen die erhoffte Kriegsbeute entgangen war, ausgezahlt wurde. Widerstand regte sich nicht einmal mehr gegen die Zerstörung heidnischer Kultstätten und die Reinigung der Kaaba. Mekka blieb zentraler Kultort, Mohammed aber kehrte nach Medina zurück, wo er am 8.6.632 starb.

Schicksalsglaube *Zwischen der Schöpfung und dem Tag des Gerichts liegen nach Mohammeds Lehre die individuelle Lebensdauer des Menschen und die kollektive der Menschheit sowie die Existenz der Welt insgesamt. Allah hat sie den Menschen ebenso zum Geschenk gemacht wie er jedem Einzelnen seine Lebensfrist zugemessen und über sein Wohlergehen oder sein Leiden bestimmt hat. Dieser Schicksalsglaube nimmt stellenweise die Form von völliger Vorherbestimmtheit allen Seins an (Prädestination). Gemeint allerdings dürften in erster Linie zeitliche Begrenzungen und die Ergebnisse menschlichen Handelns sein. Freiheit, sich so oder so zu entscheiden, bleibt damit zwar in engen Grenzen, reicht andererseits aber auch so weit, dass sich der Sterbliche am Ende aller Tage dafür verantworten muss. Gottgegeben sind ja auch die Alternativen, ist auch die Chance zur Auswahl, allerdings immer nur zwischen den von Allah angebotenen Optionen, zu denen immerhin auch die unerhörte gehört, den Glauben an ihn auszuschlagen. Die schwerste aller Sünden und doch eine Menschenmöglichkeit.*

Kunstvoll stilisiert hat der arabische Fayence-Künstler des 16. Jahrhunderts die Darstellung des islamischen Haupttheiligtums auf der Wand eines Palastes in Kairo: Große Moschee in Mekka mit dem schwarzen Würfel der Kaaba im Hof vor gebirgigem Hintergrund.

Ewig und unerschaffen

Entstehung und Gliederung des Korans

Der Begriff „Koran" für die heilige Schrift des Islam leitet sich her von einem arabischen Wort mit der Bedeutung „Vortrag, Lesung": Wie Mohammed die Offenbarungen akustisch übermittelt wurden, so gehört zur richtigen Aufnahme und Weitergabe der Koran-Texte das Aufsagen, ja das höchst kunstvolle Rezitieren sowie die Bereitschaft zu hören, auch im Sinn von gehorchen, nämlich den Geboten Allahs. Mohammed selbst hat seine Offenbarungen nur mündlich weiter- und die heiligen Worte aus dem Gedächtnis wiedergegeben; vermutlich konnte er nur unvollkommen lesen.

Keine thematische Ordnung

Zu seinen Lebzeiten gab es keinen Koran in Buchform, nur Fragmente im Besitz verschiedener Sammler. Wann diese Stücke zusammengeführt wurden, ist nicht genau zu bestimmen, vermutlich ist die Fixierung unter dem dritten Nachfolger (Kalifen) Othman, einem Schwiegersohn Mohammeds, etwa zwei Jahrzehnte nach dem Tod des Propheten erfolgt. Eine korrekte Chronologie der Stücke philologisch zu ermitteln, hat Othmans Redakteure wohl überfordert, und so griffen sie zu einem auch bei anderen Textsammlungen oft geübten Verfahren: Nach dem kurzen Gebet der 1. Sure, der Fatiha (siehe Kasten), folgen die weiteren nach dem Prinzip der abnehmenden Länge.

Damit die Chronologie nicht ganz aus dem Blick geriet, wurden später den Suren Vermerke hinzugefügt: „Geoffenbart zu Mekka" oder „Geoffenbart zu Medina". Das sagt in etwa, welche Teile des Korans aus der Frühzeit vor der Hidjra (Hedschra), also aus den Jahren zwischen 610 und 622 stammen und welche aus dem Jahrzehnt der Bildung der Gemeinde (Umma) in Medina. Das lässt sich oft auch schon daran ablesen, dass die mekkanischen Suren im Gros kürzer, sozusagen „prophetischer" wirken als die medinensischen, in denen es vielfach um Gesetzgebung und Regelung alltäglicher Fragen.

Eine solche Entwicklung ist für den gläubigen Muslim irrelevant, denn der Koran ist der Lehre nach so ewig und unerschaffen wie der, dessen Offenbarungen er mitteilt. Der Befehl des Erzengels an Mohammed beim ersten Erscheinen „Lies!" bedeutet, dass er einen schon immer vorhandenen Text mitgebracht hatte, der im Himmel auf ewiger Tafel aufbewahrt wird. Von Allahs Worten darauf gilt, was die Sure 112 von ihm selbst sagt: „Sprich: Er ist der eine Gott, / Der ewige Gott; / Er zeugt nicht und wird nicht gezeugt, / Und keiner ist ihm gleich."

Illuminierte mittelalterliche Koran-Handschrift, aufgeschlagen am Beginn der 38. Sure, in der es unter anderem um die Höllenstrafen geht: „Und siehe, für die Ungerechten ist wahrlich eine böse Einkehr: Dschahannam, in der sie brennen werden; und schlimm ist der Pfühl. So ist's; so mögen sie sie schmecken! Siedend Wasser und Jauche." (Verse 55–57).

Mahnung zur Abkehr vom Bösen

Das Verhältnis zu Judentum und Christentum

Der Kontakt mit Judentum und Christentum brachte es mit sich, dass Mohammed Berichte aus dem Alten Testament bewusst oder auch ohne klare Kenntnis der Quelle in den Koran aufnahm: die Schöpfungsgeschichte, den Sündenfall, den Konflikt zwischen Kain und Abel, die Sintflut, den großen Abraham-Komplex, vieles über Moses, David und Goliath, Salomo usw. Dass die biblischen Geschichten in seinen Fundus Aufnahme fanden erklärt sich daraus, dass er sie als religiösen Besitz aller Menschen ansah und dafür sorgen wollte, dass sie von Verunreinigungen der Tradition und Umdeutungen befreit wurden. Manche Geschichten kommen im Koran in mehr oder minder veränderter Form vor. Dafür nur als Beispiel der Bericht über die Anbetung des Goldenen Kalbs. Sie steht in den Versen 148 bis 150 von Sure 7:

„Und es machte sich das Volk Mosis während seiner Abwesenheit aus seinen Schmucksachen ein leibhaftiges Kalb, welches blökte. Und sahen sie nicht, dass es nicht mit ihnen sprechen und sie nicht des Weges leiten konnte? Sie nahmen es sich und wurden Ungerechte. / Und als sie es bitterlich bereuten und sahen, dass sie geirrt hatten, sprachen sie: ‚Wahrlich wenn sich unser Herr nicht unser erbarmt und uns verzeiht, wahrlich, dann sind wir verloren!‘ / Und als Moses zu seinem Volk zurückkehrte, zornig und bekümmert, sprach er: ‚Schlimm ist, was ihr in meiner Abwesenheit begingt …‘“

Die Anleihen des Korans beim Alten Testament machten Muslime, Juden und Christen zu Glaubensverwandten. Die Buchillustration aus Kaschmir zeigt christliche Männer, die den Propheten aufsuchen und um Rat fragen. Wegen des Bildnisverbots und wohl in Anlehnung an die Geschichte vom brennenden Dornbusch als göttlicher Wegweiser der Juden in der Wüste ist Mohammed als goldene Flamme dargestellt.

Mündlich tradiert

Daran, dass Allah den Reuigen dann dennoch vergibt, demonstriert Mohammed die Allgüte des Allmächtigen und die Pflicht des Gläubigen zur Umkehr und Abwendung vom Bösen. Darin trifft sich seine Lehre mit der Jesu. Christen nämlich gab es in großer Zahl. Und es bedurfte nicht einmal der Schriftkenntnis zur Bekanntschaft mit der christlichen Verkündigung. Die vier großen Passagen, die sich mit Maria (Maryam) und Jesus (Isa) in den Suren 3, 5 und 19 beschäftigen, legen mündliche Information nahe. So ist die Lehre vom dreieinigen Gott mehrmals Ziel der koranischen Kritik, wobei aber nicht Gottvater, Gottsohn und Heiliger Geist die Trias bilden, sondern Allah, Jesus und Maria.

Jesus

Mohammed reihte Jesus unter die Propheten ein. Auch sich selbst sah er in dieser Reihe, die er allerdings endgültig abschließe, weil er das End-Gültige habe verkünden dürfen. Jesu Gottesnatur bestritt er vehement. In Sure 5, Vers 116 fragt Allah streng: „O Jesus, Sohn der Maria, hast du zu den Menschen gesprochen: ‚Nehmt mich und meine Mutter als zwei Götter neben Allah an?‘“ Christus selbst beteuert daraufhin, dass er nichts dergleichen gesagt habe. Hätte er es gesagt, „dann wüsstest du es. Du weißt, was in meiner Seele ist, ich aber weiß nicht, was in deiner Seele ist.“ Und im nächsten Vers der Sure versichert Jesus: „Nichts anderes sprach ich zu ihnen, als was du mich hießest, nämlich: ‚Dienet Allah, meinem Herrn und eurem Herrn.‘“ Und in derselben Sure heißt es schon in Vers 73: „Wahrlich ungläubig sind, die da sprechen: ‚Siehe Allah ist ein dritter von drei.‘“ Mohammed bestritt auch die Kreuzigung und nahm eine unmittelbare Aufnahme des Propheten Jesus in den Himmel an. Eine Erlösung durch Leiden und Sterben für die Sünder hatte keinen Platz in der islamischen Vorstellungswelt, wie denn auch ein Sohn Gottes für Mohammed eine Unmöglichkeit war. Die Neunzehnte Sure (Maria), Vers 35 sagt: „Nicht steht es Allah an, einen Sohn zu zeugen. Preis Ihm! Wenn Er ein Ding beschließt, so spricht Er nur zu ihm: ‚Sei!‘ und es ist.“

Wissen statt Vermutungen

Schöpfungsgeschichte und Auferstehungshoffnung

Zur koranischen Schöpfungsgeschichte gehört auch die Erschaffung des ersten Menschen Adam und die seiner aus ihm hervorgebrachten Gefährtin sowie die Feststellung, dass alles, was Allah schuf, gut war. Oder anders ausgedrückt, dass Allah „der beste Schöpfer" ist (Sure 37, Vers 125). Wie andere Schöpfungsgeschichten nimmt der Koran eine noch ungeformte Masse als Schöpfungsmaterial an; eine Erschaffung aus dem Nichts oder doch nur aus Allah selbst oder aus dem „Wort" (logos) heraus wie im Johannesevangelium erforderte wohl eine zu hohe Abstraktion. Es gibt daher Auslegungen, nach denen der Koran die Ewigkeit der Materie lehrt.

Mag Mohammed mit seinen Erzählungen vom Anfang der Welt noch traditionelle Vorstellungen getroffen haben, so stießen die Ankündigungen vom Ende der Welt und von der Auferstehung am Tag des Gerichts auf die Zweifel einer sehr irdisch orientierten arabischen Gesellschaft. Der Prophet musste seine ganze Sprachgewalt aufbieten, um Interesse für diesen Gedanken zu wecken. Die Endzeitgemälde sind daher von besonderer Eindringlichkeit und die Androhung der Hölle wie die Preisungen des Paradieses gehören zu den packendsten Texten des Korans. Für den Widerstand der Mekkaner gegenüber dieser Gerichts-Theologie sprechen die Verse 24 bis 26 der Sure 45: „Und sie sprechen: ‚Es gibt nur unser irdisches Leben. Wir sterben und wir leben, und nur die Zeit vernichtet uns.' Sie haben davon aber kein Wissen, sie vermuten nur. / Und wenn ihnen Unsere deutlichen Zeichen verlesen werden, so ist ihr Einwand nur der, dass sie sprechen: ‚Bringt unsere Väter her, so ihr wahrhaftig seid.' / Sprich: ‚Allah macht euch lebendig, alsdann tötet Er euch, alsdann versammelt Er euch zum Tag der Auferstehung.' Kein Zweifel ist daran, jedoch wissen es die meisten Menschen nicht."

„Dein Herr tut, was Er will"

Mit dem Tag des Gerichts wird sich auch das Schicksal der Schöpfung insgesamt vollenden, „denn die ganze Erde wird Ihm nur eine Handvoll sein am Tag der Auferstehung, und die Himmel werden zusammengerollt sein in Seiner Rechten" (Sure 39, Vers 67). In dieser Sure wird auch beschrieben, wie die Ungläubigen in Scharen in die Hölle getrieben werden, dieweil die Gerechten eingehen zu den ewigen Freuden. Für die Verdammten hat Mohammed allerdings einen Funken Hoffnung gelassen. Zwar gilt auch die Verdammnis als ewig, doch schränkt Sure 11, Vers 107 ein, „es sei denn, dass dein Herr es anders wolle; siehe dein Herr tut, was Er will".

Hadithe *Für die muslimische Erinnerung an Mohammed wichtig sind nicht nur Korantexte. Es gibt dafür auch andere Quellen, insonderheit die erst viel später (zwischen dem 9.–11. Jahrhundert) aufgeschriebenen angeblichen Ereignisse aus dem Leben des Propheten, die sogenannten Hadithe (Berichte, Gespräche). Sie werden je nach Überlieferungskette als mehr oder weniger verlässlich eingestuft und sind in mehreren Sammlungen festgehalten worden. Das Bild Mohammeds gewinnt darin weitere Konturen und ist in dieser Ausformung geschichtsprägend geworden. Die Hadithe enthalten wenigstens dem Sinn nach mehr Wahrheit, als es abendländische Quellenkritik zu akzeptieren bereit ist. Außerdem pflegen alle Kulturen Mythen, und die islamischen um die Gestalt Mohammeds sind als Bestandteil der Lehre von einer Art höherer Faktizität. Und nicht vergessen werden sollte, dass frühere Zeiten, als mündliche Weitergabe von Kenntnissen dominierte, ein erheblich besseres Gedächtnis hatten als die späteren Epochen des Buchdrucks und schon gar des Internets.*

Im Jerusalemer Felsendom gibt es einen Fußabdruck, den Mohammed beim Aufstieg zu seiner Himmelsreise hinterlassen haben soll; ein kostbarer Schrein wurde darüber errichtet. Künstler griffen das Sohlen-Motiv auf wie hier bei der 1204 geschaffenen Illustration eines Hadith-Textes.

Bei Mohammeds Tod 632 war praktisch ganz Arabien geeint unter islamischer Führung. Religiöse und staatliche Gemeinde (Umma) hatten sich zu einem Machtfaktor ersten Ranges entwickelt, den auch die Großreiche Byzanz (Ostrom) und Persien ernstnehmen mussten. Wer vermutet hatte, dass die Dynamik der jungen Bewegung nach Ende des Propheten erlahmen könne, sah sich gründlich getäuscht. Zwar hatte Mohammed nicht geregelt, wer nach ihm führen sollte, doch das klärte sich rasch. Abu Bakr, Vater von Mohammeds Lieblingsfrau Aischa, hatte den Propheten schon bei seiner letzten Krankheit vertreten und wurde von den Gemeindeführern als Kalif („Nachfolger") anerkannt. Auch die nächsten Kalifen kamen aus der engsten Umgebung Mohammeds. Der dritte, Othman, stammte aus der mekkanischen Führung, amtierte 644–656 und veranlasste bereits die Niederschrift des Koran, der dem Islam einen unvergleichlichen Zusammenhalt verlieh.

Lieblingsfrau gegen Schwiegersohn

Schon unter den ersten beiden Kalifen griff die Umma nach Norden und Westen (siehe Kasten) aus: 633 nahmen arabische Heere Palästina, Damaskus fiel 635, ganz Syrien war ein Jahr später in muslimischer Hand, Jerusalem zwei Jahre später, und 639 drangen die Eroberer in Ägypten ein, wo sich Kairo und Alexandria 641/42 ergaben. Auch gegen die Perser gelangen entscheidende Schläge, denen schon 636 die Hauptstadt Ktesiphon erlegen war; das Sassanidenreich war 642 insgesamt am Ende. Erst nach der Ermordung Othmans 656 kam es bei der Nachfolge zu innerarabischen Konflikten. Ali, ein Vetter des Propheten und verheiratet mit dessen Tochter Fatima, wurde Kalif. Aischa, Mohammeds Favoritin, aber schürte das Gerücht, Ali habe Mitschuld an Othmans Tod, und brachte ein Heer gegen ihn zusammen. Zwar siegte Ali, doch an ihm schieden sich fortan die Geister:

Da gab es die unbedingten Anhänger Alis, die in ihm sozusagen die Dynastie des Propheten verkörpert sahen und nur Abkömmlinge aus ihr als Kalifen zu akzeptieren bereit waren; aus ihrer Tradition entwickelten sich die Schiiten und die Aleviten. Andere, die sich von Ali getrennt hatten, die sogenannten Charidjiten („Ausziehenden"), vertraten die Ansicht, dass die Kalifenwürde allein dem „besten" Muslim zustehe, erkennbar an dessen Handlungen; diese Haltung barg bereits den Pilz zu weiteren Spaltungen in sich. Und als dritte und weitaus größte Gruppe setzten sich die Anhänger der Omaijaden-Dynastie in Damaskus durch; ihr Begründer Moawija (605–680) hatte Alis Sohn Hasan zum Verzicht auf die Nachfolge bewegt.

Beim Vormarsch in Nordafrika setzten sich die islamischen Eroberer markante architektonische Denkmäler. Sidi Oqba, der 670 das tunesische Kairouan einnahm, ließ dort sogleich eine Moschee errichten, die bis heute seinen Namen trägt. Außen ein wenig einem Wehrbau ähnelnd, beeindruckt sie im Inneren mit feinstem Schmuck.

Vorstoß nach Westen

Schon zu Othmans Zeit waren die Araber in die Cyrenaika (647) vorgerückt, in den Osten des heutigen Libyen; kurz darauf eroberten sie Zypern (649). Jetzt geriet sogar Konstantinopel selbst in Gefahr, konnte letztlich aber von den Byzantinern gehalten werden. Hingegen ging ganz Nordafrika in relativ kurzer Frist an die Muslime verloren, die sich schon 670 im tunesischen Kairouan eine Basis geschaffen hatten. Unter den Nachfolgern des Kalifen Moawija ging der Vormarsch weiter: Bis 693 vertrieben die Araber die Byzantiner aus Karthago und drangen nach Algerien vor. 711 gelang ihnen unter dem Anführer Tarik der Sprung nach Spanien, das binnen kurzer Zeit fast ganz in arabischer Hand war, die nun auch nach Frankreich griff. Erst 732, hundert Jahre nach Mohammeds Tod, brachte der Franke Karl Martell den islamischen Angriff bei Tours und Poitiers zum Stehen. Für das christliche Europa sicher ein Schlüsseldatum, für die Muslime allenfalls eine Schlappe.

Endzeithoffnung auf den Mahdi

Abspaltung der Schiiten (Ende 7. Jahrhundert)

Mit Waffe und Koran in Händen soll sich Mohammeds Enkel Husain im Jahr 680 beim heute irakischen Kerbela auf seine omajadischen Gegner gestürzt haben und umgekommen sein. Die Schiiten verehren ihn als Märtyrer; Bruno Richter hielt 1915 eine Feier im Hof der Großen Moschee fest.

Neunzig Prozent der Muslime sind Sunniten (von Sunna = Brauch). Von Ihnen haben sich die Schiiten (von Schia = Partei) getrennt. Zur Spaltung kam es wegen der Nachfolge Mohammeds, zu der nach schiitischer Meinung allein der Schwiegersohn Ali und seine männlichen Nachkommen in direkter Linie berechtigt waren. Sie gelten als Imame (Führer), also „göttlich geleitete" Oberhäupter der Umma. Der Konflikt brach auf, als der Omaijade Moawija 661 Ali besiegte und dessen ersten Sohn Hasan verdrängte, sich selbst zum Kalifen und diese Würde in seiner Familie erblich machte. Alis Niederlage aber war noch nicht der Beginn der eigentlichen Spaltung. Sie wurde erst unheilbar, als Alis zweiter Sohn Husain, Mohammeds Enkel und dritter Imam in den Augen der Schiiten, im Jahr 680 den Versuch machte, die Herrschaft zurückzuerobern. Mit wenigen Getreuen stieß er ins Zweistromland vor und wurde bei Kerbela von den Omaijaden-Truppen ge- und erschlagen.

Vier heilige Schriften

Jetzt erst kam den Ali-Anhängern zu Bewusstsein, welch ungeheuren Verlust sie erlitten hatten. Im Jahr 684 versammelten sie sich zur Klage am Grab des Imams, von dessen Familie ein Sohn überlebt hatte, der vierte Imam, nach dem Großvater ebenfalls Ali geheißen. Husain rückte in schiitischer Tradition nun zum höchstverehrten Märtyrer auf, und die Trauer um ihn nahm Züge einer Büßerbewegung an. Da Allah selbst dem Schwiegersohn Mohammeds den Koran ausgelegt habe, hätte sich dieses göttliche Wissen in seinen Söhnen und deren Söhnen fortgeerbt, sodass alle Imame im Stand der Weisheit waren und ihr Vorbild und ihre Aussprüche für die schiitische Überlieferung so bedeutsam wurden wie die Berichte (Hadithe) über Mohammeds Leben und Äußerungen für die sunnitische. Die Imam-Aussagen wurden im 9. Jahrhundert in vier Büchern gesammelt, die zu den heiligen Schriften des Schiismus gehören.

Darin wird geweissagt, dass dereinst der „Mahdi" (der von Gott Geführte) kommen und in der Endzeit alle Gläubigen unter seinem Banner vereinigen werde. Diese Heilshoffnung bildete sich wohl auch wegen des Ausbleibens einer „gerechten" Wiederversammlung aller Muslime unter einem Führer und wegen des Aussterbens der direkten männlichen Linie der Ali-Dynastie. Für den größten Teil der Schiiten war das bei Muhammad ibn Hasan, dem zwölften Imam, im Jahr 874 der Fall, um den sich die Legende bildete, er sei nicht gestorben, sondern nur verborgen und warte alterungslos darauf, als der verheißene Mahdi wiederzukommen. Man nennt diese Lehre daher auch Zwölfer-Schia.

Imam, Mullah, Ayatollah *Über den Gräbern der Imame und an den Stätten ihres Wirkens von Kerbela bis Samarra, Nedjef (Nadschaf) bis Meschhed wurden prachtvolle Moscheen errichtet, die zu Wallfahrtszielen wurden. Die Stadt Kum (Ghom) etwa 140 Kilometer südwestlich von Teheran entwickelte sich zum wichtigsten Pilgerort des Schiismus: Hier war 816 Fatima gestorben, die Tochter des siebenten und Schwester des achten Imams, die als „die Sündelose" gilt. Die Hochschule von Kum ist geistlich maßgebend für die Schiiten. Hier werden auch Geistliche ausgebildet, die es im Sunnismus so nicht gibt. Aus den Ulama, den Rechtsgelehrten der Sunniten, entwickelte sich bei den Schiiten ein Theologenstand, zu dem die Mullahs gehören. Sie sind Rechts- und Religionslehrer, die bei entsprechender Autorität zu Ayatollahs aufsteigen können. Der Titel bedeutet wörtlich „Zeichen (oder Wunder) Gottes", und der Ranghöchste unter ihnen trägt die Bezeichnung Ayatollah al-usma, zu deutsch: „Größtes Wunderzeichen Gottes".*

Auf die Omaijaden folgte im Jahr 750 das Haus der Abbasiden, die über ein halbes Jahrtausend die in Bagdad residierenden Kalifen stellten; darunter war Harun ar-Raschid (786–809), der mit Karl dem Großen in Verbindung stand und als Muster der Gerechtigkeit in den Legendenschatz einging. Die Abbasiden-Herrschaft, die schon durch regionale Abspaltungen, durch die Kämpfe mit den christlichen Kreuzfahrer-Heeren (12./13.Jahrhundert) und durch wachsenden Einfluss der islamisierten türkischen Seldschuken geschwächt war, brach endgültig unter den Schlägen mongolischer Reiterheere 1258 zusammen. Fast den ganzen Nahen Osten brachten die Scharen aus dem Inneren Asiens unter ihre Kontrolle; Ägypten und der Westen (Maghreb) blieben islamisch. Auch in Anatolien hielt eine Insel der türkisch-islamischen Herrschaft. Sie wurde zur Keimzelle eines neuen islamischen Großstaates, den der Emir Osman I. Ghasi (1281–1326) begründete und der nach ihm Osmanisches Reich genannt wurde.

Die Osmanen entwickelten eine ungeheure Dynamik, griffen nach Europa hinüber (Makedonien, Thrakien, Bulgarien, Thessalien) und ließen das Byzantinische Reich auf ein kleines Gebiet um Konstantinopel schrumpfen. Schließlich eroberten sie 1453 dessen Hauptstadt und machten damit dem letzten Relikt des einstigen römischen Weltreichs ein Ende. Fortan residierte ein islamischer Sultan (arabisch = Herrscher) und Kalif dort, wo einst der Kaiser in der Hagia Sophia gebetet hatte. Sie wurde nun Moschee und mit ihren Minaretten Wahrzeichen der neuen Weltmacht, die sich den ganzen Balkan, Griechenland und Ungarn einverleibte und zweimal (1529 und 1683) Wien belagerte. Armenien, Syrien, Arabien, Ägypten, Tripolitanien, Zypern, Tunesien unterstanden bald ebenfalls dem Sultan, der damit das gesamte östliche Mittelmeer beherrschte. Wie schon zur Araberzeit wahrten die Türken religiöse Toleranz und beließen es bei Sondersteuern von Christen und Juden.

Blütezeit

Unter Sultan Sulaiman dem Prächtigen (regierte 1520–1566, in der islamischen Welt Sulaiman der Gerechte genannt) erreichte das Osmanische Reich den Gipfel der Macht, ausgedrückt durch unerhörte Pracht. Architektonisch dafür verantwortlich war Sinan, der oberste Baumeister des Sultans. Er schuf allein 131 Moscheen und zahlreiche andere Bauten für den Herrscher, dem er sein Hauptwerk widmete, die Sulaiman-Moschee (Süleymaniye Camii). Sie zeigt alle Elemente der Kunst Sinans, der dafür Marmor, Halbedelsteine, Fayencen und Schriftornamente einsetzte. Er schmückte den Bau mit 136 Fenstern, die eine „Moschee des Lichts“ entstehen ließen, mit Säulen und Nischen, darunter auch solche für Brunnen und Kamine, ließ Künstler Pflanzen- und Blumenbilder malen, hielt sich aber an das islamische Verbot der Menschen- und Tierdarstellungen.

Bröckelnde Ränder

Die ungeheure Expansion überdehnte schließlich die Kräfte des Reiches und weckte zudem christliche Gegenkräfte. Mit dem Scheitern des Vormarsches nach Mitteleuropa 1683 war der Zenith der Macht Konstantinopels überschritten. Der Großstaat begann an den Rändern zu bröckeln, aus der Türkei wurde der „kranke Mann am Bosporus“. Fast das gesamte europäische Vorfeld von Ungarn bis Griechenland ging im 18./19. Jahrhundert verloren, ein Prozess, der sich bis zum Ersten Weltkrieg fortsetzte. In die Niederlage der Mittelmächte geraten, schrumpfte die Türkei im Friedensschluss auf Kleinasien und sank zu einer Mittelmacht herab. Unter Kemal Atatürk (1923–1938) festigte sie sich als weltlicher Staat unter Trennung von den religiösen Strukturen.

Mehmet Aga (1553–1623), ein Schüler des großen Baumeisters Sinan, erhielt 1609 von Sultan Ahmet I. den Auftrag zum Bau einer Moschee in Istanbul. Sie wurde 1616 fertig und wegen der Verkleidung von Mauern und Säulen mit Fayencen bald „Blaue Moschee“ genannt.

Von Afghanistan bis Bengalen

Das Mogulreich auf dem Indischen Subkontinent (1526–1858)

Weithin leuchtet das Marmor-Mausoleum für die 1631 verstorbene Lieblingsfrau Mumtaz des Mogulherrschers Schah Jahan, der schneeweiße Tadsch Mahal bei Agra. Das 73 Meter hohe, mit einer zwiebelförmigen Riesenkuppel überwölbte und von vier 41 Meter aufragenden Minaretten flankierte Gebäude gilt als vollkommenstes Beispiel der Mogul-Architektur.

Erfolgreich breitete sich der Islam auch in Afrika aus, und zwar in zwei Richtungen: Von Marokko südwestwärts die Küsten entlang und von Ägypten über den Sudan sowie vom Jemen aus nach Ostafrika. Grenzen setzten zunächst nur Natur- (Regenwald) und später auch Kultur-Barrieren (westeuropäische Kolonien). Ähnlich spielte sich das islamische Vordringen nach Indien und darüber hinaus in den Osten ab (siehe Kasten). Anders als bei der Eroberung christlicher Territorien kam es hier zu brutaler Unterwerfung, da die Vielgötterei der Hindus den neuen muslimischen Herren ein Graus war. Außerdem waren sie in den Augen der Muslime keine „Schriftbesitzer“ und daher notfalls gewaltsam zu bekehren. Es bildete sich ein islamisches Sultanat in Indien, das bald in Teilreiche zerfiel. Sie blieben vom Mongolensturm zunächst verschont und kamen mit dem kriegerischen Volk erst in Kontakt, als dessen Herrscher selbst islamisiert waren.

Babur (lebte 1483–1530), Nachfahre des legendären Mongolen-Feldherren Timur Leng (1336–1405), tauchte 1526 in Indien auf und gründete ein neues islamisches Reich. Er wurde zum Begründer der Moguldynastie, so genannt wegen der mongolischen Herkunft. Die neuen Herrscher legten sich entsprechend den Titel Großmogul zu. Ihr Reich wuchs zusehends und umfasste schließlich fast den gesamten indischen Subkontinent. Dazu musste es Baburs Sohn Humajun, der ihm 22-jährig 1530 nachfolgte, allerdings erst festigen, ehe es der Enkel Djalal ad-Din Mohammed, genannt Akbar (= der Große, regierte 1556–1605), tatsächlich zu einem von Afghanistan über das Gebiet des heutigen Pakistans bis nach Bengalen und im Süden bis Bombay reichenden Imperium weitete. Darunter ist nicht nur der territoriale Zugewinn zu verstehen, sondern vor allem die kulturelle Blüte, die Akbar durch eine tolerante Religionspolitik beförderte. Sein zweiter Nachfolger Schah Jahan (regierte 1628–1658, † 1666) setzte seiner Dynastie ein Denkmal, das nicht Seinesgleichen hat: den Tadsch Mahal.

Härte schuf Feinde

Einen weiteren Prachtbau konnte erst der dritte, fast fünfzig Jahre amtierende Sohn Aurangseb (1658–1707) vollenden: das Rote Fort in Delhi. Doch selbst atemberaubende Schönheiten solcher Art sind vergänglich, ja, gerade sie scheinen Gegenkräfte förmlich auf den Plan zu rufen, denn sie wecken Neid und Habgier. So lange der Großmogul mit harter Hand regierte, bestand wenig Gefahr, die Härte aber sollte sich rächen: Aurangseb war ein kompromissloser Sunnit, der die vom Vorgänger aufgehobene Steuer für Nichtmuslime wieder in Kraft setzte, alle Abweichler und schon gar alle Hindus aus dem Staatsdienst entfernte und sich viele Feinde schuf. Nach ihm folgten Erbstreitigkeiten, die im 18. Jahrhundert das Großreich schwächten; 1858 beerbten es die Engländer.

Nicht mit allen Namen zu fassen

Das Glaubensbekenntnis der Muslime

Auf „fünf Säulen“ (Arkan) ruht das Haus des spirituellen Lebens der Muslime. Es handelt sich dabei um die rituellen Pflichten, die der Islam ihnen auferlegt. Das Gebet (siehe Kasten) gehört ebenso dazu wie das Glaubensbekenntnis (Schahada), das Sure 112 fordert: den einen, ewigen Gott zu bezeugen. Es wird gewöhnlich in der kurzen Formel gesprochen: „Ich bekenne, dass es keinen Gott außer Allah gibt und dass Mohammed der Gesandte Allahs ist.“ Die Schiiten setzen hinzu: „Und Ali ist der Freund Allahs.“ Dabei ist „Allah“ eine Bezeichnung des höchsten Wesens und kein Name. Mit einem Namen nämlich wäre Allah nie zu fassen, ja nicht einmal mit allen irdischen. Der islamische Kult kennt daher sozusagen stellvertretend für alle denkbaren und nichtdenkbaren Namen Allahs die „neunundneunzig schönen Namen Gottes“ wie etwa „der Werte“, „der Allwissende“, „der Vergebungsreiche“.

Unwandelbares geoffenbartes Wort

Zentrale Aussage des Bekenntnisses ist also der strikte Monotheismus (Eingottlehre). Neben Allah gibt es keine Macht und also auch keinen Sohn, wie ihn das Christentum lehrt. Schwerste Sünde mithin besteht im Bezweifeln der „Einsheit“ und Alleinherrschaft Allahs und im „Beigesellen“ von Gottheiten. Deswegen reicht es auch zum formlosen Übertritt zum Islam, unter Zeugen das Bekenntnis in der kurzen und prägnanten Form zu sprechen. Denn damit anerkennt der Bekehrte auch Mohammed und mit diesem den Koran als unwandelbares geoffenbartes Wort Gottes.

Dessen ewige Allgültigkeit erlaubt mithin auch keinen Rückweg. Ja, es ist sogar so, dass auf Abkehr vom Bekenntnis eigentlich die Todesstrafe steht. In der Wirklichkeit aber kollidiert diese Forderung mit der Religionsfreiheit, die in den Verfassungen vieler islamischer Staaten verankert ist und auch die Konversion (Übertritt) umfasst. Dagegen richten sich radikale Islamisten und fordern, dass sich alle islamischen Länder am Iran oder am Sudan ein Beispiel nehmen, wo die Todesstrafe für Abtrünnige wieder gilt. Die Fundamentalisten kennen religiöse Toleranz nur für Menschen, die nie Muslime waren und daher auch die Todsünde der Abkehr nicht begehen können. Das unbedingte Bekenntnis zum „einen, ewigen Gott“ unterstreicht Sure 4, Vers 136: „O ihr, die ihr glaubt, glaubet an Allah und Seinen Gesandten und an das Buch, das er auf Seinen Gesandten herabgesandt hat, und die Schrift, die Er zuvor herabkommen ließ. Wer nicht glaubt an Allah und Seine Engel und die Schriften und Seine Gesandten und an den Jüngsten Tag, der ist weit abgeirrt.“

Gebet

Wie das Christentum kennt der Islam Gebete unterschiedlichster Art. Davon abzuheben ist das rituelle Gebet (Salat), das täglich fünfmal zu sprechen und dabei durch Knien, Verneigungen und Berührung des Bodens mit der Stirn zu begleiten ist – vor Sonnenaufgang, mittags, nachmittags, bei Sonnenuntergang und am späteren Abend mahnt der Muezzin (Gebetsrufer) vom Minarett der Moschee zum Gebet. Der Pflicht zur Salat kann man nach Waschung überall nachkommen, das Gebet in der Moschee aber ist immer erste Wahl. Dort ist Reinheit stets gegeben, dort weist die Stirnwand die Richtung nach Mekka, dort erinnert die leere Gebetsnische (Mihrab) an die Gegenwart des Propheten und dort betet man gemeinsam, was immer vorzuziehen ist. Am Freitag, dem heiligen Tag des Islam, ist das Aufsuchen einer Moschee sogar Vorschrift. Frauen dürfen das Pflichtgebet wie auch das Glaubensbekenntnis nicht öffentlich, auch nicht in der Moschee, sprechen, weil sie sonst den Blicken fremder Männer ausgesetzt wären und deren Andacht stören könnten.

Besonders strenggläubige Muslime lehnen Schmuck in der Moschee ab. Auch in der Gebetsnische (Mihrab), denn die Ornamente könnten den Beter von seiner Andacht ablenken. Zu anderen Zeiten aber entstanden verschwenderisch ausgestaltete Nischen wie diese mit glasiertem Steingut ausgekleidete in Isfahan (14. Jahrhundert).

Konzentration auf den Glauben

Fastengebot während des Ramadan

Die meisten Kulturen kennen asketische Elemente und das dazu gehörende temporäre Fasten. Mohammed fand in der arabischen Tradition wie im Vorbild des Judentums und des Christentums Fastengebote vor und formte daraus die islamischen Vorschriften. Wie das Fasten (Saum), eine weitere der „fünf Säulen", zu gestalten ist, wurde ihm in Sure 2, Verse 183–188 geoffenbart:

„Oh die, die ihr glaubt, vorgeschrieben ist euch das Fasten, wie es den Früheren vorgeschrieben ward; vielleicht werdet ihr gottesfürchtig ... / Und dass ihr fastet, ist euch gut, wenn ihr es begreift. / Der Monat Ramadan, in welchem der Koran herabgesandt wurde als eine Leitung für die Menschen ... – wer von euch den Mond sieht, der beginne das Fasten in ihm ... / Erlaubt ist euch, zur Nacht des Fastens eure Weiber heimzusuchen ... Und esset und trinket, bis ihr einen weißen Faden von einem schwarzen Faden in der Morgenröte unterscheidet. Alsdann haltet streng das Fasten bis zur Nacht ..."

Fasten als Gemeinschaftserlebnis

Der islamische Kalender zählt Mondmonate von 29 oder 30 Tagen, sodass sich das Jahr auf 354,367 Tage beläuft. Es bleibt mithin hinter dem Sonnenjahr um 11 Tage zurück, und die Monatsanfänge (beginnend bei Neulicht) wandern in 33 Jahren einmal durch alle Jahreszeiten. Der Ramadan im Sommer verlangt viel längere Abstinenzzeiten als im Winter. Fasten nämlich soll der Muslim nur bei Tage bis zum Sonnenuntergang. Wann genau mit dem Fasten zu beginnen und wann es beendet ist, wird in manchen Städten durch Ausrufer oder Trommler verkündet.

Fasten wird ebenso wie in den anderen Religionen als Buße aufgefasst, dient zugleich der Reinigung des Körpers, stählt die Willenskraft und soll die Konzentration auf den Glauben fördern. Was der inneren Einkehr hinderlich sein könnte, soll möglichst ausgeschlossen sein, und dazu gehören nun einmal vor allem Ablenkungen durch kulinarische wie sexuelle Genüsse; seit einiger Zeit besteht während der Ramadan-Tage auch Rauchverbot. Ausgenommen vom Fastengebot hat schon der Koran Reisende und Kranke. Das haben Rechtsgelehrte (Ulama) auf Schwangere, Gebrechliche und vom Fasten überforderte Menschen übertragen, denn es heißt in der zitierten Sure auch: „Allah wünscht es euch leicht und nicht schwer zu machen." Bei Einbruch der Dunkelheit tritt das tägliche Fastenbrechen ein, und am Ende des Monats, wenn die Enthaltsamkeit insgesamt vorbei ist, wird dies zum großen Fest (siehe Kasten).

Fastenbrechen *Wie im Englischen das Ende der nächtlichen Speise- und Trink-Abstinenz als „breakfast" bezeichnet wird, so heißt im islamischen Kulturkreis das Ende der Abstinenz bei Tage „Fastenbrechen". Die aufgestaute Lust bricht sich dann in besonderer Geselligkeit bahn, sodass der Ramadan zu einer besonders intensiv (Fasten) und freudig (Feiern) erlebten Zeit wird. Schon im Ramadan-Alltag leben die Menschen auf das Fastenbrechen hin; das Ende des Ramadan, also das Fastenbrechen für die Jahresdauer, begehen sie in den ersten drei Tagen des Folgemonats festlich gekleidet mit Besuchen bei Bekannten und Verwandten, mit Einladungen zu aufwendigen Mahlzeiten an geschmückter Tafel und mit Geschenken vor allem an die Kinder. Sie bekommen obendrein allerlei Naschwerk, weswegen das große Fastenbrechen in der Türkei auch Zuckerfest heißt. Gaben an die Armen gehören ebenfalls zum Fest. Auch sonst wenig eifrige Muslime beachten daher das Fastengebot im Ramadan um des geselligen Wertes willen, wie ja auch Menschen Weihnachten mitmachen, die den Anlass kaum mehr kennen.*

Am gemeinsamen Mahl anlässlich des Fastenbrechens lassen Muslime in den europäischen Gastländern gern auch Anhänger anderer Religionen teilnehmen. Die Aufnahme entstand am 12.10.2006 in einem Zelt auf dem Essener Kennedy-Platz.

Bewegendes Gemeinschaftserlebnis

Verpflichtung zur Pilgerfahrt nach Mekka

Nach Mohammeds Beispiel gehört zu den Pflichten jedes Muslims, einmal im Leben, oder womöglich noch häufiger, die Heiligen Stätten in Mekka aufzusuchen, sofern er das gesundheitlich und finanziell zu leisten vermag. Diese „Säule" des Islam ruht auf älterer Tradition, was im Koran (insbesondere Sure 2, Vers 196) auch nicht in Abrede gestellt, ja stellenweise sogar betont wird. Im Einzelnen gliedert sich der Hadjdj (sprich: Hadsch), die Pilgerfahrt, in folgende Schritte:

Vor Antritt der Reise muss der Pilger „rein" sein, wozu ihm eine rituelle Waschung und die Kleidung in zwei ungenähte weiße Tücher verhilft. Frauen tragen ebenfalls ein weißes Gewand mit Kopfbedeckung, aber keinen Schleier. – In Mekka ist die Kaaba (siehe Kasten) in der „Heiligen Moschee" das zentrale Ziel. Dieser Bau ist sieben Mal zu umschreiten, der „Schwarze Stein" nahe der Südostecke zu küssen; beim üblichen Gedränge genügt aber auch das Ausstrecken der Hand danach. – Es folgt ein ebenfalls siebenmaliger Lauf zwischen zwei Hügeln in Erinnerung der Suche nach Wasser durch Haggar, die Mutter Ismaels; die 385 Meter lange Strecke ist heute überdacht.

Steinigung des Satans

Die beiden letztgenannten Rituale sind terminlich unabhängig und können jederzeit als „Besuchswallfahrt" ausgeführt werden. Der Hadjdj selbst hingegen muss im Monat Dhu, dem Pilgermonat, unternommen werden, denn dann folgt: Fahrt oder Marsch zum zwei Dutzend Kilometer östlich von Mekka gelegenen Berg Arafat, oft mit vorheriger Übernachtung in Mina, zum Frühgebet. Der Pilger meldet sich mit dem Ruf „Da bin ich!" und gibt sich damit ganz in die Hand Allahs. – Zurück durch das Tal von Muzdalifa nach Mina, wo wieder übernachtet wird. Der Pilger hat unterdessen sieben Kieselsteine gesammelt, die er auf einen Steinhaufen wirft, der den „großen Satan" verkörpert. – Noch am selben Tag begehen die Pilger zum Andenken an den Gehorsam Abrahams das Opferfest durch Tieropfer. Zeitgleich feiern die Muslime in aller Welt dieses höchste aller islamischen Feste. – Als Abschluss des Hadjdj geht es zurück nach Mekka, wo noch einmal ein „Umlauf des Laufschritts" um die Kaaba zu absolvieren ist.

Alljährlich treten zum festgesetzten Zeitpunkt über anderthalb Millionen Muslime den Hadjdj an. Die meisten besuchen danach noch weitere heilige Stätten, vor allem das Grab des Propheten in Medina. Das Treffen so vieler Menschen gleichen Bekenntnisses aus den unterschiedlichsten Kulturkreisen am zentralen Ort ihres Glaubens wird zu einem bewegenden Gemeinschaftserlebnis. Als besonders verbindend dabei wirkt, dass alle vom Milliardär bis zum armen Hirten in gleicher Kleidung ihre Gleichheit vor Allah erfahren.

Unübersehbar sind die Menschenmengen, die sich Tag für Tag im Pilgermonat Dhu um die Kaaba im Hof der Großen Moschee von Mekka versammeln. Trotz meist vorbildlicher Disziplin stellen Ansturm und Versorgung der Massen die Organisatoren vor Ort nicht selten vor erhebliche Probleme.

Kaaba *Das zentrale Heiligtum des Islam, die Kaaba (arabisch = Würfel), stammt schon aus vorislamischer Zeit. Sie soll von Abraham und seinem Sohn Ismael errichtet worden sein zum Dank dafür, dass Allah die ursprünglich befohlene Opferung Ismaels letztlich doch nicht zugelassen hatte. Das kubusartige, elf mal elf Meter messende Gebäude ist meist mit einem schwarzen Brokatteppich vollständig behängt und besitzt außer einer anderthalb Meter über dem Erdboden herausgebrochenen Öffnung auf der Nordostseite keine Fenster und Türen. An der Südostecke ist der Schwarze Stein (Hadjar al-Aswad) eingelassen, den Mohammed selbst kurz vor Verkündigung des Islam zur Schlichtung eines Streits in das Heiligtum getragen haben soll. Beim Brand der Kaaba im Jahr 683 zersprang er und wird seitdem von einem silbernen Reif gehalten. Im Hof liegt der Brunnen Semsem, aus dem die Pilger heiliges und heilendes Wasser entnehmen.*

Solidarität mit den Armen

Mildtätigkeit als Säule des Glaubens

Die islamische Handschriftenillustration zeigt Mohammed als Prediger (bei seiner letzten Wallfahrt in Mekka). Zu seinen zentralen Botschaften gehörte der Appell an die Mildtätigkeit der Gläubigen, denn Allah verpflichte die Seinen zur Hilfe für Notleidende.

Die materialistische Einstellung seiner mekkanischen Mitbürger stand für Mohammed dem Bemühen um den Weg Gottes (Dschihad) und der Vorbereitung auf das Jüngste Gericht entgegen. Er reagierte mit Gebets-, Fasten-, Wallfahrts- und Mildtätigkeitsgeboten darauf, weil sie die Eitelkeit des Irdischen bewusst machen und den Blick auf das Wesentliche richten. Bezeichnenderweise heißt daher eine der „fünf Säulen" des Glaubens „Zakat", was gemeinhin als „Almosen" oder „Armensteuer" übersetzt wird. Das Wort aber stammt aus dem Begriffsfeld „Läuterung, Reinigung". Die Hilfe für Bedürftige rückt so in den Rang der unabdingbaren Voraussetzungen für die völlige Unterwerfung unter den Willen Allahs.

Verantwortung aller für den Einzelnen

Und noch etwas steckt in der Weisung, sich um die Ärmeren und Armen zu kümmern: Mit der Bildung der Umma, der muslimischen Gemeinde, verschwanden die Stammesgrenzen, eine Voraussetzung für die islamische Staatenbildung, aber auch eine Gefahr für den Zusammenhalt. Hatte im Stamm stets jeder für jeden einzustehen, weil er, vereinfacht gesagt, vom „gleichen Blute" war, so fiel diese Bindekraft nun weg. Die Verpflichtung zur Solidarität untereinander musste religiös verankert werden, was mit der Zakat geschah. Außerdem heißt es in Sure 9: „Die Almosen sind nur für die Armen und Bedürftigen bestimmt und die, welche sich um sie bemühen, und die, deren Herzen gewonnen sind, und für die Gefangenen und die Schuldner und den Weg Allahs ..."

In anderen Übersetzungen wird gesagt, dass die Zakat auch für diejenigen sei, „deren Herzen gewonnen werden sollen". Milde ist also auch missionarisch gemeint. Die Verantwortung aller Gläubigen für den Einzelnen war ein wesentliches Moment der Attraktivität, die der neue Glaube bei seiner Ausbreitung in den ersten Jahrhunderten für die Unterschichten in den eroberten Gebieten entwickelte. Für die Wohlhabenden unter den Unterworfenen hatte die Armensteuer den Vorteil, dass sie erheblich geringer war als die Lasten, die denen auferlegt wurden, die nicht zum Islam übertraten. Wie hoch aber die Zakat zu sein hat, darüber sagt der Koran nichts Genaues. Folgt man Sure 2, Vers 219, dann darf sie dem Geber nicht allzu weh tun, denn dort heißt es: „Und sie werden dich befragen, was sie ausgeben sollen. Sprich: ‚Den Überfluss.'" Erst während der Traditionsbildung (Sunna) bildeten sich genauere Regelungen heraus. Sie schwankten regional und je nach Art der Abgabe auf Jagdbeute oder Vieh, Gewinn aus Regenfeld- oder Bewässerungsanbau, Grundbesitz oder Geld. Die Marge pendelte sich bei fünf bis zehn Prozent aller Erträge ein.

Zwischen Buchstabenglauben und Fortentwicklung

Die Scharia – Das islamische Recht

Die von Allah gesetzte Ordnung (Scharia = Wegweiser zu Gott), wie er sie durch den Engel über Mohammed herabgesandt hat, unterscheidet nicht zwischen religiös-moralischen Hinweisen und solchen, die das praktische Zusammenleben der Menschen betreffen. Beides beansprucht insofern gleichen Rang, als es im Koran, dem ewigen Wort Gottes, mitgeteilt ist. Diese Hinweise regeln aber beileibe nicht alle Fragen, die sich im Alltag und in der politischen Wirklichkeit ergeben. Daher haben die islamischen Rechtsgelehrten (Ulama, Einzahl: Alim) bei der Behandlung juristischer Fragen schon früh auch auf die sogenannten Hadithe zurückgegriffen, die zunächst mündlich überlieferten, später kritisch gesichteten und in autorisierten Sammlungen niedergelegten Berichte vom Leben und vorbildlichen Handeln des Propheten. Die Schiiten haben entsprechend die Aussprüche ihrer Imame herangezogen.

Lebendiges System

Noch eine Stufe darunter stehen zwei weitere Quellen der Scharia: Einmal das Einvernehmen (Idschma) maßgeblicher Rechtslehrer über bestimmte Themen, zum anderen Präzedenzfälle (Qiyas), die man mittels Analogieschluss zur Entscheidung eines Falles heranziehen kann. Ein derart lebendiges, von sich heraus wachsendes System, das natürlich stets an die Grundaussagen des Koran gebunden bleibt, hat sich lange nicht kodifizieren lassen. Es trat immer wieder auch in Konkurrenz zu staatlichen Rechtssetzungen, und erst seit dem 19. Jahrhundert wurden Gesetzessammlungen geschaffen, die sich aus beidem speisen. Dabei entstehen nicht selten Widersprüche, die weiterhin fachliche Interpretationen erforderlich machen (siehe Kasten).

In fünf Grundkategorien teilen die Gesetzessammlungen zu beurteilende Handlungen ein: pflichtgemäße, also gebotene (Fard); verbotene und strafbewehrte (Haram); gewünscht-empfehlenswerte, aber bei Unterlassen nicht strafbare (Mandub); verwerfliche und sanktionierte (Makruh); erlaubte ohne religiöse Relevanz (Mubah). Die Wirklichkeit freilich ist erheblich komplexer und verlangt schwierige Güterabwägungen, die auch die Zeitumstände und Politisches berücksichtigen. Vielleicht versprechen sich viele Menschen daher von einer Reislamisierung des Rechts, also von einer Rückbesinnung auf die Scharia, eine Wiederkehr der einstigen führenden Rolle des Islam. Statt die Ursache des Niedergangs bei einer immer noch viel zu geringen Reformbereitschaft zu suchen, sehen die Islamisten in der „Verwässerung" der reinen Lehre die Schuld und suchen das Heil in einem Buchstabenglauben, wie sie ihn verstehen.

Fatwa *Zu den Ulama, den religiös Maßgeblichen, gehören nicht nur die Rechtsgelehrten, sondern auch andere Autoritäten wie die Lehrer an theologischen Fakultäten, die Muftis („Entscheider") und die Kadis als Richter im engeren Sinne. Sie alle können Rechtsgutachten (Fatwa) zu Fragen abgeben, die im weitesten Sinn Religiöses berühren, was so ziemlich für alle Fragen zutrifft von der Gentechnik bis zur Kosmetik, vom Kündigungsschutz bis zur Nutzung der Kernenergie. Die Gültigkeit eines Fatwa hängt ab von der persönlichen und amtlichen Autorität dessen, der sie ausgearbeitet hat. Oberste Instanz bei den Sunniten ist die über tausend Jahre alte Al-Azhar-Universität in Kairo, bei den Schiiten die theologische Hochschule in Ghom (Kum). Es gibt aber auch alltägliche Kolumnen in den Zeitungen, in denen Ulama manches Fatwa zu Fragen aller Art veröffentlichen. Unverbindlich sind sie alle, die höchsten wie die einfachsten, doch gewinnen die von ganz oben kommenden oft Gesetzesrang.*

In der Islamischen Republik Iran gehört zu den Aufgaben der Sicherheitskräfte auch die Überwachung der Kleidungsvorschriften. Frauen werden bei Verstößen dagegen öffentlich ermahnt, vorübergehend festgenommen und nicht selten zu empfindlichen Strafen verurteilt.

Ungleichberechtigung

Verhältnis von Mann und Frau in der Ehe

Polygamie (Vielehe) im Sinne von Polygynie (Vielweiberei) war in Arabien gang und gäbe, allerdings nur bei denen, die sich einen entsprechend großen Hausstand leisten konnten. Der Mann nämlich musste, und er wird durch den Koran auch ausdrücklich dazu verpflichtet, für angemessenen Unterhalt seiner Frauen und Kinder aufkommen, was vielen Männern nicht möglich war. Die Mehrehe war daher auch als Versorgungseinrichtung zu verstehen für Frauen, die sonst der Gemeinschaft zur Last gefallen wären. Das wiederum ergab sich aus der nur über den Mann definierten Rolle der Frau, die als eigenes Wirtschaftssubjekt auch für den Koran nicht in Betracht kommt.

Die ehelichen Pflichten sind einseitig zugunsten des Mannes verteilt, der auch disziplinarische Rechte gegenüber der Frau hat. Auffällig daran ist weniger, dass dies zur Zeit Mohammeds so war, denn damals unterschieden sich die Kulturen in diesem Punkte kaum. Im Islam aber ist dies so geblieben, weil das Recht koranisch und also unabänderlich gültig ist. Ebenfalls in Sure 4, Vers 34 heißt es weiter über die Ehefrau: „Diejenigen aber, für deren Widerspenstigkeit ihr fürchtet – warnet sie, verbannet sie in die Schlafgemächer und schlagt sie." Erst wenn sie sich fügen, gebührt ihnen wieder Schonung.

Europäern erscheint die Ganzkörperverhüllung durch die sogenannte Burka, wie sie bei den (jüngeren) afghanischen Frauen üblich ist, wie ein textiles Gefängnis, betont noch durch das vergitterte Sichtfenster. Koranvorschriften lassen sich dafür nicht geltend machen.

Kleidung und Beschneidung *Aus dem Koran kaum abzuleiten sind Kleidervorschriften, wie sie für Frauen in vielen islamischen Ländern gelten. Entsprechend groß ist die Bandbreite von den schleierlosen Berberinnen bis hin zur Burka der Afghaninnen. Ziel ist immer, die Triebhaftigkeit des (fremden) Mannes nicht zu reizen. Die Beschneidung von Mädchen (Khafd), auch schon ein vorislamischer Brauch, dient wohl dem umgekehrten Schutz: Die Frau soll ihrerseits möglichst wenig in Versuchung kommen. Offenbar wird die Mädchenbeschneidung auch nicht allzu guten Gewissens vorgenommen, denn sie findet nur heimlich statt, während sie bei Knaben gewöhnlich mit aufwendigen Festen begangen wird. Internationaler Druck dürfte kaum der Grund sein, denn Initiativen, die schmerzhafte Verstümmelung zu ächten, gibt es erst in neuester Zeit. Sie haben zudem bisher kaum Wirkung gezeigt; noch in den 1990er-Jahren wurde von höchster Stelle (Al-Azhar Universität) in der Mädchenbeschneidung eine „religiöse Notwendigkeit" gesehen. Auch hier allerdings nicht ganz ohne Skrupel, wie die absurde flankierende Begründung zeigt: die Prozedur der genitalen Beschneidung verringere das Aids-Risiko.*

Trend zur Monogamie

Heute ist die Monogamie auch in islamischen Ländern weitgehend die Regel und wird durch staatliches Recht gesichert. Gewachsenes Selbstbewusstsein der Frauen spielt dabei ebenso eine Rolle wie das Koran-Wort, nach dem der Mann gehalten ist, seinen Frauen gleichermaßen gerecht zu werden. Wer das nicht garantieren könne, dem rät Sure 4, Vers 3, es bei einer Frau zu belassen. Reformer sehen darin einen klaren Auftrag, auch das Eherecht im Sinne der Monogamie fortzuentwickeln, da niemand zwei Menschen gleich zu behandeln vermöge. Vor Allah sind Mann und Frau gleich. Auf Erden aber gebührt dem Mann eindeutig der Vorrang: „Die Männer sind den Weibern überlegen wegen dessen, was Allah den einen vor den anderen gegeben hat, und weil sie von ihrem Geld (für die Weiber) auslegen" (Sure 4, Vers 34). Deswegen darf der Mann auch eine Nichtmuslimin heiraten; Musliminnen hingegen dürfen nur Anhänger des Propheten ehelichen. Auch wenn der Islam gewisse Vorteile für Ehefrauen brachte, genießen sie im außerhäuslichen Bereich bis heute nur eingeschränkte Rechte und haben sich sexuell zur Verfügung zu halten.

Entwicklung einer islamischen Mystik im Sufismus

Als einer der Begründer des Ordens der tanzenden Derwische gilt der persische Dichter Djalal od-Din Rumi (1207–1273), genannt Mewlana (unser Herr). Die nach einer Miniatur gefertigte Ansichtskarte zeigt ihn in tiefer Versunkenheit.

Derwische *Weite Anerkennung und damit die Möglichkeit zur Ordensbildung verschaffte dem Sufismus vor allem al-Ghazali (1058–1111), ein Sufi-Meister aus der nordiranischen Provinz Chorasan. Er genoss und genießt bei vielen Muslimen eine nahezu mohammedgleiche Verehrung für seine Versöhnung der islamischen Mystik mit dem herrschenden Sunnismus. Alleiniges Ziel der Derwischorden (vom persischen Wort für „Bettler") war bald nicht mehr nur die Gottesliebe, sondern auch ihr irdischer Beweis durch brüderliche Liebe. Der Koran fordert ja die Hinwendung zum Nächsten. Die Form der religiösen Praxis war je nach Orden recht verschieden. In einigen kannte und kennt man ekstatische Übungen, die zum Begriff des „tanzenden Derwischs" geführt haben. Damit sind die Angehörigen des noch heute aktiven Ordens der Mewlewijja gemeint. Vor allem dort, wo der Islam eine Minderheitenreligion ist, etwa in Teilen Indiens, spielen Orden als Kristallisationspunkte für die Gläubigen immer noch eine große Rolle, auch wenn ihre Bedeutung insgesamt zurückgegangen ist.*

Islamische Mystik wird als Sufismus oder Sufik bezeichnet. Beide Begriffe kommen her vom arabischen Wort für Wolle (suf), aus der das „härene" Gewand der frühen Eremiten bestand, die in Armut und Einsamkeit lebten und Gott suchten. Religionsunabhängig ist dabei immer zunächst die Abwendung von der Welt und ihren Freuden, die von der Suche ablenken könnten. Nur in der Stille findet der Gottsucher zu sich und vermag die inneren Stimmen zu hören, die sonst vom Getriebe des Tages übertönt werden. Eigentlich erstaunt die Herausbildung einer islamischen Mystik, denn der Koran hat eher etwas Nüchternes, aufs Praktische Gerichtetes und betont zudem sehr stark die unüberwindliche Kluft zwischen Allah und den Menschen. Das hat aber viele sehr religiöse Muslime schon früh nicht davon abhalten können, die wenigen Koran-Stellen ernst zu nehmen, in denen die Gottesschau thematisiert ist. Beispielhaft sei hier Sure 6, Vers 52 zitiert: „Und verstoßt nicht jene, welche ihren Herrn anrufen in der Frühe und am Abend, Sein Gesicht verlangend. Nicht liegt's dir ob, sie in etwas zu beurteilen, und nicht liegt ihnen ob, dich irgendwie zu beurteilen. Und so du sie verstoßest, bist du einer der Ungerechten."

Dies aber, die Verstoßung, widerfuhr den Sufis zu allen Zeiten immer wieder von Seiten der islamischen Theologen. Sie standen und stehen auch heute noch auf dem Standpunkt, dass die Weltzugewandtheit der Verkündigung Mohammeds ihren guten Grund hat und dass der Koran ein gottgefälliges Leben durchaus im Einklang mit den Segnungen von Ehe, Wohlstand und Lebensfreude lehre.

Schau der ewigen Schönheit

Einer der frühen Mystiker war al-Halladj (858–922), der die Einswerdung des Sufis mit Gott lehrte, was auf den Widerstand der Theologen stieß und zur Verfolgung und Hinrichtung auf Befehl des Kalifen führte. Noch anderthalb Jahrhunderte eher bezeugt als Sufi ist eine Frau namens Rabija (713–801), eine Einsiedlerin in der Wüste. Überliefert ist eines ihrer Gebete, das den Grundton allen sufischen Strebens anschlägt: „O Herr, rufe ich dich an aus Höllenfurcht, dann verbrenne mich in der Hölle, und wenn ich dich anbete, weil ich das Paradies erhoffe, so lass mich nicht ein. Wenn ich aber zu dir bete um deiner selbst willen, dann verhülle mir nicht deine ewige Schönheit." Traten die meisten Sufis anfangs nur vereinzelt und gewöhnlich auch nur einzeln auf, so kam es etwa seit dem 12./13. Jahrhundert vermehrt zu Gruppenbildungen (siehe Kasten).

Missverstandener Heiliger Krieg

Moderner Islam vor unerhörten Herausforderungen

Islamistische Terroristen treffen mit ihren Anschlägen keineswegs in erster Linie die verhassten „Westler", sondern stärker noch ihre liberalen Glaubensgenossen. Sie geraten in Generalverdacht, ihr Bemühen um Integration nimmt schweren Schaden. Und ihr Glaube auch, der solche Bluttaten in keiner Weise deckt. Foto: Kleiner muslimischer Demonstrant (rechts) im Juli 2007 in Glasgow nach dem Flughafenanschlag (links).

Die Globalisierung macht auch vor dem Islam nicht halt: Die islamischen Länder sind mit den ökonomischen Herausforderungen des Weltmarktes konfrontiert; sie müssen ihren Völkern Antwort geben auf das Warum der wachsenden Kluft zu den Wohlstandsstaaten; sie sehen sich Ideenimporten über die weltweiten Kommunikationsnetze gegenüber; sie haben sich mit den Rückwirkungen der Migration (siehe Kasten) von Muslimen in alle Welt auseinanderzusetzen. Die nach Europa und in die USA gewanderten Glaubensgenossen bleiben ja in Kontakt mit den diversen Heimaten und öffnen unvermeidlich deren Gesellschaften für neue Fragen. Dass terroristische Antworten die falschen sind, wissen die Verantwortlichen, doch sind Fanatiker nicht ohne weiteres zu zähmen.

Sie motivieren ihr Tun zudem gern religiös, auch wenn Koran und Tradition dafür wenig bis nichts hergeben. Zentraler Begriff ist der Djihad, was ursprünglich nur „Einsatz, Bemühen" für die Sache Allahs bedeutet, allerdings in einem so umfassenden Sinn, dass dabei zur Verteidigung und zur Verbreitung des Islam auch militärische Mittel nicht ausgeschlossen sind. Hinzu kommt, dass eine Zwangsbekehrung von „Schriftbesitzern" wie Juden und Christen ausdrücklich untersagt ist. Gerade gegen sie aber, insbesondere gegen die Juden in Israel, richtet sich die moderne Form des terroristischen „heiligen Krieges", der denn auch unter dem Etikett „Verteidigung" verkündet und geführt wird.

Belohnung für die Märtyrer

Die Fanatiker, die der Sache des Islam auf lange Sicht eher schaden, haben bei ihrem Tun freilich das beste Gewissen, ja sie beruhigen etwaige Skrupel erfolgreich mit der Aussicht auf den himmlischen Lohn, der „Märtyrern" winkt. Darunter versteht der Islam anders als das Christentum nicht nur passive Dulder, die ihr Leben um des Glaubens willen verloren haben, sondern auch im offensiven Kampf für Allah gefallene „Blutzeugen". Natürlich könne Allah seinen Krieg auch selber führen und würde immer obsiegen, doch nach Sure 47, Verse 4–8 will er die Gläubigen prüfen, inwieweit sie tatsächlich zur völligen Hingabe (Islam) bereit sind.

Migration *Bevölkerungsdruck und Not haben zu wachsender Wanderung von Muslimen besonders in die Länder geführt, denen gegenüber Argwohn weit verbreitet ist, die aber wirtschaftlich stark sind. Hier stehen die Migranten vor bisher nicht gekannten Problemen. Zum einen sehen sie sich einer nichtmuslimischen Mehrheitsgesellschaft gegenüber und sind mit Lebensformen konfrontiert, die ihnen fremd, bisweilen sogar unsittlich oder gegen den Islam gerichtet erscheinen. Zudem treffen in den Gastländern viele verschiedene Gruppen von Muslimen aufeinander, die sich wenig freundlich gesonnen sind wie Schiiten und Sunniten oder Angehörige von Derwischorden und Aleviten. Außerdem begegnen sich hier Muslime aus den verschiedensten Ländern und mit unterschiedlichen Sprachen, und auch da gibt es Verwerfungen wie etwa zwischen Kurden und Türken. Ein weiteres Problem stellen manche Bräuche dar: So wird die Beschneidung von Jungen wie bei den Juden akzeptiert, hingegen ist die der Mädchen verboten. Das führt immer wieder zu Konflikten – auch untereinander, denn die integrationswilligen Muslime sehen durch solche Praktiken ihre Position in den westeuropäischen Staaten gefährdet. Die Kopftuchfrage, die viel öffentlichen Staub aufgewirbelt hat, erscheint daneben eher nebensächlich. Wichtiger ist die Rolle der Frau im Islam (Stichwort „Ehrenmorde"), die der in allen westlichen Verfassungen verbürgten Gleichberechtigung der Geschlechter widerspricht.*

Jama Masjid (auch Freitagsmoschee) in Neu Delhi

BUDDHISMUS

Askese, Meditation und Gebetsübungen vor Bildern des Buddha, wie sie sich in der sakralen Kunst entwickelt haben, gehören zum spirituellen Alltag der Buddhisten. Doch selbst in den Ländern, deren Bewohner sich zum strengen Theravada-Buddhismus bekennen, spielt sich das religiöse Leben durchaus weltfreudig ab (Foto: verschmitzt lächelnder Novize in der Shwedagon Pagode von Rangun in Birma/Myanmar). Übertriebene Selbstkasteiung hatte Buddha auf dem Weg zur Erleuchtung als Hindernis erlebt und schließlich zugunsten eines „mittleren Weges" aufgegeben. Seine Anhänger in den Orden eifern diesem Vorbild nach.

Erleuchtung im Hier und Jetzt

Die Entwicklung der Lehren des Gautama Buddha

Zwar ermahnte Buddha seine Anhänger, um seine Person keinerlei Aufhebens zu machen. Doch es konnte nicht ausbleiben, dass er mit der Zeit buchstäblich zum Vor-Bild für die Gläubigen wurde: Entrückt blickende Buddha-Statue aus dem malerisch gelegenen Kloster (Gompa) von Thikse bei Leh im östlichen Ladakh (Indien).

Von den großen Stifterreligionen ist der Buddhismus die älteste und die mit der geringsten Anhängerschaft. Zu den von Buddha im 6./5. Jahrhundert v. Chr. verkündeten Lehren bekennen sich heute rund 350 Millionen Menschen, also kaum halb so viele wie zum Islam. Die Zahlen aber sagen wenig über die Wirkung, denn buddhistische Gedanken haben sich auch in nichtbuddhistischen Ländern verbreitet und werden von vielen Menschen mit Interesse wahrgenommen, die vom spirituellen Angebot anderer Religionen nicht die erhofften Antworten bekommen. Dieses Interesse speist sich aus der Tatsache, dass der Buddhismus die Erlösung nicht in ein mehr oder minder farbig ausgeschmücktes Jenseits verlegt, sondern die „Erleuchtung" im Hier und im Jetzt für möglich erklärt.

„Den" Buddhismus gibt es freilich so wenig wie die anderen Religionen in nur einer, sozusagen reinen Form. Er hat sich im Verlauf der Jahrtausende in verschiedener Weise entwickelt und begegnet uns in drei Hauptrichtungen. Besonders eng an die erst lange nach Buddhas Tod aufgezeichneten Lehren lehnt sich das Hinajana („Kleines Fahrzeug") an, mit dem die Gläubigen in Sri Lanka, Birma, Thailand, Laos und Kambodscha dem Vorbild des Meisters nachstreben. Mit dem Mahajana („Großes Fahrzeug") bemühen sich Buddhas Anhänger vor allem in Nepal, Vietnam, Korea, China und Japan, das Ziel des Glaubens zu erreichen: die Befreiung aus dem ewigen Kreislauf der Wiedergeburten. Stark hinduistisch beeinflusst ist die dritte Strömung, der tibetische Lamaismus, der als Vadjrajana („Diamantfahrzeug") bezeichnet wird.

Karma *Das Sanskrit-Wort „Karma" ist sinnverwandt mit dem lateinischen Verbum „creare" (schaffen, hervorbringen). Nach indischer, vom Buddhismus übernommener Lehre bringt jede Tat oder genauer: jede Tatabsicht unabhängig von der Ausführung eine Frucht hervor, die bei Reife auf den Täter herabfällt. Da die Reifezeit nicht selten die Dauer eines Lebens überschreitet, treffen die Folgen oft erst in künftigen Existenzen ein. Diese „Ernte" kann positiv sein bei guten Handlungen und sich etwa in der Qualität einer Wiedergeburt als Mensch oder gar als Gottheit manifestieren. Sie kann aber auch negativ sein und zur Wiedergeburt als Höllenwesen oder Tier führen. Das jedoch sind nur sozusagen die Großfolgen. Das Karma straft und belohnt auch im Kleinen, sodass nichts Zufälliges geschieht. Und Karma diverser Existenzen summiert sich, Verdienstliches wie Untaten laufen auf Konten auf, die das weitere Sein bestimmen und im Falle höchster Verdienste sogar zur Erleuchtung führen können.*

Fruchtbares Miteinander

Der Buddhismus ist eine aufs Praktische ausgerichtete Heilslehre auf der Basis der „vier edlen Wahrheiten", die den „edlen achtfachen Pfad zur Tugend" weisen. Wer konsequent auf ihm fortschreitet, erreicht Befreiung vom Leiden, das nach den Lehren Buddhas Grundlage allen Lebens ist. Die Regeln für den rechten Weg bestimmen das sittliche Verhalten der Buddhisten, vor allem das der Mönche und Nonnen. Nur sie können aus eigener Kraft das Glaubensziel erreichen. Die Laien hingegen sind nach Hinajana-Lehre davon ausgeschlossen, während sie nach dem Mahajana die Hilfe von bereits zu „Erleuchtungswesen" (Boddhisattvas) aufgestiegenen Menschen brauchen. Die Mönche erbitten von den Laien Almosen und geben ihnen damit die Möglichkeit, ein Karma (siehe Kasten) zu erwerben, das zu höherer Wiedergeburt und letztlich ebenfalls zur „Erleuchtung" berechtigt. Dieses Miteinander hat eine reiche Kloster- und Tempelkultur erblühen lassen.

Anteil am Ewigen

Erneuerung aus der Kritik an den Brahmanen

Die aus Nordwesten zwischen 2000 und 1500 v. Chr. nach Indien eindringenden Arier, ein kriegerischer indogermanischer Stamm, brachten einen Himmel voller Götter mit. Diese gnädig zu stimmen, oblag den Priestern (Brahmanen), die deswegen die Oberschicht bildeten. Sie kapselte sich ab und machte die Religion zur einer Geheimwissenschaft auf der Basis der Veden (Einzahl: Veda = Wissen), heiligen Schriften von etwa sechsfachem Umfang der Bibel. Gegen die Brahmanen regte sich Widerstand. Man nahm ihnen die Selbstherrlichkeit übel und sah darin Ursache für krisenhafte Entwicklungen. Wanderasketen (Sramanas) wurden zu Wortführern der Kritik. Sie fühlten sich abgestoßen von der materialistischen Gesinnung der Brahmanen und suchten im einfachen Leben mit der Natur die Überwindung des Besitzdenkens. Herunterschrauben der Bedürfnisse mache frei für Einsichten (siehe Kasten).

Außerdem sei der Körper kein Selbst, sondern eben nur eine Verkörperung. Wovon? Es entwickelte sich die Anschauung, das Unsterbliche, der Wesenskern des Menschen, sei Atman („Hauch"). Anders aber als „Seele" betont der Begriff nicht die Individualität, sondern die Beziehung zu Brahman, der „Allseele", die den Kosmos hervorbringt und zusammenhält und über die keine nähere Aussage möglich ist. Wegen dieser Beziehung, ja eigentlich Gleichsetzung ist Atman so ewig wie Brahman. Was aber geschieht dann mit ihm, wenn der von ihm „beseelte" Köper gestorben ist?

Entmachtung des Körpers

Paradiesvorstellungen waren für die Sramanas nicht vereinbar mit dem Anteil am Ewigen, den der Mensch durch Atman schon in seiner Erdenexistenz habe. Es könne nur so sein, dass der „Hauch" immer weiter beseele, wobei der untergegangene Leib durch einen anderen ersetzt werde. Das Prinzip der Seelenwanderung (Samsara) war entwickelt. Es wurde Grundlage aller religiösen Vorstellungen der indischen Kulte. Doch selbst dieser ewig scheinende Kreislauf müsse beendbar sein: Jedes Dasein sei ja letztlich Last, denn die Welt bleibt unvollkommen. Alles Bemühen sei daher darauf zu richten, den Zirkel der Wiedergeburten zu durchbrechen und dadurch Moksha („Erlösung") zu erreichen. Darüber, wie das möglich sei, wie also Atman mit Brahman endgültig vereinigt werden könne, gab es unterschiedliche Ansichten, die eines gemeinsam hatten: radikale Entmachtung des Körpers durch Askese. Atman nämlich sei an den Körper gebunden, und das behindere den Durchbruch zu Brahman.

Dschainismus

Reich war und ist bis heute die Palette asketischer Übungen. Sie reicht von absoluter geschlechtlicher Enthaltsamkeit über dauernde Schlaflosigkeit, striktes Fasten bis an den Rand des Todes, tage- bis jahrelanges Verharren in unnatürlicher Haltung. Askese predigten etwa die Dschainas („Anhänger des Siegers"), deren Vollender Mahavira („großer Held") nur eine knappe Generation älter war als der Buddha. Er sah in gemeinsamem Meditieren und Fasten die größte Chance für das Durchbrechen des Wiedergeborenwerdens (Moksha) und gründete daher Dschaina-Bruderschaften, die seine Lehre umsetzten. Kernbegriff des Dschainismus ist Ahimsa („Nichtverletzen"). Jegliche Gewalt gegen lebende Wesen nämlich verstärke das Karma, das sich die Dschainas dinglich vorstellen als einen Stoff, der Atman auf dem Weg zum obersten Prinzip (Brahman) behindere. Durch Askese „verbrenne" man bereits angesammeltes Karma und schaffe so die Voraussetzung für die Lösung des Atman aus dem Kreislauf der Wiedergeburten. Die Dschainas waren die ersten bewussten Vegetarier.

Stark vereinfachte, fast karikaturhafte Darstellung des Kreislaufs der Wiedergeburten (Samsara) in Form des Lebensrades. Die dunkle Hälfte rechts zeigt den Abstieg zum Höllenwesen aufgrund schlechten Karmas; gutes Karma hingegen führt zum Aufstieg im hellen Bereich. Das Zentrum bilden die Triebkräfte Gier, Hass und Verblendung, dargestellt als Hahn, Schlange und Schwein.

Suche nach geistigem Erwachen

Geburt und Lebenswende des Siddharta Gautama

Maya, Lieblingsfrau des Raja (Fürsten) Soddhana von Kapilavastu im hohen Nordwesten Indiens, reiste zur Geburt ihres Kindes im Jahr 560 v. Chr. zur Mutter. Unterwegs in der Nähe des Dorfes Lumbini brachte Maya einen Sohn zur Welt, der aus ihrer Hüfte austrat. Der Säugling machte sogleich sieben Schritte in alle Himmelsrichtungen und sprach, indem er mit einem Arm zum Himmel, mit dem anderen zur Erde wies: „Ich bin der Größte in der Welt, dies ist meine letzte Geburt, enden werde ich das Leiden von Geburt, Alter und Tod." Dabei sprossen unter seinen Schritten Lotosblüten, ein Motiv, das in der buddhistischen Kunst vielfach zu finden ist. So weit die Legende. Als gesichert kann gelten, dass der spätere Buddha („der Erleuchtete") als Adelsspross zur Welt kam, den Namen Siddharta („der das Ziel erreicht hat") zum Familiennamen Gautama bekam und wohl behütet aufwuchs. Später wurde er nach seiner Sippe auch Sakyamuni („der Weise aus dem Geschlecht der Sakyas") genannt.

Weissagung *Zum Legendenschatz um die Geburt Buddhas gehört auch diese: Die Nachricht vom Nachwuchs im Fürstenhaus machte im kleinen Land rasch die Runde. Sie erreichte auch den uralten Wahrsager Asita, der sie allerdings durch eine Vision von den Göttern erhielt und sich sogleich zum Palast aufmachte. Er wurde vom Fürsten vorgelassen und auf seine Bitten hin zum Söhnchen geführt. Asita erkannte auf den ersten Blick, dass er den kommenden Buddha, den „Erleuchteten", sah und strahlte über das ganze zerfurchte Gesicht, über das aber wenig später bereits Tränen liefen. Soddhana erschrak und erkundigte sich, warum der Seher auf einmal so traurig sei. Er weine nicht, war die Antwort, weil er Schlimmes für den Knaben kommen sehe, sondern weil er selbst sterben werde, ehe Siddharta das „vollkommene Erwachen" (Bodhi) erleben und zu lehren beginnen werde.*

Dennoch in Furcht, Siddharta könne sich allzu sehr mit spirituellen Fragen beschäftigen, schirmte der Vater den Thronfolger vor solchen Einflüssen ab, sorgte für Bildung, Luxus und Zerstreuungen. Den erst 16-Jährigen verheiratete er mit einer gleichaltrigen Kusine. Solche von den Eltern gestifteten Ehen müssen nicht unglücklich werden; von der des späteren Buddha ist jedenfalls nur das Beste überliefert, sicher nicht nur weil dadurch die folgende „Karriere" noch erstaunlicher wirkt.

Vier Begegnungen

Es konnte nicht ausbleiben, dass den jungen Ehemann trotz aller Abschottung das Leben außerhalb des Palastes zu beschäftigen begann. Dabei hatte der Fürstensohn vier schicksalhafte Begegnungen: Zunächst sah er einen alten Mann und fragte seinen Diener erstaunt, warum der Mensch so runzlig und verfallen aussehe. Er erfuhr, dass irgendwann jeder, also auch er selbst, so verfiele, wenn er alt würde. Beim nächsten Mal begegnete Siddharta einem ähnlich heruntergekommenen Mann, doch hieß es von dem, er sei sehr krank und werde bald sterben. Sterben? Was das heißt, erfuhr der Prinz, als er einem aufgebahrten Toten sah und hörte, dass alle Menschen so enden. Die vierte Begegnung gab den Ausschlag zu einer völligen Wende im Leben des reichen jungen Mannes: Er traf einen bettelnden Mönch. Dieser, so erklärte man Siddharta, suche durch Verzicht auf Annehmlichkeiten, durch Fasten und durch Meditation nach geistigem Erwachen und nach Überwinden des Bösen. Der damals 29-jährige Prinz verließ daraufhin im Jahr 531 v. Chr. nächtens den Palast und begab sich auf Wanderschaft („zog aus dem Haus in die Hauslosigkeit"), seelisch wie körperlich.

Wenige Jahrhunderte nach der Zeitenwende entstandenes Relief über die legendäre Geburt Buddhas: Während sich seine Mutter Maya im Hain von Lumbini an einem Zweig festhält, tritt der Sohn aus ihrer rechten Hüfte aus. Gott Indra nimmt das Kind entgegen.

Grenzen der Selbstpeinigung

Sakyamunis Abkehr von der radikalen Askese

Als besonders weise wurde dem Sinnsuchenden Siddharta der Asket Arada Kalama gerühmt, zu dem er nun wanderte. Der Lehrer war bald vom Eifer seines neuen Schülers so beeindruckt, dass er ihm die Partnerschaft anbot. Doch Siddharta lehnte bescheiden ab und wandte sich an Udraka Ramaputra. Auch ihn überzeugte der Ernst, mit dem Sakyamuni zu höherem Erkennen zu kommen suchte, vom Talent des Schülers, und er bot ihm die Leitung seiner Schule an. Doch auch hier war der künftige Buddha schnell an die Grenzen der yogaartigen Übungen gestoßen. Außerdem ging es ihm nicht darum, irgendeine noch so renommierte Schule zu leiten, sondern den Weg aus dem Leid des Seins zu finden.

Buddha unter dem Bodhi-Baum (Feige, Ficus religiosa) in Bodh-Gaya, wo er sieben Wochen lang bis zur vollkommenen „Erleuchtung" meditierte – eines der beliebtesten Motive in der buddhistischen Kunst (Wandbehang). Der heute am Mahabodhi-Tempel grünende Baum soll ein direkter Abkömmling des ursprünglichen sein.

Der mittlere Weg *Sakyamuni hatte das Prinzip der Mäßigung, den „mittleren Weg", wie er sagte, auch in der Askese entdeckt. Er begab sich nach Bodh-Gaya, einem Ort im Süden des heutigen Bihar, setzte sich unter einen Feigenbaum und beschloss, nicht eher aufzustehen, als bis er der „Erleuchtung" teilhaftig geworden oder gestorben sei. Nach 49 Tagen, in einer Vollmondnacht im Mai – heute findet bei Mai-Vollmond das höchste buddhistische Fest statt –, gelangte er zur tiefsten Einsicht in das Wesen aller Dinge und allen Seins. Der hundertarmige Mara aber, Herr des sechsten Himmels der Sphäre der Begierden, Verkörperung des Bösen, trat an ihn heran und wollte ihn im letzten Moment vom Weg des Heils abbringen. Ein Heer von Teufeln bot er auf, doch der Meditierende fürchtete sie nicht. Dann schickte Mara seine schönsten Töchter, doch in Sakyamunis Augen wurden sie hässliche Greisinnen. Und auch Maras bestes Argument fruchtete nicht: „Lebe, Herr. Leben ist besser! Lebend kannst du gute Taten verrichten." Darauf der Meditierende: „Du Gefährte der Trägen, du Böser! Warum bist du hergekommen? Durch geringfügigen Tugendverdienst wird mir kein Nutzen."*

Gelenke wie Gliederknoten

Das konnte er wohl nur allein oder gemeinsam mit Männern, die seine Ziele zu teilen bereit waren. Nach einem knappen Jahr des Lernens bei Sramana-Meistern, nahm Sakyamuni sein Heil selbst in die Hand, zog sich in die Wälder zurück und steigerte die bisher geübten Methoden der Askese radikal. Fünf Gleichgesinnte schlossen sich ihm an. Von den äußerst harten Bedingungen berichtete später Buddha selbst: „Weil ich nur noch sehr wenig aß, wurden meine Gelenke wie Gliederknoten der Insekten oder wie die dicken Stellen des Bambus. Mein Gesäß war wie ein Kamelhuf, und meine Rückenwirbel standen wie eine Kette aus Kugeln hervor. Meine Rippen ähnelten Schindeln eines verfallenen Hauses, und meiner Augen Glanz drang nur noch aus tiefsten Augenhöhlen, wie das Glitzern des Wassers in der Brunnentiefe ..."

Sechs Jahre gingen dahin, Sakyamuni wurde nicht weiser, nur immer schwächer. Beim Versuch, den Atem möglichst lange anzuhalten, geriet er mehrmals in akute Lebensgefahr. Schließlich ging ihm auf, dass das nicht der richtige Weg zur inneren Freiheit sein könne, dass vielmehr „die Hingabe an die Selbstpeinigung leidvoll, unedel und nicht zum Ziel führend" sei. Als ihm dies im Jahr 525 v. Chr. dämmerte, kam gerade eine Frau des Dorfes vorüber und sah den entkräfteten Mönch. Mitleidig bot sie ihm Nahrung an, und Sakyamuni aß vom Reisbrei, den sie ihm reichte. Das beobachteten seine Gefährten, wandten sich enttäuscht ab und verließen ihren Führer, weil sie meinten, er wolle sich der Völlerei ergeben. Sakyamuni aber fühlte sich gekräftigt und wählte fortan einen mittleren Weg (siehe Kasten) der Askese.

Rad der Lehre in Bewegung setzen

Geburtsstunde einer Weltreligion

Nur schwer rang sich Buddha nach dem Erleuchtungserlebnis dazu durch, seine Erkenntnisse weiterzugeben. Er suchte seine bisherigen Gefährten auf, die sich in Benares (heute Varanasi) aufhielten und nicht gerade erbaut waren, als sie ihn kommen sahen, dachten sie doch, ihr einstiger Führer sei rückfällig geworden. Die Bedenken aber verflogen wie Nebelschwaden vor dem Sonnenlicht, als Buddha sie begrüßte. Sie sahen einen Verwandelten vor sich, dem offenbar ein Schritt gelungen war, um den sie immer noch vergeblich rangen. Sie baten um Teilhabe an seinen Erkenntnissen, Buddha ließ sich bei ihnen nieder und begann seine Predigt von den „vier edlen Wahrheiten". Das war die Geburtsstunde der Weltreligion Buddhismus oder, mit den Worten der Schrift, der Moment, in dem vom „Erhabenen das Rad der Lehre in Bewegung gesetzt worden war".

Unermüdliches Ringen

Noch 45 Jahre blieben Buddha zur Verbreitung seiner Lehre, die bei den ersten Zuhörern auf fruchtbaren Boden gefallen war. Die Schar der Jünger wuchs, die der Anhänger im mittleren Gangestal sogar ins Ungemessene. Dabei machte es Buddha niemandem leicht, ihm zu folgen. Er verlangte selbstständiges Denken und unermüdliches Ringen um Einsicht. Orden (siehe Kasten) bildeten sich auf seine Weisung, darunter auch ein Nonnenorden auf Anregung seines engen Weggefährten Ananda.

Als Buddha den Tod nahen fühlte machte er sich auf ins Land seines Ursprungs und erreichte schließlich die Stadt Kushinagari (heute: Kasia bei Gorakhpur an der nepalesischen Grenze). Dort wandte er sich nochmals an seinen Vetter Ananda mit der Mahnung: „Es könnte sein, Ananda, dass euch der Gedanke käme, wir haben keinen Lehrer mehr. So, Ananda, sollt ihr es nicht ansehen. Den Dhamma (die Lehre) habe ich umfassend dargelegt ... Ananda, sucht immer nur in euch selbst eure Insel, in euch selbst ist Zuflucht, sucht keine andere, nehmt den Dhamma als Insel, als eure Zuflucht, sucht keine andere. Verschwendet eure Zeit nicht damit, Ananda, meinem Leichnam zu huldigen, sondern arbeitet mit aller Sorgfalt und allem Fleiß an eurem eigenen geistigen Wohl ..."

Dann starb der „Erleuchtete" (um 480 v. Chr.) zum letzten Mal. Seine Anhänger kamen noch im gleichen Jahr zu einem Konzil zusammen, auf dem sie die Lehren und die Ordensregeln zusammenstellten, die Buddha ausgearbeitet hatte. Sie lernten die Texte auswendig und trugen sie mündlich weiter, ehe sie im 1. Jahrhundert v. Chr. aufgezeichnet wurden.

Überlebensgroß auf dem Totenbett: Buddhas letztes Sterben in der Darstellung eines Künstlers des 19. Jahrhunderts. Der Religionsstifter hatte zwar allen Kult um seine Person abgelehnt, doch die Verehrung brauchte Bilder wie dieses von der um den Scheidenden versammelten Gemeinde (Sangha).

Buddhas gesamte Lehre (der Dhamma) kristallisiert sich um die vier edlen Wahrheiten: alles ist Leiden; im Begehren liegt der Ursprung des Leidens; das Leiden (Dukkha) geht zu Ende im Nirvana; ins Nirvana führt der vom Buddha entdeckte Weg. Dukkha ist der zentrale Begriff des Buddhismus, denn alles Bemühen um Ausbruch aus dem Kreislauf der Wiedergeburten (Samsara) ist darauf gerichtet, Dukkha zu überwinden. Alles Sein ist qua Vergänglichkeit immer Leiden, denn auch das Glück ist vergänglich und alles Vergehen leidvoll, in höchster Form das Sterben. Wer aber wiedergeboren werde, ist dazu verurteilt immer aufs Neue zu vergehen, also zu leiden. Buddha leugnet Glück nicht, er begreift es aber als Leiden, weil es keinen Bestand haben kann. Ja es hat sogar noch eine zusätzliche Leidensqualität, indem es zum Anhaften (Upadana) verführt.

Anatta – Nicht-Selbst *Weisheit und Mitgefühl sind die irdischen Ziele auf dem Weg zur Beendigung der Wiedergeburten. Und ein erster Schritt dahin besteht in der klaren Unterscheidung zwischen Dukkha und unserer Reaktion darauf, in der Abkopplung voneinander. Buddha lehrt den gelassenen Umgang mit den Leid-Auslösern, die ja ebenso vergehen wie alles. Und er lehrt drei Arten von Dukkha: Unmittelbar erfahrenes Leid wie Krankheit oder Not; vom ständigen Wandel verursachtes Leid; Leid durch Vergänglichkeit. Gerade der Wandel und das Vergehen zeigen: Unser Leidensweg hat nicht nur kein Ziel, er hat auch kein Subjekt, ist ohne konstantes Ich oder ewige Seele (Atta), ist also im Grunde gar nicht „unser". Eine Seele, die den Wandel von Anfang an unwandelbar begleitet, lässt sich nirgends entdecken: Weder Objekte, noch das Subjektive sind mein Selbst, denn sie unterliegen dem Wandel, der vor nichts halt macht. Mit dieser Lehre vom Nicht-Selbst (Anatta), brach Buddha radikal mit den vedischen Traditionen, die auf der persönlichen Seele aufgebaut sind.*

Zur näheren Erläuterung der Allgegenwart des Leidens unterschied Buddha fünf Daseinsgruppen (Khanda): die Körperlichkeit oder Gestalt (Rupa); die angenehmen, unangenehmen oder neutralen Empfindungen (Vedana); die Wahrnehmungen (Sanna); die Geistesformationen (Sankhara); das Bewusstsein (Vinnana). Danach entstehen die Empfindungen durch den Kontakt zwischen den sechs inneren Organen (Auge, Ohr, Nase, Zunge, Körper, Geist) und den entsprechenden sechs äußeren Objekten (Aussehen, Geräusch, Geruch, Geschmack, Berührung, geistiges Objekt). Und auch das Bewusstsein existiert in solcher Sechszahl: Seh-, Hör-, Riech-, Schmeck-, Körper- und Geistesbewusstsein.

Wie ein Gespenst

Alle Daseinsgruppen unterliegen ebenso dem Gesetz des Wandels (siehe Kasten) wie alles andere, das in der Welt ist. Sie bieten keinen Halt, sind nur das wehende Kleid des Leidens: „Die Körperlichkeit ist wie eine Schaumwolke, die Empfindung wie eine Wasserblase, die Wahrnehmung wie eine Fata Morgana, die Geistesformationen sind wie der hohle Stamm der Bananenstaude und das Bewusstsein ist wie ein Gespenst." Auch unsere Wohlstandswelt ist von einem Gefühl des Mangels erfüllt. Da hat einer einen spannenden Beruf, einen höchst luxuriösen Wagen, eine propere Villa, eine gesunde Familie. Könnte das aber alles nicht noch spannender, luxuriöser, properer, gesünder sein? Gelingt es dem einen, die nächsthöhere Stufe des Wohllebens zu erklimmen. Was stellt er fest? Das Mangelgefühl verlässt ihn nicht. Zu überwinden ist der Mangel nur durch Sieg über das Vergehen, also über das Sein, das in jeder Form Leiden ist.

Leben, also Leid ist wie die Flamme, die sich ständig wandelt und doch dieselbe bleibt. Und: Wie sie erlischt das Leid, wenn es keine neue Nahrung durch Karma erhält, wenn die Erleuchtung den Weg ins Nirvana freigemacht hat (Buddha hält Lebensflamme in der Hand, 19. Jahrhundert).

Geflochten aufs ewige Rad

Begehren schafft Leiden – Die zweite „edle Wahrheit“

Das Rad der Kausalität hat nach Buddha zwölf Glieder, die ineinander greifen: Unwissenheit (Avijja) steht am Anfang einer Umdrehung, Avijja prägt die Karmaformationen (Sankhara), diese das Bewusstsein (Vinnana), das wiederum die geistigen und physischen Prozesse oder Name und Form (Namarupa) beeinflusst. Sie ihrerseits bilden die sechs Grundlagen des Bewusstseins (Salayatana), die erforderlich sind für die Kontakte (Phassa) der inneren Organe mit den äußeren Objekten. Die Kontakte lösen Empfindungen (Vedana) aus, und diese erzeugen Durst (Tanha). Der Durst ist verantwortlich für das Anhaften (Upadana) an den fünf Daseinsgruppen und für das Begehren von immer mehr. Das blockiert die Lösung aus dem Kreislauf der Wiedergeburten (Samsara), sodass die nächste Existenz unvermeidlich kommt. Begehren steht also hinter dem Werden (Bhava), weil es Taten hervorbringt, die alle Wesen weiter auf das Rad des Samsara flicht und neue Geburt (Jati) und damit wiederum Alter und Tod, also Dukkha, erzeugt. Mit neuer Avijja folgt die nächste Umdrehung des Rades.

Die Statue des in sich gekehrten Mönchs mit der Gebetsmühle und das dahinter kreisende Lebensrad laden zum Besuch des Klosters Wat Tham Sua beim thailändischen Krabi ein. Und zur inneren Einkehr, auf dass der Besucher erkenne: Das Anhaften (Upadana) am Irdischen verursacht Leid, eigenes wie fremdes.

Auf Kosten anderer

Unser Alltag liefert reichlich Stoff für das, was Buddha das Verlangen, die Gier, den Durst (Tanha) nennt. Das Verlangen richtet sich auf das, was man noch nicht hat, aber haben möchte, und auf das, wovon man noch mehr möchte. Es beschreibt das bereits bei der ersten „edlen Wahrheit“ erwähnte Mangelempfinden. Dem muss nicht einmal ein konkreter Wunsch zugrunde liegen, es reicht ein dumpfes, oft durch Werbung oder Neid erzeugtes Gefühl, es fehle einem etwas, man versäume etwas, habe keine Zeit, komme nicht hinreichend zur Geltung. Das kann zur Obsession werden, in Lebens- oder Machtgier (siehe Kasten) ausarten und den Betroffenen ins Unglück stürzen. Leider oft nicht nur ihn, sondern auch andere, auf deren Kosten sich einer „auslebt“, „sich selbst verwirklicht“, an sich reißt, was andere nötiger brauchen.

In weniger heftiger Form äußert sich Tanha durch Hast, gut zu beobachten bei Mahlzeiten, die hinuntergeschlungen werden. Der momentane Bissen wird gar nicht mehr goutiert, man ist bereits beim nächsten. Das geht bis zur Sorge, beim Schmecken könnten die anderen Sinne zu kurz kommen, sodass nebenbei noch der Fernseher läuft oder eine Zeitung durchgeblättert wird. So wird nichts mehr recht bedacht. Und dennoch fragt sich der eilige Zeitgenosse am Abend des Tages oder sogar des Lebens, wo denn der Tag, wo das Leben geblieben sei. Dass er selbst für dessen Flüchtigkeit durch Unrast gesorgt hat und die zentrale buddhistische Forderung nach Achtsamkeit sträflich missachtet hat, kommt den wenigsten in den Sinn oder doch erst, wenn es zu spät ist.

Upadana – Das Anhaften *Da Gier und Habenwollen mit den gleichen Gelüsten anderer immer wieder kollidieren, führen sie leicht zu Neid und schließlich zu Hass. Er richtet sich gegen andere, die haben, was man für sich selber möchte. Und selbst wenn man es nicht bekommen kann, so möchte man doch dem, der es hat, Schaden zufügen. So kommt durch Gier die Feindschaft in die Welt, die nicht nur dem Feind schadet, sondern auch den beschädigt, der hasst, denn seine Taten sind von Leidenschaft verdorben und die Früchte, die sie tragen werden, werden ebenso verdorben sein. Letztlich steckt Unwissenheit (Avijja) hinter dem Verlangen, das Dukkha erzeugt, und zwar Unwissenheit im Sinne von nicht richtigem Verstehen der vier „edlen Wahrheiten“. Die zweite spielt dabei insofern eine Schlüsselrolle, weil sie zeigt, wie Verlangen (Tanha) zum Anhaften (Upadana) führt und erst dadurch unaufhörlich neues Leiden schafft.*

Alle Sinne und ihre Wahrnehmungen, alle Arten des Bewusstseins und der geistigen Prozesse erweisen sich in Buddhas Analyse als vergänglich und daher als leidbefrachtet. Sie weisen nichts auf, das sie als ein Ich oder Selbst qualifizieren könnte. Sie liefern Trug und werfen ihre Fangarme aus, den Menschen an die Daseinsgruppen zu fesseln, indem sie durch Reize Durst (Tanha) erzeugen. Wer das erkennt, wird der Reizlieferanten (Sinne) überdrüssig und schließt sich Buddha an: „Überdrüssig macht der gebildete, edle Jünger sich davon frei. Frei gemacht findet er Erlösung. ‚Im Erlösten ist Erlösung!‘ dieses Wissen ersteht in ihm. ‚Beseitigt ist die Geburt, vollendet der heilige Wandel, getan das Werk; nicht gibt es etwas auf dieses Dasein Folgendes!‘; das erkennt er.“

Eine Erleuchtung wie die Buddhas und das damit verbundene Eingehen ins Nirvana (siehe Kasten) haben alle gläubigen Buddhisten zum Ziel. Wie aber können sie etwas dafür tun, wenn doch ihr momentanes Sosein, ihre Lage und ihre Verfasstheit Ergebnis früheren Handelns ist? Es ist ein häufiges Missverständnis, der Mensch sei nach buddhistischer Lehre völlig bestimmt von seinem Karma. Dann hätte Buddha sich jede Lehre sparen können, die ja gerade den Weg zum Heil weisen will. Dazu muss belastendes früheres Karma abgebaut und dafür gesorgt werden, dass sich nicht neues durch unheilsames Tun anhäuft. Dann ist nach Buddha Erlösung möglich. Seine Erleuchtung hatte ihm die dritte „edle Wahrheit“ in aller ihrer Klarheit gezeigt: Es gibt ein Ende, ein Aufhören des Leidens (Dukkha) im Nirvana.

Bis die Wünsche vergehen

Erfahren hatte er aber auch, dass bereits der Weg dorthin heilsam ist. Der Mensch nämlich kann Siege über sich selbst schon auf Erden erkämpfen, indem er stufenweise zur Erkenntnis der Zusammenhänge von Begehren und Anhaften kommt und sich allmählich löst vom fruchtlosen Tanha (Durst), wobei Meditationsübungen ebenso helfen wie mäßiges Fasten. Geduld ist ebenfalls wichtig, denn sie lehrt Abwarten, bis die Wünsche wie alles Vergängliche vergehen. Gelassenheit lässt sich trainieren, und ein weiterer Schritt ist gelungen, wenn wir Verzicht als Gewinn kennenlernen. Am Ende steht als Lohn das, was Buddha im „Dhammapada“, einer der ältesten buddhistischen Text-Sammlungen preist: „Fürwahr, das Selbst besiegt zu haben, ist besser als der Sieg über andere Wesen.“

Nirvana – Das Verlöschen *Was bleibt vom Erleuchteten, wenn er aus dem ewigen Kreislauf der Wiedergeburten ausgeschieden und ins Nirvana eingegangen ist? Darüber gehen die Aussagen auseinander, ja nach Buddha ist sogar keinerlei Aussage möglich. Und doch gibt es einige Hinweise: Das Eingehen ins Nirvana ist nicht gleichbedeutend mit dem Tod des Erleuchteten. Buddha selbst hat noch 45 Jahre nach der Erleuchtung gelehrt. Und seine Lehre (der Dhamma) lebt weiter, der die Gläubigen auch deswegen folgen, weil ihnen Nirvana als höchstes Glück gilt. „Wie können sie das wissen?“, fragte der Großkönig den Weisen Nagasena. Der sprach: „Was meinst du, o Großkönig? Diejenigen, deren Hände und Füße nicht abgeschnitten wurden – wissen diese, o Großkönig“. /‚Leid ist das Abschneiden von Händen und Füßen?“/„Jawohl, o Herr, das wissen sie!“/„Woher wissen sie es?“/„Indem sie von anderen, o Herr, deren Hände und Füße abgeschnitten wurden, den Jammerlaut gehört haben, wissen sie: ‚Leid ist das Abschneiden von Händen und Füßen!‘“/„Ebenso, o Großkönig, weiß man, indem man von denen, die das Nirvana gesehen haben, den Freudenlaut gehört hat: ‚Glück ist das Nirvana!‘“/„Gut, Herr Nagasena!“*

Die Vielfalt der Gestalten versinkt um den liegenden Buddha beim Übergang vom Hier ins Nirgends, vom Jetzt ins Nimmermehr (tibetische Malerei, 18. Jahrhundert).

Leidlose, glücklose Schauung

Der Weg zur Erleuchtung – Die vierte „edle Wahrheit"

Über den „edlen achtfachen Pfad" hat Buddha die Erleuchtung erreicht und weist ihn seinen Anhängern. Die acht Glieder sind: rechte Einsicht (1), rechter Entschluss (2), rechte Rede (3), rechte Tat (4), rechter Wandel (5), rechtes Streben (6), rechte Wachheit (7), rechte Versenkung (8). Die Reihenfolge ist von Buddha offenbar willkürlich gegriffen worden und schon gar nicht als Rangfolge gemeint. In der buddhistischen Praxis bilden denn auch den Anfang die Glieder drei bis fünf, es folgen sechs bis acht und erst zum Schluss eins und zwei. Das, was als „Pfad" bezeichnet ist, stellt also eher ein Bündel an Voraussetzungen für die Gewinnung von Erlösung dar und keine schrittweise Annäherung Punkt für Punkt. Die erste Gruppe (3–5) wird unter dem Begriff „Sittlichkeit" (Sila) zusammengefasst, die zweite (6–8) unter dem Rubrum „Meditation" (Samadhi) und die dritte (1–2) wird als „Weisheit" (Panna) etikettiert.

Rücksicht auf alles Lebendige

In der Sila-(Sittlichkeits-)Gruppe steht an erster Stelle: „Der Lüge sich enthalten, der Grobheit sich enthalten, des Plapperns sich enthalten." Übersetzt ins Heutige heißt das, behutsamen und korrekten Gebrauch zu machen von der Sprache, dem wichtigsten Medium beim Umgang mit anderen. Dazu gehört zuvorderst Wahrhaftigkeit, die auch darin bestehen kann, dass wir es sagen, wenn wir die Wahrheit nicht kennen. Es folgt das Gebot der Rücksicht auf Leben, Eigentum und sexuelle Schranken: „Des Umbringens von Lebewesen sich enthalten, dem Nehmen von Nichtgegebenem sich enthalten, des unsittlichen Liebeslebens sich enthalten." Und schließlich wendet Buddha Rücksicht ins Aktive: Mitgefühl für das Mitwesen, sich dem anderen zuwenden, das ist Kern des „rechten" Handelns.

Panna – Weisheit *Vollkommene Erkenntnis erlangt der Buddha Nachstrebende, der sich ganz nach den „vier edlen Wahrheiten" richtet. Diese Wahrheiten müssen in ihrer umfassenden Geltung verinnerlicht werden, sodass sie die Ich-Illusion auszulöschen vermögen und damit das gierige Anhaften an Dingen und Gedanken. Es heißt, Welt und Situation so zu sehen, wie sie sind – eben nicht von Dauer; dabei gehört auch das, was wir unser Ich nennen, zum Komplex des Vergänglichen. Der rechte Entschluss daraus ist der zur Entsagung, zur Enthaltung von Bosheit, zum Nichtschädigen. Aus der Erkenntnis des Zusammenhängens mit allem wächst notwendig das Gebot der Friedfertigkeit. Schließlich kommt uns das „Nichtschädigen" genauso zugute, denn nichts nimmt Schaden in der Welt, ohne dass auch wir Schaden nehmen. Haben wir den Schaden zudem selbst angerichtet, häuft diese Tat schädliches Karma an und verlängert den Weg des Leidens. Achtsamkeit hingegen ist Weisheit (Panna).*

Samadhi (Meditation) beschreibt Buddha so: Da „spannt ein Mensch den Willen an, um entstandene böse, unheilvolle Dinge zum Verschwinden zu bringen; er müht sich, strengt sich an; er übt das Gemüt, ertüchtigt es ... Er spannt seinen Willen an, um entstandene heilsame Dinge zur Festigung, nicht zur Lockerung, zur Vervielfachung, zur vollen Entwicklung, zur Entfaltung, zur Vollendung zu bringen ..." Wachheit ist dafür Voraussetzung: Da „verharrt der Mensch beim Körper über den Körper wachend, eifrig, einsichtig, aufmerksam, nach Aufgabe von Gier und Unmut in der Welt ..." Ebenso verfährt er beim Gemüt, den Gefühlen und den Gegebenheiten. So gelingt ihm rechte Versenkung und so befreit er sich von Begierden, findet zur Heiterkeit und ruht schließlich in „leidloser, glückloser, gleichmütig-wachsamer Schauung". Damit ist der Grund für Panna (siehe Kasten) gelegt.

Ein Großteil des Stundenplans für angehende buddhistische Mönche besteht aus Meditationsübungen. Das Foto zeigt eine große Schar von Novizen im Bangkoker Tempelbezirk Wat Pho, die sich in der Kunst der inneren Einkehr und Versenkung üben.

Einen Kern von Schriften erkennen alle drei großen Richtungen des Buddhismus als kanonisch an: das sogenannte Tipitaka („Dreikorb"), verfasst in der Volkssprache Pali. Es bildet die Basis der buddhistischen Lehre (Dhamma). Die drei „Körbe" sind: das Sutta-Pitaka („Korb der Schriften"), das Vinaya-Pitaka („Korb der Disziplin") und das Abhidhamma-Pitaka („Korb der besonderen Lehre"). Schon diese Texte haben den vielfachen Umfang der christlichen Bibel. Die beiden ersten „Körbe" sollen bereits auf dem ersten Konzil in Rajagaha von Upali und Ananda, Lieblingsschülern Buddhas, rezitiert und von den anderen etwa fünfhundert Teilnehmern auswendig gelernt und so tradiert worden sein. Der dritte „Korb" wurde erst nach 380 v. Chr., vermutlich sogar mehrere hundert Jahre nach dem letzten Sterben Buddhas hinzugefügt.

Verkörperung der allumfassenden Liebe ist der Buddha Maitreya, mit dessen Erscheinen nach Mahajana-Lehre in 30 000 Jahren zu rechnen ist. Figuren des Erwarteten auf einem Altar im Kloster Chamba Lakhang (Lo Mantang, Nepal).

Von früheren Existenzen Buddhas

Das Sutta-Pitaka gliedert sich in fünf Teile oder „Unterkörbe" (Nikaya), weniger inhaltlich als nach Umfang der Lehrreden (Suttas) geschieden. Zunächst befremdet beim Lesen ein wiederholender Duktus, indem vieles viele Male wortwörtlich genauso gesagt wird. Mit der Zeit aber entwickelt dieser Stil eine hohe Suggestionskraft und sorgt dafür, dass die Ausführungen sich nachhaltig im Gedächtnis festsetzen. Das oft Litaneihafte entfaltet ein ganz eigenartiges sprachliches Aroma, wobei auch die bildhafte Ausdrucksweise und einprägsame Vergleiche eine Rolle spielen. Das gilt vor allem für Teil fünf, „Sammlung der kleinen Stücke" (Khuddakanikaya) genannt. Sie enthält Spruchweisheiten, Fabeln, Märchen, Gleichnisse, Gebete, Anekdoten und berichtet von früheren Existenzen Buddhas.

Zweiter „Korb" ist das Vinaya-Pitaka, das sich dem Mönchswesen, der Aufnahme in einen Orden und dessen Tagesablauf widmet. Ausführlich geht Buddha hier auf Vorschriften und auf Vergehen ein, mit denen die Ordensleute gegen die Regeln verstoßen würden: Sie betreffen den Umgang mit Nichtgeweihten, Essensvorschriften, Verhalten im Krieg, Verbot von Rauschmitteln, Kleidervorschriften, Baderegeln, Almosengeben und -nehmen, Umgangsformen, Schlichtung von Konflikten. Ganz wesentlich auch die Frage, wie sich der geweihte Mönch Frauen gegenüber verhalten soll. Danach gehört bereits jegliche körperliche Berührung vom Händedruck an zu den bußpflichtigen Vergehen; alles Weitergehende sowieso, und als besonders verwerflich gilt die Ausnutzung der Stellung als „Frommer" zur Erschleichung des Geschlechtsverkehrs durch Behauptung, dieser „Dienst" fördere das Heil der Frau. Das Wesen der Sexualität behandelt das Abhidhamma-Pitaka.

Sind die ersten beiden „Körbe" bereits unmittelbar nach Buddhas Ableben zusammengestellt worden, so ist der dritte, das Abhidhamma-Pitaka, eine spätere, stark systematisierte Hinzufügung. Die sieben darin enthaltenen Stücke beschäftigen sich mit psychologisch-philosophischen Fragen und setzen sich mit ketzerischen Ansichten und Praktiken auseinander. Dabei erkennen sie durchaus unterschiedliche Meinungen der buddhistischen Schulen an und grenzen sich nur dort ab, wo sie mit den Grundlehren kollidieren. Insofern bietet dieser „Korb" gutes Studien-Material. Hierher gehören auch weibliche und männliche Potenz, Lust und Schmerz, Freude und Trauer, kurz alle Vitalkapazitäten sowie die mentalen Fähigkeiten wie Konzentration, Glauben und Weisheit. Den Schluss dieses „Korbes" bildet das „Buch der Kausalität", das die kosmischen Gesetze, insbesondere die Gründe für die verschiedenen Formen des Wiedergeborenwerdens behandelt.

Platz nur für wenige

„Kleines Fahrzeug“ – Der Hinajana-Buddhismus

Einen besonders kräftigen Kontrast zur buddhistischen Lehre von der Nichtigkeit der Welt stellen Pracht-Bauten wie die Shwezigon-Pagode von Bagan im Bezirk Mandalay (Birma/Myanmar) am Ostufer des Irawadi dar.

Vielleicht aus der Erfahrung der Gefährdung heraus hat sich der sogenannte südliche Buddhismus oder Theravada, ein Pali-Wort mit der Bedeutung „Lehre der Ordensältesten“, in Restgebieten Indiens, Sri Lanka, Birma, Thailand, Laos und Kambodscha besonders eng und streng an die früheste Überlieferung gehalten. Der vordringende Islam verdrängte ihn aus seinem indischen Ursprungsgebiet und zwang ihn zum Ausweichen nach Süden und Osten. Dort bildete sich ein stark mönchisch orientierter Kult, der in diesen Ländern durch kostbarste Tempel- und Klosterbauten zum Ausdruck kommt. Die Entfaltung von religiöser Pracht kontrastiert seltsam mit dem asketisch-bescheidenen Leben der Mönche und mit den recht beleibten überlebensgroßen Buddhafiguren. Freundlich und weltzugewandt bei aller inneren Sammlung sind die meisten Gesichtsdarstellungen des Buddha.

Wohl erst in der Berührung mit der hellenistischen Kultur entwickelte sich eine buddhistische Kunst, die sich nun auch die realistische, wenn auch stilisierte Darstellung des „Erleuchteten“ zutraute. Ebenso ist es mit den Tempeln, die ursprünglich unbekannt waren, da buddhistischer Kult sozusagen ambulant ausgeübt wurde. Insofern stellt der auf Ceylon zur Blüte gereifte Theravada in gewissem Sinn dann doch eine Abkehr von den Ursprüngen dar. Am Dhamma aber hat man inhaltlich sonst so strikt festgehalten, dass wahre „Erleuchtung“ eigentlich nur für Mönche möglich war, die sich ganz der Meditation (siehe Kasten) widmen können. Abfällig nannten daher manche diesen Buddhismus „Hinajana“, kleines Fahrzeug, auf dem nur für wenige Platz ist. Als Eigenzeichnung zeugt es vom Stolz der Anhänger.

Meditation *Vielfältig sind die Praktiken der Versenkung und ohne einen versierten Lehrer kaum einzuüben. Grundlage aller Meditation ist aufmerksames Beobachten (Sati) etwa des Atmens, Ziel die Überwindung der „fünf Hindernisse“ (Nivarana): Verlangen nach sinnlichen Reizen, Ärger, Trägheit, innere Unruhe und Zweifel. Hier empfiehlt Buddha, auch sie zum Gegenstand der Meditation zu machen, sich ganz klar zu werden, woher etwa das Verlangen rührt, und abzuwarten – wie lange das auch dauern mag –, bis es erlischt. Dann nämlich wird man sich der Vergänglichkeit allen Begehrens bewusst, sodass es immer seltener auftritt. Schließlich gelingt es sogar, auf Verlangen mit Abscheu zu reagieren. Ein Gefühl allerdings, das dann seinerseits zu überwinden ist. Mit dem Ärger ist es ähnlich: Er weicht, wenn der Meditierende zum gegenteiligen Gefühl findet und Mitgefühl dort entwickelt, wo er sonst mit Abwehr oder gar Wut reagiert hat. Ergebnis ist Gelassenheit, ein Über-den-Dingen-Stehen.*

Abhärtung gegen Versuchungen

Laien haben höchstens die meditativen Anfangsgründe von den Mönchen erlernt oder anhand der Schriften zu üben versucht. Unter den Geweihten gab und gibt es eine Zweiteilung: Man trifft Mönche, die kultische Handlungen in der und für die Öffentlichkeit vornehmen und Laien an den Klosterschulen unterrichten. Das höhere Ansehen aber genießen in Sri Lanka und in den anderen Theravada-Ländern die sogenannten Waldmönche, die wie die christlichen Eremiten der Welt entsagt haben und in der Einsamkeit die Vervollkommnung suchen. Beide Gruppen sind nicht strikt geschieden, denn das Eremitendasein kann durchaus auch als Vorstufe späterer Lehrtätigkeit und als Abhärtung gegen die Versuchungen in der Welt gedacht sein, in die diese Mönche dann zurückkehren. Sie können schon aus Gründen der Nahrungsbeschaffung nicht jeglichen Kontakt zur Außenwelt meiden.

Buddhas Weg verlangt ein so hohes Maß an Meditation, dass für Weltliches kaum Raum bleibt. Die Berufenen sind sogar auf die Hilfe der Laien angewiesen, damit sie sich intensiv spirituell betätigen können. Buddha verhieß ihnen als Endstufe ihrer irdischen Laufbahn das Erwachen zu Weisheit und Mitleid. Gerade dieses Mitleid mit den Wesen, denen noch nicht die Befreiung von Dukkha gelungen ist, soll auf dem Weg zur Erleuchtung aufgebaut und zu einem Wesenszug werden. Das ist nicht nur als Aufforderung zur religiösen Unterweisung der Noch-Irrenden gemeint, sondern auch karitativ. Woher aber ein angespannt um geistig-körperliche Entspannung Ringender Kraft und Zeit für Hilfeleistungen nehmen soll, bleibt offen.

Verdienste durch Unterstützung der Verdienstvollen

Kein Wunder, dass sich die Stimmen mehrten, die es ungerecht fanden, dass den Mönchen und Nonnen Erlösung winken soll für ihren tugendhaften Wandel, während denen, die sie tatkräftig unterstützen, allenfalls gewisse Vorteile bei der Wiedergeburt in Aussicht gestellt würden. Diese Stimmen beriefen sich gern auf die vielen Jatakas (Geburtsgeschichten), die von den guten Taten Buddhas in seinen früheren Existenzen erzählen. Damit habe dieser so viele Verdienste erworben, dass er eben zu dem geworden ist, was er den Buddhisten ist: zum Erleuchteten. Warum soll das bei den aktiven Tugenden, mit denen die Laien die Heilssucher fördern, anders sein? Nicht die Erlösung Einzelner, sondern nur die aller Wesen könne Sinn des Mitleidsgebots sein.

Sunnata – Die Leere *Erstaunlich angesichts der kultischen Vielfalt ist eine zentrale Aussage im Mahajana: Wie das Hinajana kennt es kein beständiges, ewiges Selbst, teilt also die Anatta-Lehre. Während jedoch die Hinajana-Philosophen den Gegebenheiten eine gewisse Realität, wenn auch eine sehr flüchtige, zugestehen, lehrt das Mahajana die völlige Leere (Sunnata) aller Dinge, ja die Dinge sind danach nicht bloß nichtig, weil vergänglich, sondern sie sind überhaupt nicht. Was aber, fragt man, soll dann ins Nirvana eingehen, wenn alles bereits Nichts ist? An wen richten sich die Forderungen nach Tugendhaftigkeit, wenn da nichts ist, demgegenüber tugendhaft zu handeln ist? Das Paradox löst das Mahajana mit der These von den beiden Wahrheiten auf: Die irdische und ihre Gebote gelten, solange wir sie nicht überwunden haben. In der Erleuchtung erweist dann eine höhere Wahrheit die irdische wie alles andere als trügerischen Schein und führt mithin ins Nirvana, in dem alle Illusion durch Nicht-Sein getilgt ist.*

Wie die „Erleuchtungswesen" (Boddhisattvas) dem Laien beim Erlangen der Erlösung helfen, so sollen künstlerische Darstellungen versunken sitzender Buddha-Figuren die Konzentration der Gläubigen fördern. Fast hypnotische Wirkungen entfalten sie (Foto aus der Pagode in Sainte-Foy-les-Lyon südwestlich von Lyon).

Daraus entwickelte sich die Lehre von den Bodhisattvas, den Erleuchtungswesen. Dabei handelt es sich um Heilige wie den Buddha selbst. Dieser hatte ja auch nicht sogleich das für ihn nun erreichbare Nirvana verwirklicht, sondern war aus Erbarmen mit den Unerlösten bei ihnen geblieben und hatte gelehrt bis zu seinem endgültigen Ende. Diese Endgültigkeit geriet durch die Lehre von den Bodhisattvas ins Wanken. Zwar gehen sie wie Buddha ins Nirvana ein, doch erst lange nach ihrem irdischen Tod. Ein Bodhisattva könne schon aus dem Mitleidsgebot heraus sich nicht gänzlich abwenden, ehe er alles für die Erlösung der noch Unerlösten getan habe. Er sei also weiter anrufbar und zur Hilfe für die Leidenden bereit. Diese Lehre nimmt sozusagen alle mit ins Boot und wird daher „Großes Fahrzeug" (Mahajana) genannt. Es präsentierte sich geschmückt mit einer Vielzahl von Heiligenfiguren und „transportierte" den Buddhismus nach China, in die Mongolei, nach Korea und Japan, wo er mancherlei Abwandlungen erfuhr.

Abkürzung zum Heil

„Diamant-Fahrzeug" – Der Vadjrajana-Buddhismus

*Seit einem halben Jahrhundert in chinesischer Hand: der Potala, schönster und höchstgelegener Palast der Welt in Lhasa (3700 Meter) und Sitz des höchsten Würdenträgers des tibetischen Buddhismus. 1959 musste der seit 1940 amtierende 14. Dalai Lama Tenzin Gyatso (*1935) vor den Truppen Mao Tse-tungs fliehen.*

Der Buddhismus breitete sich nach Norden in der Mahajana-Form aus. Doch während er bereits den hohen Riegel des Himalaja überwunden hatte, bildete sich als Nachhut noch auf indischem Boden um 500 n. Chr. eine Unterart des Mahajana, die vor dem hinduistischen Druck weit später nach Norden auswich und sich in Tibet bis heute erhalten hat. Sie übernahm aus dem hinduistischen Fundus magische und rituelle Elemente und formte sie buddhistisch um zum Vadjrajana („Diamant-Fahrzeug"). Schon dieser Name zeigt die Verbindung zum Hinduismus, der mit Vadjra (tibetisch: Dorje) den Donnerkeil des Gottes Indra meint. Der Donnerkeil wurde im Buddhismus zum Diamanten, der das männliche Prinzip und zugleich die Leere aller Gegebenheiten verkörpert.

Zurück zum ungeteilten Einen

Dass im Vadjrajana Elemente indischer Naturreligiosität wirksam sind, lässt sich auch an den Tantras (Sanskrit: „Gewebe, Zusammenhang") erkennen, den Lehrtexten, wie sie auch der Hinduismus kennt. Im Buddhismus sind sie freilich eher rituelle Anleitungen als Aussagen über die, wenn auch nur scheinbare, Dualität des Seienden, die durch Wiedervereinigung stets von Neuem auf das ungeteilte Eine zurückgeführt werden muss. Immerhin sind im Vadjrajana-Kult noch Momente der alten, seinerzeit durchaus auch sexuell gemeinten Verschmelzungsriten und magischen Praktiken erkennbar. Mit den Tantras kommt der tibetische Gläubige allerdings nur in Berührung, wenn er an den von einem Lama (tibetisch: „Höherstehender") praktizierten Kulthandlungen teilnimmt. Selbst der Novize in einem Kloster hat einen weiten Weg vor sich, ehe er sich tantrischen Übungen nähern kann (siehe Kasten). Und ohne Anleitung durch einen Guru (Sanskrit: „Lehrer") oder Lama gibt es keinen Zugang.

Der Lama ist die Schlüsselfigur im tibetischen Buddhismus: Er stellt den Buddha nicht nur dar, sondern agiert an seiner Stelle und bietet so etwas wie eine Abkürzung zum Heil. Erleuchtung nämlich ist für den Vadjrajana-Anhänger bereits innerhalb einer Lebenspanne zu verwirklichen. Natürlich mit ungeheuren Mühen, aber dank des Lamas doch möglich. Schon die vorbereitenden Übungen nehmen Jahre in Anspruch: Nach einer Phase der „hunderttausend" Niederwerfungen vor dem Lama, folgt die Annahme durch diesen, der den werdenden Mönch nach und nach mit Erleuchtungsgeist erfüllt.

„Grenzenloses Licht“ im „Reinen Land“

Wandlungen des Buddhismus in China

Der Buddhismus hatte es schwer in China, das ganz seinen Traditionen gemäß lebte. Sie basierten auf der Staatsphilosophie des Konfuzius (551–479 v. Chr.), eines Zeitgenossen Buddhas (siehe Kasten). Hinzu kam, dass der Buddhismus den Chinesen unangenehm streng erschien mit seinen Askese-Vorschriften und anstrengenden Methoden der Meditation. Erst mit dem Ende der Han-Dynastie (220 n. Chr.), als China in politischen Wirren versank, wuchs der spirituelle Bedarf der Menschen und damit der Stellenwert des Buddhismus, der einen Ausweg aus dem irdischen Elend verhieß. Er profitierte zudem davon, dass Fremdherrscher um Zurückdrängung der konfuzianischen Lehre bemüht waren und die Religion aus Indien förderten.

Erlösung mit höchster Hilfe

Mit der Tang-Dynastie (618–907) begann der Aufstieg des Buddhismus in China, wobei sich vier bedeutende Schulen bildeten: Tien-tai („Schule der himmlischen Plattform“), Hua-yen („Blumengirlande-Schule“), Ching-tu-tsung („Reines-Land-Schule“) sowie der Chan- oder Zen-Buddhismus. Sie alle basierten zwar auf den Lehren Buddhas, also auf den vier edlen Wahrheiten, sind aber vermischt mit chinesischem Gedankengut. Am folgenreichsten wurde die „Reines-Land-Schule“, die auch spätere Buddhisten-Verfolgungen überdauerte. Sie war eine Gründung des Mönchs Hui-yüan. Er war konfuzianisch geschult und kannte die religiösen Bedürfnisse seines Volkes. Er versammelte als 58-Jähriger im Jahr 402 seine Schüler vor einem Bildnis des Buddha Amitabha („Grenzenloses Licht“) und legte mit ihnen das Gelübde ab, im „Westlichen Paradies“ wiedergeboren zu werden. Statt Paradies wird auch „Reines (Buddha)-Land“ übersetzt.

Herrscher über dieses Land ist der genannte Buddha, zu dem die Gläubigen hingebungsvolles Vertrauen gewinnen sollen durch Anrufung und Meditation. Eigene Kraft nämlich reicht nach der Reines-Land-Lehre nicht zur Erlösung, erst der Buddha Amitabha könne für eine Wiedergeburt im seinem Paradies sorgen, wo durch weiteres Praktizieren die Erlösung erlangt werden wird. Mit dem Rezitieren des Namens des Buddha gewinne der Gläubige das geforderte Vertrauen, bis ihm Amitabha selbst erscheine und das „Reine Land“ schauen lasse. Kein Wunder, dass dieser „leichte Weg“ von den Menschen begrüßt wurde. Sie vertrauen auf die 48 Gelübde Amitabhas, dass er alle Wesen auf dem Weg zur Erlösung unterstützen werde. Diese Hoffnung trug auch in schweren Zeiten.

Konfuzianismus *In der Landessprache hieß der große Denker der chinesischen Frühzeit „Kung fu-tzu“, wobei Kung der Familienname ist und „fu-tzu“ so viel wie „Meister“ bedeutet. Konfuzius (551–479 v. Chr.) geht es in erster Linie um die Harmonie des Weltganzen, in der erst die volle Entfaltung des Ichs möglich werde. Die harmonische Weltordnung setze mithin die Selbsterziehung voraus. Sie erreiche der darum Bemühte durch „Li“, was so viel heißt wie Riten oder (Umgangs-)Formen, aber auch im weiteren Sinn Sittlichkeit bedeuten kann: „Sich selbst überwinden und sich Li zuwenden, das ist Menschlichkeit.“ Eine weitere Tugend sah Konfuzius in „Chung“, der Gewissenhaftigkeit, und im sozialen Bereich in „Wu-lun“, den „Fünf Beziehungen“ zwischen Vater und Sohn, Mann und Frau, älterem und jüngerem Bruder, Fürst und Staatsdiener (Untertan), Freund und Freund. Die Reihenfolge zeigt die hohe Bedeutung, die Konfuzius der Familie beimaß. Unter Aufnahme buddhistischer Elemente blieb der Konfuzianismus bis zum Ende des chinesischen Kaiserreichs (1911) Staatsdoktrin und wirkt bis heute nach.*

Die Illustration aus dem 10. Jahrhundert zeigt den Buddha Amidabha in Gestalt eines Bodhisattvas (Erleuchtungswesen), der die Seele einer gläubigen Frau ins Paradies oder nach dem Sprachgebrauch der betreffenden Schule ins „Reine Land“ führt.

Staatlicher Gegenwind

Buddhisten-Verfolgungen im Mittelalter

Seit dem neunten Jahrhundert kam es zu Rückschlägen für den Buddhismus in China. Die eigentlich fremde Religion hatte ihre Schuldigkeit getan als Stabilisator der inneren Einheit, meinten die Tang-Kaiser und besannen sich auf ihre chinesischen Wurzeln. Buddhismus? Der stammte doch aus Indien, und er bot auch anders als der Konfuzianismus im Kern eigentlich nichts, was auf Erden hilfreich sein konnte. Die Reines-Land-Lehre war ja nur eine künstlich volksnah gestaltete Version, die jederzeit wieder rückfällig werden konnte. Außerdem waren die Klöster inzwischen nicht nur bedenklich mächtig, sondern obendrein unverschämt reich geworden, da viele Bürger ihnen ihr Vermögen vermacht hatten in der Hoffnung, dadurch Vorteile bei der Wiedergeburt zu erlangen. Das Geld war damit für den Staat verloren, der den Orden in guten Zeiten Steuerbefreiung gewährt hatte. Auch religiös überzeugte der Buddhismus nun die Herrscher nicht mehr, die ihre Abstammung als „Söhne des Himmels“ nun lieber auf Lao-tse (Laozi), den Begründer des Taoismus (siehe Kasten) zurückführten.

Übernahme fremder Elemente

Im Jahr 845 kam es zu einer ersten Welle blutiger Buddhisten-Verfolgung, bei der es vor allem um Konfiskation von Klostereigentum ging. Wie es bei religiös motivierten Kämpfen stets ist, so entwickelte auch dieser eine Eigendynamik, die den Buddhismus immer stärker zurückdrängte. Nur die Asketen der Chan- oder (japanisch) Zen-Bewegung und die Anhänger der volkstümlichen Reines-Land-Schule blieben einigermaßen unbehelligt. Die anderen Richtungen versuchten sich unter dem staatlichen Druck anzupassen und machten sich manches Element des Taoismus zueigen. Die beiden Religionen ähnelten einander ohnedies in vielen Zügen, was den zeitweiligen Erfolg des Buddhismus im Reich der Mitte befördert hatte und jetzt sein Überleben sicherte. Er kam sogar unter der Song-Dynastie (960–1279) erneut zu einer gewissen Blüte, ehe er in der Mongolenzeit und danach zwar weiter existierte, doch nie mehr seine einstige Höhe zu erreichen vermochte.

Reitend auf einem Rind stellt sich der Künstler dieser Keramik den weisen Lao-tse vor bei seiner Abkehr von der Gesellschaft und der Menschenwelt.

Taoismus *Noch ein Fast-Zeitgenosse machte es Buddhas Ideen in China schwer: Lao-tse soll jedenfalls Konfuzius noch gekannt haben. Daran gibt es Zweifel, keine hingegen daran, dass er eine wirkmächtige Denktradition begründete. In dem ihm zugeschriebenen Werk „Tao-te ching“ (Buch vom Weg und seiner Kraft) beschäftigt er sich in 81 zum Teil gereimten Abschnitten mit dem Tao und seiner Wirkkraft Te. Unter Tao (wörtlich „Weg“) versteht Lao-tse das allumfassende Erste Prinzip, auf dem alles basiert und aus dem alles hervorgeht. Er betont jedoch, dass es für das, was es eigentlich meint, keinen Begriff gibt. Der Mensch soll sich bemühen, sich dem Wirken (Te) des Tao anzupassen, was durch Nichteingreifen zu erreichen ist. Darunter versteht Lao-tse Spontanität und absichtsloses Handeln (Wu-wei), Natürlichkeit und Einfachheit. Anders als Konfuzius wandte sich Lao-tse von der Welt und der seiner Ansicht nach verderbten Gesellschaft ab und machte diese Abwendung und die folgende Hinwendung zur Natur zu einem Kernpunkt seiner Lehre. In der Natur nämlich fand er die einzige Bewegung des sonst ewig ruhenden Tao: die Wiederkehr, denn alles kommt vom Tao und alles kehrt zum Tao wieder zurück. Der Taoismus lehnt jede Form von Autorität ab und hat als Lehre des Einzelgängertums auch keine Gesellschaftstheorie entwickelt. Der Mensch tritt in der taoistischen Literatur als von den sozialen Bindungen befreites Individuum auf, dessen höchstes Ziel Selbstverwirklichung durch mystische Versenkung ist.*

Von China über Korea fand der Buddhismus im 6. Jahrhundert nach Japan, beeindruckte zunächst die Oberschicht und wurde zu einer Art spirituellem Überbau des Schintoismus (siehe Kasten). Förderung durch die Kaiser machte die buddhistischen Orden wohlhabend. Das erlaubte jene Prachtentfaltung in den Tempeln, die das Volk schon qua Bewunderung an sie band. Die abstrakten Lehren überließ es den Priestern und hielt sich an die Erlösungsversprechungen. Die Landbevölkerung kam mit dem Buddhismus durch wandernde Asketen in Berührung, die allerlei Kult-Formen praktizierten und beliebt waren als Heiler und Helfer. Dass sie durch ihren tugendhaften Wandel auch für die Erlösung derer etwas taten, die keine Zeit für die Versenkung und keine Kraft für die Askese hatten, war im Mahajana herrschende Lehre und zentraler Gedanke in der Reines-Land-Schule.

Deren Verehrung des Buddha Amitabha (japanisch: Amida) setzte sich in Japan durch. Dieser strahlende Buddha kam dem Heil suchenden Gläubigen weit entgegen, denn es genügte schon, die Formel „Namu-Amida-Butsu" (japanisch: Verehrung dem Buddha Amida!), das sogenannte Nenbutsu, möglichst oft zu sprechen, wollte der Beter Erlösung erlangen. Diese weitere Vereinfachung der chinesischen Lehre ging zurück auf einen Mönch namens Honen (1133–1212). Er war zur Überzeugung gekommen, dass der Mensch aus „eigener Kraft" (japanisch: Jiriki) nicht zum Erwachen kommen könne, sondern dass alles von der Gnade des Buddhas Amida abhänge. Erlösung verspreche mithin nur die „Kraft des Anderen" (Tariki), und die Anrufung Amidas sei nicht nur Bitte darum, sondern auch Dank für dessen Bereitschaft, dem schwachen Menschen beizustehen.

Dank und Tugend

Bedeutendster Schüler Honens wurde Shinran-Shonin (1173–1262), bedeutend vor allem wegen einer höchst weltlichen Tat: Shinran, der seine Schüler als seine Freunde ansah, bezeichnete sich selbst als „unwissenden Kahlkopf" und wollte auch spirituell nichts Besonderes sein. Ausdruck dieser Bescheidenheit wurde seine Eheschließung mit der „Nonne Enshin". Dieser unerhörte Schritt wird als entscheidende Wende hin zu einem Laien-Buddhismus verstanden. Ihm gab Shinran die Überzeugung mit auf den Weg, dass tugendhafter Wandel und genaues Befolgen der buddhistischen Gebote zur glückhaften Wiedergeburt im „Reinen Land" nicht entscheidend seien. Tugend ergäbe sich allein schon aus purer Dankbarkeit Amida gegenüber.

Mitte des 11. Jahrhunderts weihten die Mönche von Uji (südlich von Kyoto) den Byodoin-Tempel dem Buddha Amida, dem Seelenführer ins „Reine Land". Die mittelalterliche Anlage mit den typischen geschwungenen Dachkonstruktionen, die sich im vorgelagerten See spiegeln, ist ein beliebtes Wallfahrts- und Ausflugsziel.

Schintoismus *Unter dem Begriff „Shinto", wörtlich übersetzt „Weg der Götter", fasst man die religiöse Vorstellungswelt im vorbuddhistischen Japan zusammen. Zu einem Ismus wurden sie erst durch den Einfluss des und die Rivalität mit dem Buddhismus. Der Schintoismus verbindet animistische Vorstellungen, in denen jedes Ding beseelt gedacht ist und jede Naturerscheinung für Gottheiten (Kami) steht, mit denen eines ausgeprägten Ahnenkults. Dieser spielt die Hauptrolle, hofft doch jeder nach dem Tod in „himmlischen Gefilden" wandeln zu dürfen. Daher gelten die Verstorbenen als vergöttlicht und die anderen Wesen als von dafür zuständigen Göttern gelenkt, wobei alle Götter menschengestaltig und mit menschlichen Charakterzügen ausgestattet vorgestellt werden. Ahnen- und Naturkult überlagerten sich mit der Zeit, sodass Naturgottheiten zu Ahnen umgedeutet wurden. So spiegelt die „himmlische Gesellschaft" getreu die hierarchische Ordnung der Menschenwelt. Der Kaiser führt seine Macht direkt auf die Sonnengöttin Amaterasu zurück, die an der Spitze der himmlischen Herrschaftspyramide steht.*

Sitzen in Versunkenheit

Zen-Buddhismus und Zazen-Meditation

In den Augen der strengen Buddhisten war die Reines-Land-Schule, viel zu lax. Der Mönch Eisai (1141–1215) leitete die Gegenbewegung ein. Er lernte auf zwei Reisen nach China die Praxis des Chan, japanisch: Zen, kennen, eine Meditationslehre, die im 6. Jahrhundert entwickelt, aber auf Buddha selbst zurückgeführt wurde. Wörtlich bedeutet der Begriff Zen (Pali: Jhana, Sanskrit: Dhyana) „Versenkung" und zielt auf vollkommenes Erwachen (japanisch: Satori). Und wie Buddha streben Zen-Anhänger das aus „eigener Kraft" (japanisch: Jiriki) an. Buddha hat zwar Hinweise gegeben, wie der Meditierende zur „rechten Sammlung" kommen könne, doch wirkungsvolle Techniken entwickelten sich erst mit der Zeit. Ein Meister und damit erster Patriarch des Chan/Zen wurde Bodhidharma (um 470–543). Er brachte seine Lehre um 520 nach China. Sein Ruhm und bald auch seine Lehre drangen nach Korea und im 7. Jahrhundert auch nach Japan vor, doch zündete der Zen-Funke dort erst durch Eisai.

Dafür aber um so nachhaltiger, sodass Japan zum Kernland des Zen-Buddhismus wurde. Eisai führte die Lehre des Chinesen Lin-chi (gestorben 867) fort, der in Japan Rinzai genannt wird, sodass Eisais Meditationsrichtung auch Rinzai-Zen heißt. Sie löste sich ganz von den Riten und Dogmen der anderen Schulen und legte alle Betonung auf die innere Wesensschau. Der um Erwachen bemühte Mensch muss sich dazu so zu konzentrieren verstehen, dass er schließlich frei wird von allen Formen von Gedanken, Visionen oder Vorstellungen. Das lässt sich erst in jahrelanger Übung erreichen und verlangt vor allem Training des Zazen („Sitzen in Versunkenheit"), ein Verharren in vollkommener Ruhe im Lotussitz.

Atmen vom Nabel her

Dabei hockt der Übende mit aufrechtem Oberkörper auf einem Kissen am Boden, den linken Fuß auf den rechten Oberschenkel gelegt (halber Lotussitz), möglichst aber auch den rechten Fuß auf dem linken Oberschenkel legend (ganzer Lotussitz), den rechten Handrücken auf dem linken Fuß und den linken Handrücken auf die Handfläche der Rechten (sodass beide in Schalenform ruhen), wobei die Daumenspitzen einander berühren; die Zunge verweilt am Gaumendach, der Mund bleibt geschlossen, die Augen hingegen sind geöffnet; der Atem geht leicht, kommt aber aus der Tiefe „vom Nabel her". In dieser Haltung, weder vor- noch zurückgeneigt, versinkt man in Meditation, in der man sich von jedem Gedanken, ob gut oder böse, löst, damit man in die „Buddha-Sphäre" gelangen kann.

Koan

Hilfsmittel in den ersten Zen-Übungen sind wie schon von Buddha selbst empfohlen Atembeobachtungen, Körperwahrnehmung und dazu die Beschäftigung mit den sogenannten Koan. Der japanische Begriff bedeutet wörtlich „öffentlicher Aushang", meint aber paradoxe (griechisch: übergedankliche) Aufgaben, die mit dem Verstand nicht zu lösen sind und daher bestens geeignet sind, die Grenzen des Denkvermögens zu demonstrieren. Ein sehr bekanntes Koan lieferte im 18. Jahrhundert der Zen-Meister Hakuin Zenji, der vor seinen Schülern in die Hände klatschte und sagte: „Dies ist das Klatschen zweier Hände." Dann hob er eine Hand und fragte: „Was ist das Klatschen einer Hand?" Darüber nachzusinnen hat rational keinen Sinn, denn eine Lösung ist im Bereich der Logik nicht aufzufinden. Nur in einer höheren Bewusstseinsebene darf der Meditierende auf eine Eingebung hoffen. Sie kann freilich nicht mitgeteilt werden, weil sie nur auf der Meditationsebene „wahr" und mithin der Sprache entzogen ist. Der Zen-Buddhismus kennt etwa 1700 solcher Koan.

Auf Bodhidharma (japanisch Daruma) führen die Anhänger des Zen-Buddhismus die strenge Lehre zurück. Der meist mit buschigen Augenbrauen und dichtem Vollbart finster blickend dargestellte Patriarch gilt trotzdem als ausgesprochener Glücksbringer (Tuschezeichnung spätes 16. Jahrhundert).

Sri Lanka (Ceylon) ist das Hauptrückzugsland für den Buddhismus gewesen, als der Islam und der Hinduismus auf dem indischen Subkontinent vorrückten. Von der Anhängerschaft und vom politischen Gewicht her hat dieser südliche Buddhismus in Hinterindien, also in Birma, Thailand, Laos und Kambodscha allerdings weit stärkere Wirkungen entfaltet. In den Theravada-Ländern prägen Mönche (Nonnen spielten lange keine und spielen auch heute noch kaum eine Rolle) das Erscheinungsbild der buddhistischen Kultur.

Segen bei den Lebensfeiern

Geben und Nehmen – auf diese Formel lässt sich das Verhältnis von Laien und Mönchen bringen. Der Geweihte gibt Geistliches und nimmt Materielles, der Laie nimmt die Erbauung an und dankt durch Sach- oder Geldgaben. Der Mönch ist auf Erden auf den Laien angewiesen, der Laie umgekehrt auch, aber aus überirdischen Gründen: Er möchte durch den Unterhalt der frommen Brüder gutes Karma für seine künftigen Existenzen und für eine vielleicht dereinst auch ihm mögliche Erleuchtung und Überwindung des Samsara (Rad der Wiedergeburten) gewinnen. Seelsorgerisch tätig werden die Mönche nicht nur durch das Ausführen von rituellen Handlungen für die Laien im Tempel, sondern auch durch ihre Anwesenheit und ihren Segen bei Lebensstationen wie Hochzeit oder Begräbnis. Sie rezitieren bei solchen Gelegenheiten die entsprechenden Stellen aus den heiligen Pali-Texten.

Geweihte Heiler

Oft bitten Laien bei solchen Anlässen oder auch bei zufälligen Begegnungen die heiligen Männer um Weihe von Amuletten, wie sie in Südostasien weit verbreitet sind. Es handelt sich dabei um natürliche Gegenstände, die schon an sich als wirkkräftig gelten wie Tigerzähne oder seltsam geformte Steine. Die Weihe durch eine geweihte Person soll diese magischen Fähigkeiten noch stärken und Schutz verleihen. Viele Mönche gelten aufgrund ihrer Heiligkeit und ihrer geheimen Kenntnisse als besonders heilkundig. Obwohl die moderne Medizin vor allem in den Städten die Naturheiler weitgehend verdrängt hat, schwappt jetzt der Trend zur Behandlung mit natürlichen Mitteln aus dem Westen zurück. Und wenn der Behandler zudem ein geweihter Mann ist, kann das den Heilerfolg nur beflügeln. Auf dem Land hat sich die Befragung von Mönchen bei Krankheiten und seelischen Problemen sowieso gehalten und auch der gute Ruf einzelner Klosterbrüder als Astrologen und Seher. Ihr Rat war und ist in allen Lebenslagen und auch politisch gefragt.

Zu Füßen des zwölf Meter hohen Buddha im Avukana-Kloster in Sri Lanka arrangiert ein Mönch das Blumenopfer. Der Koloss steht in Anuradhapura, vom 5. vorchristlichen bis zum 8. nachchristlichen Jahrhundert Hauptstadt Ceylons, und ist Pilgerziel frommer Buddhisten.

„Gesang mit dem Körper“

Desillusionierung durch Illusion – Der Tantrismus

Die Ursprünge des Tantrismus liegen in animistischen Vorstellungen der indischen Frühzeit. Kerngedanke: Alles, was uns dual scheint – Makro- und Mikrokosmos, Allseele und Individuum, Mann und Frau – ist nur die Ausprägung einer ursprünglichen Einsheit. Der Kult dient dem Bemühen um ihre Wiedervereinigung. Entsprechende Lehrtexte (Tantras) beeinflussten auch den Buddhismus, vor allem in der tibetischen Form des Vadjrajana. Es entwickelte sich eine ungeheure Vielfalt ritueller Handlungen und Haltungen, wie sie die Statuen in buddhistischen Tempeln zeigen; jede hat etwas zu bedeuten und gehört zu verschiedenen Phasen und Arten der Rezitation. Am ausdrucksstärksten sind die Tänze, der „Gesang mit dem Körper“, beruhend auf harmonischem Einsatz von Körper, Sprache und Geist. Der körperlichen Seite steht die Gestik zu Gebote, der sprachlichen die Rezitation und der geistigen die Meditation. Diese kennt vier Stufen: Erkenntnis der völligen Leere; Sprechen der „Saat“-Silbe; bildliche Vorstellung der Gottheit nach dem Vor-Bild der Statuen; Einswerden mit Bild und Gottheit.

Überirdische Gefährten

Schon die erste Stufe zeigt die fesselnde Widersprüchlichkeit des Tantrismus: Zum einen bevölkert er den Himmel mit einer bunten Götter-, Geister- und Dämonenschar. Im gleichen Atemzug erklärt er diesen Reichtum für nicht existent und entleert den Himmel wieder. Psychologisch geschickt erklärt er das eine für die Voraussetzung der Erkenntnis des anderen. Unsere Fantasie ist unermüdlich rege und braucht das Heer der überirdischen „Gefährten“, um zur Erkenntnis vorzustoßen, dass es sich eben um Fantasieprodukte handelt, die so wenig von Dauer sind wie alles. Desillusionierung durch Illusion ließe sich dieses Verfahren der Selbstentgötterung des Himmels nennen, der logischerweise die Erkenntnis von der Nichtigkeit auch der irdischen Gegebenheit folgt.

Der Tantra-Praktiker löst sich von der Realität mithilfe der Götter und lässt daraufhin beide in der unendlichen Leere verschwinden. Zur Hilfe ruft er die Götter durch das Rezitieren der „Saat“-Silbe in der zweiten Stufe der Meditation, der Ton liefert die magische Kraft dazu. Der Klang beschwört, ja erschafft die Welt und damit die Gottheiten, die von den verschiedenen Silben repräsentiert werden. Sie, die jeweils beschworenen Götter, werden auf der dritten Stufe der Meditation dann auch sichtbar, wobei die künstlerische Gestaltung der Buddhas und Bodhisattvas dem Übenden als Stütze dienen. Ist das Bild aus der Leere in all seiner Leuchtkraft aufgestiegen, folgt der nächste, vierte Schritt der Identifizierung des Übenden mit dem Bild wie von selbst. Die beschworene Kraft geht in ihn über und trägt ihn in die große und in der großen Leere.

Näher als in Lamayuru kann man dem Himmel kaum sein. Das dortige Kloster (Gompa) aus dem 11. bis 16. Jahrhundert steht auf dem Dach der Welt in Ladakh mit seinen sieben Kilometer hohen Gipfeln. Der hier praktizierte Buddhismus zeigt deutlich hinduistischen Einschlag, wie an dem Wandbild in der Versammlungshalle (Dukhang) zu erkennen; es stellt eine finster zürnende Gottheit dar.

Das weibliche Prinzip

Gegen die männliche Prägung des Buddhismus entwickelte sich um die Zeitenwende im Zusammenhang mit dem „linkshändigen“ (weiblichen) Tantrismus die Personifizierung der Weisheit als Göttin Tara, der „Retterin“. Ihr gesellten sich bald weitere Frauengottheiten hinzu, die weibliche Fähigkeiten verkörpern wie Erbarmen, Trost oder Mutterschaft. Es gibt auch die marienähnliche Kombination Mutter und Jungfrau in einer Gottesperson, und die Weisheitsgöttin erhielt sogar den Beinamen „Mutter aller Buddhas“, denn deren Erleuchtung ist aus der Weisheit geboren wie das Kind aus der Mutter. Das Weibliche trat damit neben das Männliche, ja in gewissem Sinn galt jenes als noch ursprünglicher als dieses. Und es finden sich zahllose Darstellungen der Vereinigung von männlichen Gottheiten mit weiblichen, die den Männergottheiten erst die Energie verleihen.

Während und nach den Waffengängen der Weltkriege hatte es eine auf radikaler Friedfertigkeit fußende Religion wie der Buddhismus schwer in Europa. Zwar bildete sich schon 1955 als Dachverband die Deutsche Buddhistische Union (DBU), doch der eigentliche Durchbruch gelang erst in den letzten Jahrzehnten. Heute haben Veranstaltungen, auf denen der Dalai Lama, das Oberhaupt des tibetischen Vadjrajana-Buddhismus, auftritt, ungeheuren Zulauf. Es kommen in der Mehrzahl Neugierige, doch auch die Gemeinde der organisierten Buddhisten wächst. Das liegt zum einem an der Zuwanderung von Menschen aus buddhistischen Ländern, zum anderen aber auch an einem Sinndefizit.

Dass von der Sinnsuche eine uns zunächst so fremd anmutende Religion stärker profitiert als die Kirchen, liegt eben an der Exotik, aber auch daran, dass der Buddhismus keinerlei missionarischen Druck ausübt. Ja, gerade der individualistische Zug kommt westlichen Auffassungen und einer Zeit entgegen, in der die Menschen immer weniger Zeit haben. Buddhistische Praktiken brauchen keine Kirchen, sondern können jederzeit und überall, allein und gemeinsam ausgeübt werden. Die Sorge, das könne die ohnedies um sich greifende Fragmentierung der Gesellschaft noch fördern, ist unbegründet. Es geht im Buddhismus ja gerade um zweierlei: eigene Vervollkommnung und, daraus notwendig resultierend, Mitgefühl mit allen Wesen. Der Buddhist findet von ganz allein zur Solidarität mit anderen, zumal mit solchen, die leiden. Da nach der Lehre Buddhas alles Sein Leiden bedeutet, erkennt sein Anhänger im leidenden Mitgeschöpf den Bruder.

Seelenkunde ohne Seele

Erstaunlich daran ist, dass es sich bei solchen moralischen Haltungen um rein innerweltlich begründete handelt. Wo andere Religionen buchstäblich Himmel und Hölle in Bewegung setzen, um die Menschen zur Tugend anzuhalten, reicht im Buddhismus die Einsicht aufgrund genauer Analyse, was Dasein bedeutet. Übernatürliches behindert eher die Selbsterkenntnis und damit das Streben nach Überwindung von Upadana (Anhaften an den Dingen), das im Ergebnis nur Dukkha (Leiden) erzeugt. Mit der Abschaffung oder doch der Irrelevanz des Übernatürlichen kommt der Buddhismus modernen Vorstellungen entgegen, denn daraus folgt Eigenverantwortung und das Wissen, dass jeder für sich Erleuchtung und Erwachen anstreben muss. Entsprechend sieht das Menschenbild der buddhistischen Psychologie aus; eigentlich ein Widerspruch in sich, denn Seele im Sinne von beständiger Identität kennt der Buddhismus nicht. Er kennt aber die seelischen Probleme derer, die noch auf dem Weg sind.

Tibetische Mönche erkannten schon im kaum fünfjährigen Tenzin Gyatso die Inkarnation (Wiedergeburt) des Dalai Lama, baten ihn in die Hauptstadt Lhasa und verehren ihn seitdem als ihren geistlichen Führer. Heute ist das im Exil lebende Oberhaupt der Tibeter eine weltweite Kultfigur (Foto: Ansprache im Kurpark von Wiesbaden am 28. Juli 2007).

HINDUISMUS

Sinnverwirrend bunt und vor Vitalität strotzend stellt die hinduistische Sakralkunst gern ihre Götter dar. Das bezeugt einerseits ihre Zugewandtheit und verweist in der Überzeichnung zugleich auf die Nichtigkeit alles Irdischen, ja der Götter selbst. Sie sind nicht anders als alle Gegebenheiten bloß Schöpfungen und insofern auch dem Menschen bildlich und gebetlich zugänglich. Weibliche Gottheiten (Foto: Maha Mariamman Tempel in Georgetown, Penang, Malaysia) werden vor allem bei gesundheitlichen Problemen angerufen oder bei Bitten um Nachwuchs; das Wetter fällt ebenfalls in ihr Ressort, sie sorgen für die Fruchtbarkeit der Felder und des Viehs.

Gesellschaft als Spiegel der Götterwelt

Säulen des hinduistischen Glaubens

Der Begriff „Hinduismus" sagt schon, dass wir es bei dieser Religion mit stark regional geprägten Glaubenslehren zu tun haben: Abgeleitet ist der Begriff vom iranischen Namen für den Fluss Indus, der sich aus fünf großen Strömen speist und den Westen des indischen Subkontinents beherrscht. Und von Westen kamen auch die entscheidenden Impulse zur Verwandlung der altindischen (dravidischen) Kultur und Religion zum Hinduismus. Die aus dem Inneren Asiens im 2. Jahrtausend v. Chr. vordringenden indogermanischen Arier brachten einen Kriegerglauben mit, der durch Vermischung mit den alteingesessenen Vorstellungen das vielfältige spirituelle System prägten, das bis heute eine zerklüftete Gesellschaft von inzwischen einer Milliarde Menschen zusammenhält.

ॐ Samsara – Kreislauf der Wiedergeburten

Folgenreichste der Kernaussagen des Hinduismus wurde die Lehre von der Seelenwanderung (griechisch: Metempsychose), also vom ewigen Kreislauf der Wiedergeburten (Pali: Samsara), die auch Grundlage des Buddhismus ist. Beide Religionen zogen allerdings unterschiedliche Konsequenzen daraus. Gemeinsam war und ist ihnen die Grundannahme, dass gutes oder schlechtes Handeln ein entsprechendes Karma des handelnden Wesens hervorbringe, sozusagen seinem Konto belastet oder gutgeschrieben werde. Positives Karma fördere die Wiedergeburt als höheres, womöglich himmlisches Wesen, negatives Karma ziehe dagegen die Wiedergeburt in geringerwertiger Form, im schlimmsten Fall als Höllenwesen nach sich. Ziel aller Spiritualität sei die Erlösung (Moksha) aus diesem Kreislauf durch Erkenntnis der Identität (des Einsseins) mit Brahman (dem absoluten Sein) oder – im Buddhismus – das Erwachen (Bodhi) zum Nirvana.

Schöne bunte Götterwelt: Andachtsbildchen zeigen die pralle Pracht des hinduistischen Himmels, in dem es menschelt wie auf Erden. Die mächtige Shiva-Gemahlin Durga (Mitte) lächelt lieblich und droht zugleich mit dem Dreizack, während der elefantenköpfige Shiva-Sohn Ganesha, gemütlich-dicklich posiert.

Der Hinduismus ist kein einheitliches religiöses Bekenntnis, sondern eine Weltsicht, in der ein Vielgötterhimmel und ein urtümlicher Dämonenglauben ebenso Platz haben wie die Vorstellung, dass aller Vielheit ein einheitliches unpersönliches Göttliches zugrunde liegt. Keine der zahlreichen Richtungen gibt es in reiner Form, sondern immer nur in reicher Verbindung mit den anderen, sodass Toleranz zu einem Merkmal der im Wortsinn weitherzigen Religion geworden ist. Das darf allerdings nicht mit Beliebigkeit der Inhalte verwechselt werden, denn einige Säulen des Glaubens gelten für alle der rund 900 Millionen Hindus. In erster Linie ist das die Lehre von der Kaste, in die jeder Mensch hineingeboren wird. Diese sozial abgeschlossenen Schichten der Gesellschaft sind Spiegel der hierarchisch, also stufig gedachten Weltordnung von den Göttern über die in mehrere Rangklassen eingeteilte Menschheit bis zu den Tieren, Pflanzen und bis zur unbelebten, aber keineswegs unbeseelten materiellen Natur.

Uraltes Wissen

Und „Seele" ist sozusagen auch der Botenstoff, der die Sphären in einem überindividuellen Sinn durchlässig macht, denn als zweite Säule gehört zur Lehre des Hinduismus der Glaube an die Seelenwanderung, an den ewigen Kreislauf (Samsara) der Existenzen, dem das Individuum unterworfen ist (siehe Kasten). Wie sich der Gläubige diese kosmische Kausalität zu denken hat, das lehren ihn die allen Hindus gemeinsamen Überlieferungen (Smriti), festgehalten in den heiligen Schriften, in erster Linie in den aus frühester Zeit überkommenen Veden („Wissen") aber auch in späteren Texten wie den Puranas (Mitte des 1. Jahrtausends v. Chr.) und dem knapp ein Jahrtausend jüngeren Epos „Mahabharata" mit dem Lehrgedicht „Bhagavadgita" (Gesang des Erhabenen).

Urbilder hinduistischer Gottheiten

Die frühe Induskultur von Harappa und Mohenjo-Daro

Weit stärker als Islam oder Christentum hat der Hinduismus animistische Elemente aufgenommen. Die Arier brachten schon Götter mit, fanden weitere in den altindischen Kulten vor und bewahrten sie in vielerlei Ritualen und Feiern, in Anrufungen und göttlich-dämonischen Personifizierungen von Naturkräften. Der Hinduismus blieb zwar von den Lehren der anderen Religionen nicht unbeeinflusst, hat aber auch nie die vorzeitlichen Bindungen gekappt. Sie lassen sich bis in die Zeit zurückverfolgen, da auch die anderen Hochkulturen an den großen Strömen Afrikas und Asiens ins Licht der Geschichte traten. Leider machen die beiden wichtigsten Zentren der Kultur am Indus, Harappa im Pandschab (siehe Kasten) und das weiter flussabwärts gelegene Mohenjo-Daro, große archäologische Probleme: Die Ruinen der nördlichen Metropole wurden im 19. Jahrhundert als Steinbruch geplündert, das südlichere Mohenjo-Daro liegt so knapp über dem Grundwasserspiegel, dass Tiefgrabungen zur Erforschung der Entwicklung der Stadt durch die Jahrhunderte seit etwa 2600 v. Chr. bis zum Verfall um 1750 v. Chr. kaum möglich sind.

Von der Priesterschaft dominiert

Erstaunen erregen die hohe zivilisatorischen Standards der großen Städte in dieser frühen Zeit: mehrstöckige Häuser in schachbrettartig angeordneten Wohnblocks, mächtige Zitadellen, umfassende Kanalisation, Badeanstalten usw. Hier aber interessiert mehr, was über die religiösen Grundlagen der seinerzeitigen Gesellschaft zu ermitteln ist: Ganz offenbar waren geistliche und politische Macht in der Harappa-Kultur nicht getrennt, es handelte sich also um Priesterherrschaften oder Theokratien. Genaueres lässt sich nicht ausmachen, weil die vorgefundenen Inschriften noch immer nicht entziffert worden sind; literarische Denkmäler fehlen.

Wir haben es in den so früh blühenden Zentren am Indus und an seinen Quellflüssen mit einer Kultur zu tun, die sich auch auf dem restlichen Subkontinent ausgebreitet oder doch mindestens auf ihn ausgestrahlt haben muss. Diesen Befund belegen ausgegrabene Kunstwerke, etwa Stierdarstellungen und Phallussteine, wie sie Fruchtbarkeitsriten des Hinduismus kennen. Das allein wäre ein recht dünnes Band, doch fand man auch das Bild einer wie in Yoga-Stellung sitzenden Gottheit, mit Hörnern geschmückt und von vielen Tieren umgeben. Es handelt sich um ein Urbild des Hindu-Gottes Shiva („der Gütige“) in der Gestalt des Pashupati, wie er als Herr der Tiere heißt. Bilder weiblicher Gottheiten, die später als Gemahlinnen und Energiespender Shivas auftreten, ließen sich ebenfalls identifizieren.

Zwar zerstörten die Arier um 2000 v. Chr. die Hochkultur am Indus, doch übernahmen sie viele religiöse Vorstellungen: Stier als Fruchtbarkeitssymbol auf einem in Harappa gefundenen Siegel mit heiligen Zeichen (Hieroglyphen) für Pflanzen und Fische.

Erstaunliche Offenheit

Mischung alter Kulte mit importierten Vorstellungen

Die indogermanische Sprache Sanskrit, in der die ältesten heiligen Hindu-Schriften, die Veden, abgefasst sind, müssen indische Schüler lernen wie wir Latein, wenn wir altrömische Dokumente lesen wollen. Unterrichtsszene aus dem National Institute of Sanskrit Study im südindischen Bangalore.

Beim Vorrücken der Arier ging die Induskultur unter. Erhalten aber blieben Elemente der religiösen Vorstellungen der Harappaner. Zwar dominieren im Hinduismus die von den Ariern mitgebrachten Mythen und Kulte, doch in Spuren finden sich auch ältere Versatzstücke. Es wird wohl so gewesen sein, dass die Religion der Eroberer den Besiegten mehr oder weniger gewaltsam verordnet wurde. Einige überkommene Vorstellungen überleben in solchen Fällen aber immer. Die erstaunliche Offenheit des Hinduismus für andere spirituelle Inhalte lässt vermuten, dass auch seinerzeit ein Geben und Nehmen geherrscht hat. Es genügt die Feststellung, dass wir bei der im Veda („Wissen") überlieferten Arier-Religion eine Mischung aus bodenständigen Kulten und importierten Vorstellungen vor uns haben. Dafür spricht auch der Hinweis im Veda, dass die Besiegten nicht die falschen Götter, sondern nur die Götter falsch verehrt hätten.

Tiefe Spuren im Volksgedächtnis

Der in der Sprache Sanskrit überlieferte Veda der Arier ist das älteste Korpus altindischer Literatur, bestehend aus vier Sammlungen (Samhita) unterschiedlichen Alters. Man spricht daher auch von den Veden. Sie sind die einzige zeitnahe Quelle für die Zustände in der Epoche des Vordringens der Eroberer. Über Jahrhunderte mündlich weitergegeben, sind die ältesten Teile nicht nur wegen unvermeidlicher Übermittlungsverluste ungenau, sondern auch wegen ihres religiösen Zwecks. Geschichtsschreibung können die Texte nicht sein, und so sind unsere Kenntnisse über das frühe Indien kaum zutreffender als die mythischen Nachrichten von der Gründung Roms. Nur die Berichte über die zahlreichen auch innerarischen Kriege dürften wahre Begebenheiten spiegeln, da diese im kollektiven Gedächtnis meist tiefe Spuren hinterlassen.

Organisiert waren die Arier in streng patriarchalisch (vom männlichen Familienoberhaupt) geführten Sippen und diese wiederum in Stämmen, denen ein Fürst (Raja) vorstand. Er war aber keineswegs unumschränkter Herrscher, sondern hatte seinen Rat (Sabha) und bei bestimmten Anlässen auch die Volksversammlung (Samiti) zu hören. Außerdem unterlag er dem großen Einfluss seines Hausgeistlichen (Purohita), der gegen Entgelt die Opfer zelebrierte, ohne die nichts unternommen werden durfte. Sonst hätte der König den Zorn der Götter heraufbeschworen, und seine Untertanen wären nicht zur Gefolgschaft verpflichtet gewesen. Kein Wunder, dass mit der Zeit die Macht der Priesterklasse ins Immense wuchs. Der Beruf des Priesters, des Brahmanen, wurde denn auch als erster erblich und damit Ursprung des Kastensystems.

Brahmanen *Eine Entwicklung vom Kriegerkönigtum zu einer Zauberer- oder Priesterherrschaft können wir bei vielen Völkern beobachten. Nach einer Phase der Expansion kommt es zu einer Konsolidierung, die gesichert wird durch kultische Überhöhung von Herrschaft, sodass die Kultträger dann oft selbst zu den eigentlichen Herrschern werden, verfügen sie doch allein über die direkte Verbindung zu den Göttern. Mit geheimnisvollen Riten, blutigen Opferhandlungen und besonderen Gewändern beeindrucken sie die Menschen dabei ebenso wie mit Arzneien und allerlei Wunder wirkenden Rezepturen. Bei den Arier-Brahmanen war das vor allem der sogenannte Soma, ein berauschender Saft aus einer Kletterpflanze, vielleicht mit Fliegenpilzbeimengung. Den tranken die Priester und erlangten dadurch eine Art Trancezustand, der den Laien wie höhere Eingebung erscheinen musste. Was die Brahmanen in dieser Ekstase äußerten, wurde als göttlicher Orakelspruch hingenommen und befolgt.*

Wir unterscheiden zwischen den heiligen Texten, die in der Frühzeit der arischen Einwanderung in Indien ihre endgültige Form fanden, dem Veda, und den Schriften, die den Umbruch zur Buddha-Zeit (um 500 v. Chr.) spiegeln, sowie jenen, die zur Erneuerung des Hinduismus in der Folgezeit geführt haben. Die ältesten religiösen Texte haben auch in der Spätzeit ihre Geltung behalten, erscheinen jedoch im neuen Licht: Götter oder Geister, die anfangs ganz personal aufgefasst worden waren, entwickeln sich zu Verkörperungen von Prinzipien, Kräften und kosmischen Gesetzen. Sie übernehmen die Funktion von Hilfskonstruktionen beim Bemühen um das religiöse Begreifen der Welt, des Alls, der Zeit und der Ewigkeit. Wir beobachten diese Entwicklung hin zu immer weiterer Abstraktion auch in anderen Religionen, doch bleibt im Hinduismus das Element des fast dinglichen Götterbegriffs stärker. Zwar kennt auch er eine Art Monotheismus (Eingottvorstellung), doch in ganz anderer Weise als etwa Islam oder Christentum. Für manche Hindu-Denker besteht der Glaube an das Eine, das Absolute eher in der Erkenntnis, dass die Vielheit zugleich als Einheit zu sehen ist. Vom Polytheismus (Vielgötterlehre) der Frühzeit kommen sie zu einem Pantheismus (Allgottlehre), nach dem sich Göttliches in allem manifestiert.

Schöpfungsmythos I *Schon im Rigveda wird über die Weltentstehung spekuliert. Dort heißt es über das „Sein vor dem Sein" tastend, dass im Anfang das Eine (Ekam) im Nichts existierte und „windlos" atmete. Weiter steht geschrieben: „Im Herzen forschend, fanden die Weisen durch Nachdenken den Zusammenhang des Seins im Nichtseienden." Dahinter stand die Vorstellung, dass im Nichtsein das künftige Sein sozusagen embryonal angelegt gewesen sein muss. Wer es aber angelegt haben mochte, darauf gibt der Rigveda einmal die ratlose Antwort (X, 129): „Woraus diese Schöpfung entstanden ist, ob er sie geschaffen hat oder ob nicht – der ihr Aufseher ist im höchsten Himmel: der nur weiß es! Oder ob er es auch nicht weiß?" Vermochte sich also niemand so recht vorzustellen, wie es mit dem Anfang der Welt des Universums zugegangen sein mochte, so erschien ein etwaiges Ende des Kosmos vollends undenkbar. Die Gedanken darüber drehten sich im Kreise. Zyklisch entfalteten sich daher auch die Lösungen, die allmählich aufkamen und in die so gesehen durchaus plausible Lehre vom prinzipiell ewigen Kreislauf der Wiedergeburten (Samsara) mündeten.*

„Aushauch der Weltseele"

Am Anfang stand also der Veda („Wissen", für den Hindu: „heiliges Wissen"), ein Wort, das stammverwandt ist mit lateinisch videre („sehen") und mithin soviel heißt wie Wissen als Einblick in die Wahrheit. Der Veda ist das älteste indische Literaturdenkmal und als „Aushauch der Weltseele" (Brahman) trotz aller Wandlungen stets Basis des Hinduismus geblieben. Die Texte genießen schon qua Alter und als Shruti („was [den Weisen der Vorzeit] offenbart wurde") hohe Verehrung. Den Rang von Bibel oder Koran erreicht der Veda freilich nicht, dazu ist er trotz des imponierenden Umfangs flankiert von zu vielen mythischen Fortschreibungen, Kommentaren und kontroversen Auslegungen. Man spricht auch in der Mehrzahl von den Veden, weil der Text-Kanon in vier Sammlungen (Samhitas) gegliedert ist. Älteste war der Rigveda, das „Wissen in Versen", es folgten der Samaveda, das „Wissen der Liturgie", und der Yayurveda, das „Wissen der Opfersprüche". Als letzte Samhita, die erst sehr viel später in den Veda aufgenommen wurde, kam der Atharvaveda zustande, das „Wissen von den Zaubersprüchen".

Wie in allen Religionen gehört zum Kult im Hinduismus auch die kostbare Ausstattung heiliger Texte. Das Bild zeigt eine illustrierte Schriftrolle vom Ende des 19. Jahrhunderts mit dem im 10. Jahrhundert entstandenen Bhagavata-Purana. Blumenornamente auf Gold verzieren den Rand. Farbige Szenen aus Legenden sind eingestreut.

Allgegenwart des Göttlichen

Hymnen als Einladung zum Opfer – Der Rigveda

Um die Zeit des Vordringens der Arier nach Indien (vor knapp 4000 Jahren also) sind die 1028 Hymnen (10 580 Verse) des Rigveda zusammengestellt worden. Fixiert wurde der Kanon etwa tausend Jahre danach (1. Hälfte des 1. Jahrtausends v. Chr.) in der mit dem Griechischen und anderen Idiomen der Indogermanen verwandten Sprache Sanskrit. Verstanden wurde sie in dieser altertümlichen Form schon bald nur noch von den Priestern. Das Volk war weitgehend ausgeschlossen und kannte nur in etwa die Inhalte der bei den Opferhandlungen am häufigsten rezitierten Teile. In zehn Kreise (Mandalas I bis X) gliedert sich der Rigveda. Seine Gedichte bestehen aus Umschreibungen des Nichtsagbaren und vor allem aus Einladungen der Himmlischen zum feierlichen Gastmahl. Als solches nämlich verstanden die Arier das Opfer, das die Götter günstig stimmen und den Gläubigen die erwünschten Gaben – Siege, Reichtum, gute Ernten, Gesundheit, wohlgeratene Kinder – bescheren sollte. Dazu wurde der Ablauf und das rituelle Beiwerk der Opferhandlungen immer weiter verfeinert, sodass die Ausübung schließlich nur noch Berufspriestern nach langjährigem Studium möglich war.

Spätere Künstler stellten Götterdarstellungen gern in einen Tempel-Rahmen; der frühe ambulante Kult in der Natur war ihnen fremd. Hier eine Szene vom Ende des 18. Jahrhunderts, in der eine Frau dem sitzenden mehrarmigen und mehrköpfigen Schöpfergott Brahma ein Opfer darbringt.

Schöpfungsmythos II *Sehr viel dinglicher als in den jüngeren Teilen des Rigveda stellten sich die Dichter der frühen Hymnen die Weltentstehung vor. So heißt es einmal (Rigveda I, 121), dass der höchste Gott als „goldenes Ei" über den Urwassern schwebte, sie sozusagen mit seinem Samen impfte, sodass Agni, der Gott des Feuers, entstand und das Licht in die Welt brachte. Die Parallele zur biblischen Schöpfungsgeschichte ist unübersehbar. An anderen Stellen bemühten die vedischen Dichter eher handwerkliche Vergleiche für die „Herstellung" der Welt, die aus formloser Glut durch Schmieden und Formen von Schöpfergott Brahma hervorgebracht worden sei. Besondere Aufmerksamkeit aber verdient der Mythos vom Urriesen, aus dessen Körperteilen die verschiedenen Menschen hervorgingen: aus dem Mund die Brahmanen, aus den Armen die Krieger (der Adel), aus den Schenkeln die Handwerker (Bürger), aus den Füßen die Diener (Sklaven) – hier erkennt man sogleich die religiöse Begründung des Kastenwesens.*

Sittliche Ordnung der Welt

Man beachte: Anders als der spätere Hinduismus kannte die vedische Religion noch keine Tempel und auch keine Bilder der Götter. Für die Opferhandlung wurde aus Ziegeln oder Brettern dort ein Altar errichtet und geweiht, wo die umherziehenden Arier gerade ihre Weidegründe hatten und wo sich Bedarf zu einer Einladung an den einen oder anderen der Himmlischen ergab. Die vedischen Götter waren also überall zur Stelle, während Tempelgottheiten von ihrem Amtssitz aus für Segen, Lohn oder Strafe sorgen. Diesem ambulanten Kult entsprach die Aufladung aller Erscheinungen mit Göttlichem: Nicht nur Blitz und Donner, Wind und Regen, Ebbe und Flut, Blühen und Verwelken sind göttergemacht, sondern auch Regungen wie Liebe und Freundschaft, Werte wie Ehre und Gastlichkeit, Grundsätze wie Wahrhaftigkeit und Treue. So garantieren die vedischen Götter den mechanischen Weltenlauf ebenso wie die sittliche Ordnung der Welt. Wer dagegen verstößt, muss nicht nur mit menschlichen, sondern auch himmlischen Sanktionen rechnen. Und deswegen müssen Übeltäter auch fürchten, dass ihre üblen Taten ans Licht kommen, denn den Göttern bleibt nichts verborgen. Durch Vergöttlichung der Welt, ihrer Kräfte und Gesetze ermöglichten die vedischen Dichter die Begegnung mit den als Personen vorgestellten Göttern, die allerdings mit übermenschlichen Fähigkeiten ausgestattet sind.

Die drei weiteren Veden gründen im Rigveda. Während diese Texte bei der Opferhandlung vom Hotar („Rufer") rezitiert werden, nimmt sich den Texten aus dem Samaveda der Udgatri („Sänger") an. Diese Sammlung (Samhita) umfasst nur 1549 Verse, die weitgehend mit Versen des Rigveda übereinstimmen und nur für den Verwendungszweck abgewandelt sind. Das Wort „Sama" heißt so viel wie Melodie und weist die Texte des Samaveda als liturgische Vorlagen aus. Beim Vortrag steigerte sich der Udgatri in hohe Ekstase. Der indische Philosoph Sri Chinmoy (*1931) beschreibt die Funktion dieser Samhita so: „Der Samaveda lehrt uns, auf welche Weise göttliche Musik unser strebendes Bewusstsein in die höchste Sphäre der Seligkeit erheben kann, und macht uns zu bewussten Kanälen Gottes, des Höchsten Musikers, für die Umwandlung menschlicher Dunkelheit in göttliches Licht ..."

Skeptisch zu schauen scheint Papst Johannes Paul II. bei der Entgegennahme des vom indischen Guru Sri Chinmoy überreichten U-Thant-Friedenspreises der Vereinten Nationen 1998 im Vatikan. Die mystischen Lehren des Sektenführers stoßen in kirchlichen Kreisen auf Vorbehalte.

Dankgaben als Lohn

Die beiden für Rigveda- und Samaveda-Sprüche zuständigen Priester begleiten mit Rezitieren und Singen das Opferritual, das als Dritter im Bunde der Adhvaryu vollzieht. Er murmelt dabei die im Yajurveda gesammelten Opfersprüche, die zum Gelingen der Einladung an den oder die Götter beitragen sollen. Ob sie die Speise annehmen – und mit entsprechender Dankgabe belohnen –, hängt von der exakten Ausführung aller rituellen Handlungen ab. Ein guter Adhvaryu kennt daher die meisten Sprüche des Yajurveda auswendig, und ihm ist der Schwarze Yajurveda ebenso geläufig wie der Weiße. So bezeichnet man die beiden Überlieferungen der Sprüche. Der Schwarze Yajurveda wird auch „ungeordnet" genannt, weil er neben den eigentlichen Opfersprüchen, den Mantras, Theologisches bietet, während der strengere Weiße sich auf Mantras wie „svaha" (so sei es!) oder gar auf bloße Bijas („Saatsilben") beschränkt.

Der vierte Veda mit seinen 731 Hymnen war lange nicht als solcher anerkannt. Das mag damit zusammenhängen, dass die magische Ausrichtung des Atharvaveda („Wissen von den Zaubersprüchen") den gelehrten Brahmanen zunächst suspekt war. Erst im Zuge ihrer Machtsicherung wurde diese Schrift in den Kanon aufgenommen, denn gerade Magie war besonders geeignet, die geistlich-politische Macht der Priester zu sichern. Den Namen erhielt diese Samhita von den Artharvans, den frühesten indischen Priestern, deren Segenssprüche und Verfluchungen, Hochzeitsformeln und Begräbnisgesänge, Heilssprüche und Glück-Wünsche, Abwehrzauber und Beschwörungen des Sieges darin bewahrt sind. Unter den vier Priestern beim Opfer hat der für den Atharvaveda zuständige Brahmane die Aufsicht.

Brahmanas *Allen vier Veda-Sammlungen folgten weitere Bücher zur Erläuterung, Präzisierung der Riten und Vervollkommnung der Auslegung: die Brahmanas. In diese Prosaschriften mit ihren Anweisungen zum genauen Ablauf der kultischen Handlungen sind wiederum Epen, Legenden, Hymnen und Lehrtexte eingebettet, die in gewisser Weise den jeweiligen Veda fortschreiben. Nicht nur der Kult nämlich wurde immer weiter ausgestaltet, sondern auch die Inhalte anders akzentuiert. Das lässt sich an der Umdeutung des Opfers gut studieren: War es anfangs eine Lockung oder Einladung an die Gottheit, so wurde es zunehmend zu einer Beschwörung. Der Priester bemühte sich nicht mehr um die Gottheit, sondern zwang sie magisch herbei. Ja, es finden sich vermehrt Äußerungen, nach denen die Götter nicht mehr das Geschehen lenkten, sondern die Brahmanen. Das gipfelte in so absurden Behauptungen, die Sonne ginge nicht auf, brächte nicht der Priester täglich der Morgenröte das Feueropfer dar.*

Kontrolle über das Schicksal

Varuna und Indra, Surya und Rudra – Vedische Götterwelt

Licht-, Wärme- und Lebensspender Surya spielt als Sonnengott eine prominente Rolle im vedischen Götterhimmel. Ihm sind viele Tempel in Indien geweiht, geschmückt mit Darstellungen der Gottheit wie dieser aus dem 11. Jahrhundert; weibliche Figuren zu Füßen der Statue stehen für Suryas fruchtbarkeitsfördernde Kraft.

Die Hauptgottheiten (Devas) des vedischen Himmels bezeichnet man nach ihrer Stellung in den drei Stufen des Universums als himmlische, atmosphärische und irdische Gottheiten oder nach ihren Funktionen als Naturgötter, die Gewalten wie Gewitter oder Sturm, Sonne oder Feuer verkörpern, als Ordnungsgötter, die sittliche Werte wie Wahrhaftigkeit, Recht oder Freundschaft darstellen, sowie als Raum-, Schöpfungs- oder Menschengötter. Außerdem kennen die Veden personifizierte Mächte wie das Rauschmittel Soma oder wie Maya, die Wunderkraft, und Manyu, den Kampfesmut. Hinzu kommen zahlreiche Dämonen.

Trinkfreudiger Lenker

Zu den wichtigsten Göttern des Veda zählt allen voran Varuna („der Allumfassende"). Er ragt unter den Himmlischen heraus, ist der Schöpfergott und Gott der Ordnung (Rita). Er gilt als fast allmächtig, denn er hat unbegrenzte Kontrolle über das Schicksal der Menschen und seiner Schöpfung. Er lässt Mond und Sterne nachts leuchten und löscht sie tagsüber. Später wird er zum Gott der Meere und Flüsse. Ihm zu danken ist beispielsweise, dass die Flüsse zwar unablässig in die Meere strömen, diese aber nicht zum Überlaufen bringen. Varuna kaum nach steht Indra. Ihm sind im Veda mehr Hymnen als den meisten anderen Gottheiten gewidmet, was daher rührt, dass mit Indra als Gewitter- und Kriegsgott die arische Landnahme in Indien verbunden ist. Er wird denn auch gern als Lenker eines Streitwagens dargestellt. Als Symbol der Frühzeit verlor der trinkfreudige Indra, dem immer Ströme von Soma zu opfern waren, nach Beginn der Sesshaftigkeit mit der Zeit an Bedeutung.

Saruya

Wie in fast allen urtümlichen Religionen spielt in der vedischen die Sonne eine wesentliche Rolle, verkörpert durch Surya. Für die Dichter des Veda stand fest, dass sich alles um Surya dreht wie das Rad um die Achse und dass alles von ihm abhängig ist. Von Surya als Lichtspender empfangen alle Wesen Leben und Gesundheit. Als Inbegriff der Reinheit vermag Surya die Sünden seiner Verehrer zu tilgen, wenn sie ihn in angemessener Opferform darum bitten. Dunkleres Pendant ist Rudra, „der Heulende, der Furchterregende". Er ist gleichermaßen der große Krankmacher von Menschen und Vieh wie Helfer und Heiler. Gefürchtet wird er als Gott der Stürme, dem man sich nur angstvoll zu nähern wagt, was sich jedoch zuweilen nicht vermeiden lässt, denn Rudra ist auch Herr der Heilkräuter. Er ist schwer zu rufen, weil er in unwegsamen bergigen Gegenden lebt, ist zottig und widerborstig, aber mächtig: Er kann sogar Götter bestrafen, wenn sie ihre Pflichten versäumen.

Feuergott

„Agni, der Rezitator mit der Geisteskraft eines Dichters, der wirkliche, von strahlendem Ruhm, soll herbeikommen, der Himmlische mit den Himmlischen." Agni, der Feuergott, spielt eine doppelte Sonderrolle. Zum einen ist Agni (dasselbe Wort wie lateinisch „ignis", das Feuer) ein vollgültiger Gott wie die anderen und erscheint als Sonne am Himmel, als Blitz in der Luft und als Flamme auf Erden. Zum anderen dient er als Mittler zwischen den Göttern und den Menschen. Das geht aus der zitierten Stelle hervor, die Agni als Gott anruft und zugleich seine Funktion als Einlader der Himmlischen beim Opfer betont. Er rezitiert ja wie der Priester und bereitet als Feuer die Speisen für die angerufenen Götter, die er herbeibringt als Opferfahrer und als deren Mund er fungiert, der die Gaben aufnimmt. Ohne Agni wäre der vedische Kult gar nicht möglich, und ohne ihn ließen sich die Götter nicht zu Geschenken veranlassen. Daher gelten Agni die meisten Hymnen des Rigveda.

Die vedische Religion erlebte seit dem 7. Jahrhundert v. Chr. eine grundlegende Wandlung. Es handelte sich dabei eher um eine philosophische als eine religiöse Revolution, denn an die Stelle von Anbetung, Opfer und anderen Ritualen trat spekulatives Denken vor allem erkenntnistheoretischer Art. Das heißt: Es ging zunehmend um die Fragen, was die Welt eigentlich sei, woher sie komme, wohin sie und der Mensch unterwegs seien und wie dieser aus dem zunehmend als Leiden (Sanskrit: Duhkha, Pali: Dukkha) verstandenen Dasein einen Weg zur Errettung (Moksha) finden könne. In den sogenannten Upanishaden fanden die Überlegungen ihren Niederschlag.

Offen für Neuerungen

Diese Texte sind die ältesten Quellen der indischen Philosophie und heißen so, weil sie die Lehrer-Schüler-Situation zur Grundlage haben: „upa-ni-shad" heißt wörtlich „sich (dem Lehrer) ehrfurchtsvoll nähern" oder „nahe neben ihm sitzen". Lehrer (Gurus) waren die frommen Einsiedler und Asketen, die nun vermehrt auftraten. Ihre Schülerzahl wuchs zwischen dem 8. und 6. Jahrhundert v. Chr. ständig. Die zunehmend als leer empfundenen Zeremonien der Brahmanen stillten nicht mehr den Sinn-Hunger der nachdenklich gewordenen Gläubigen. Sie fühlten sich in den Kasten eingesperrt und erhofften sich Befreiung von Heilslehren. Eine davon, der Buddhismus, wurde schließlich so stark, dass die vedische Religion an den Rand geriet und erst später wieder Terrain gutmachen konnte. Das gelang ihr vor allem deswegen, weil sie sich den Neuerungen letztlich nicht verschloss und ihrerseits in den Upanishaden heilige Schriften entwickelte, die Antworten auf die neuen Fragen bereithielten. Diese angeblich einhundertacht Texte (in Wirklichkeit weit mehr, doch 108 gilt als heilige Zahl und bezeichnet symbolisch die Vielheit), die direkt an die vier kanonischen Veden, die Brahmanas und andere auslegende Schriften anknüpfen, bilden ihren Abschluss und werden daher auch zusammenfassend Vedanta („Veda-Ende") genannt. Sie stehen damit am Anfang dessen, was wir heute Hinduismus nennen. Natürlich gehören auch die älteren Samhitas (Sammlungen) zu dessen Fundament, doch erst mit den Upanishaden wurde der Keim gelegt zur Karriere als Weltreligion.

ॐ **Brahman und Atman** *Die Veden beantworten die Frage nach der Entstehung der Welt höchst unterschiedlich, ja widersprüchlich. In ihren jüngsten Schichten aber finden sich bereits Ansätze zu einer metaphysischen Sicht des Schöpfungsaktes (Rigveda X, 129). Hier setzen die Upanishaden an, verwerfen die Lehre von den Gottheiten (Devas) als Schöpfer und stufen diese ebenfalls als geschaffene Wesenheiten ein. Es müsse aber in der Vielheit das Eine geben, das Ursache für alles sei und an dem alles Teil habe. Dieses nennen die Upanishaden das Brahman und umschreiben es als das absolute Bewusstsein, das Wesen des Universums, das sich in allem manifestiere. Es ziehe sich wie ein „Faden" als „Selbst" durch alles und sei im Einzelwesen als Atman gegenwärtig. Das Wort „Atman" ist mit unserem Begriff „Atem" stammverwandt und wird auch ähnlich verstanden als beseelender Hauch, der beim Tod den Körper verlasse, aber ebenso ewig, so „todlos" sei wie Brahman, mit dem es eins sei. Damit ist keine Identität von Brahman und Atman gemeint, sondern eine „Nicht-Zweiheit". Der Erlösung Suchende muss ihrer im Wortsinn vollständig inne-werden. Dazu gehört die Lösung vom Irdischen und von zeitlichen Bedürfnissen, die Zügelung und Beherrschung der Sinne, die Konzentration auf das große Geheimnis des Einsseins mit dem Brahman, der das Ganze ist und Ursache aller Ursachen.*

Was konnten die vielen vedischen Götter anderes sein als ihrerseits Geschöpfe? Um 500 v. Chr. traten Philosophen auf, die eine höchste Ursache für alles Seiende annahmen. Diese Wanderlehrer (Gurus) gehören seitdem zum Erscheinungsbild des Hinduismus: Zwei Weise im Gespräch (Buchmalerei aus dem 18. Jahrhundert).

Denkmal der Gattenliebe

Reinigung durch den Feuergott – Das Ramayana

Wegen ihrer Verbreitung in der Umgangssprache Pali ungemein populär waren und sind poetische Götter-Sagen. Eine der wichtigsten ist das Ramayana („Lebensweg des Rama"): Dieses Epos in sieben Büchern (Kanda) mit 24000 Doppelversen stammt im Kern aus dem 4./3. Jahrhundert v. Chr. Aus dem Ramayana leiten die Inder soziale und sittliche Gesetze ab, die bis heute ihre Wirkung tun. Das Versprechen in der Einleitung genießt großes Vertrauen: „Wer das heilige, lebenspendende Ramayana liest und wiederholt, wird von allen Sünden geheilt und gelangt in den Himmel." Das Epos schildert das Schicksal Ramas, einer Inkarnation (Fleischwerdung) des Gottes Vishnu. Rama ist der Sohn des Königs von Ayodhya, doch wird ihm bei dessen Tod die Nachfolge streitig gemacht. Er zieht sich daher in die Wälder zurück. Seine Gemahlin Sita und sein jüngerer Bruder Lakshmana begleiten ihn auf seinen Wanderungen, wodurch der „göttlichen" Gatten- und Bruderliebe ein Denkmal gesetzt wird.

Eines Tages, Rama und Lakshmana sind gerade auf der Jagd, entführt Ravana, Herrscher der Insel Lanka (Ceylon), Ramas Frau Sita. Die Insel ist Heimat der Rakshas, entsetzlicher Dämonen und Ungeheuer. Rama und Lakshmana machen sich auf die Suche nach Sita, bauen mithilfe einer Armee von Affen eine Brücke aus Steinen von Indien nach Lanka und greifen die Rakshas an. Rama besiegt Ravana und befreit Sita. Für Rama aber, der ganz nach dem Dharma (Gesetz) lebt, stellt sich nun die Frage, wie er mit einer Frau leben kann, die in eines anderen Mannes Macht war. Die Überlieferung kennt da mehrere Lösungen. Die übliche ist: Sita verlangt von Lakshmana, er solle ein großes Feuer entzünden, in das sie sich stürzen will, um ihre Unschuld zu beweisen. Der Feuergott Agni aber sorgt dafür, dass ihr die Flammen nichts anhaben können, und gibt sie Rama zurück. Rama, Sita und Lakshmana kehren zurück nach Ayodhya, wo Rama und seine Frau gekrönt werden.

ॐ **Sati** *Man nimmt an, dass hinter der Sitte der Witwenverbrennung (Sati = „reine, treue Gattin") ein Kriegerbrauch gestanden hat: Soldaten kamen oft sehr jung ums Leben, sodass die Gefahr bestand, dass die junge Witwe von einem anderen „befleckt" würde. Außerdem galt die Frau beim Tod des Mannes ohnedies als rituell und sozial ebenfalls gestorben, sodass ihre Verbrennung eher als Anteil am Heldentod des Mannes verstanden wurde. Nur Müttern mit kleinen Kindern und Schwangeren war das – grundsätzlich freiwillige – „Nachsterben" verwehrt. Bestanden keine solchen Hindernisse, erwarb die Frau durch die Sati höchste Verdienste und wurde vielfach sogar als vergöttlicht verehrt. Der Brauch, obschon 1829 von den Briten und später vom indischen Staat unter strengste Strafe gestellt, flackerte immer wieder einmal auf und ist wohl bis heute nicht ganz verschwunden.*

Mahnung für die Männer

In der Sita-Geschichte verbirgt sich natürlich ein tieferer Sinn. Die Frau, in einer indischen 72-Folgen-Fernsehserie (1987/88) dargestellt von der populären Schauspielerin Malika Sarabhai, symbolisiert die ganze Menschheit, die durch das Feuer des Leidens (Duhkha) muss, damit sie sich geläutert und gereinigt mit Gott (Rama/Vishnu) zu verbinden vermag. Allerdings wurde auch der schreckliche Brauch der Witwenverbrennung (siehe Kasten) durch das Sita-Schicksal gerechtfertigt. Sita wird den indischen Frauen als das Muster einer idealen Gattin dargestellt. Wichtiger aber wäre es wohl, wenn die Männer eifriger ihrem liebenden Ehemann und Erretter Rama nachstreben würden, denn gelebte Liebe als Götterweg ist das innerste Thema des Epos.

Die Illustration aus einer Handschrift des Ramayana aus dem frühen 18. Jahrhundert stellt Ramas Kampf mit dem Heer Ravanas dar. Als Inkarnation des Gottes Vishnu behält der mit einem Bogen bewaffnete Held die Oberhand über die Dämonen von der Insel Lanka und kann die ihm geraubte Frau Sita befreien

Zweites und größtes altindisches Epos ist das Mahabharata („Geschichte vom Kampf der Nachkommen des Bharata"), entstanden seit der Mitte des ersten vorchristlichen Jahrtausends. Es ist ein gewaltiges Werk von 107 000 Doppelversen, gegliedert in 18 Kapitel, und enthält fast den gesamten Schatz der Götter- und Heldensagen, Fabeln und Märchen des altindischen Volksglaubens. Die Rahmenhandlung: Im Königreich der Kuru haben die Bharata-Familien der „guten" Pandavas und der arglistigen Kauravas das Sagen. Die Söhne wollen den regierenden blinden Herrscher Dhritarashtra beerben und rüsten sich zum Nachfolgekampf. Eigentlich steht der Thron den Söhnen des vorher regierenden Königs Pandu zu, der zugunsten des Bruders der Macht entsagt hat. Zunächst können die Kauravas die Pandu-Söhne verdrängen, die in alle Welt ziehen, allerhand Abenteuer erleben und Krishna, eine Inkarnation des Gottes Vishnu, zum Verbündeten gewinnen. Pandu-Sohn Arjuna erobert das Herz der schönen Prinzessin Draupadi, die ihn und seine Brüder heiratet.

Als Angkor Wat (Kambodscha), die bis heute größte Tempelanlage der Welt, im 12. Jahrhundert entstand, bekannten sich die dort siedelnden Khmer noch zum Hinduismus; später setzte sich der Buddhismus durch. Der reiche Bildschmuck dreht sich um Stoffe aus dem Mahabharata (Relief mit einer Szene aus der Entscheidungsschlacht der Kauravas gegen die Pandavas).

Übermenschliche Leistungen

Bald naht die Entscheidung, als Dhritarashtra tatsächlich resigniert und das Reich zu teilen vorschlägt. Das aber wollen beide Parteien nicht hinnehmen. Zunächst gelingt noch durch List ein friedlicher Ausgleich: Duryodhana, ältester Sohn des blinden Königs, gewinnt dem Ältesten der gegnerischen Pandavas und Arjuna-Bruder Yudhishthira in einem Würfelspiel das Reich und die schöne Draupadi ab, allerdings nur auf Zeit: Nach dreizehn Jahren sollen die Rollen getauscht werden. Als es soweit ist, wollen sich die Kauravas aber nicht mehr an die Abmachung erinnern. In einer erbitterten achtzehntägigen Schlacht, in der nichts ausgelassen ist an Heldenmut und Kriegslist, übermenschlichen Leistungen und abgefeimtem Verrat, behalten die Pandavas dank Krishna die Oberhand. Yudhishthira fällt die Krone zu, und er regiert noch viele Jahre als weiser Herrscher. Dann übergibt er die Macht einem Enkel Arjunas und geht mit den Brüdern und Draupadi ins Reich der Götter ein.

Neben dem farbigen Geschehen im Mahabharata fesseln die tiefen Einblicke in die altindische Lebenswelt, in ihren Wertekanon, ihre Sitten und gesellschaftlichen Normen. Die ungeheuren Anstrengungen des Kampfes, spiegeln die hinduistische Grundüberzeugung, dass der Mensch nicht passives Opfer übermächtiger Gewalten sein muss, sondern für sein Karma und damit für seine künftigen Existenzen und letztlich für die Erlösung (Moksha) verantwortlich ist. Der Krieg zwischen Himmel und Hölle tobt in jedem und verlangt von jedem klare Parteinahme.

ॐ **Moksha** *Alles religiöse Trachten des gläubigen Hindus kreist um das Bemühen, die vom Karma gesteuerte ewige und leidvolle Wiederkehr (Samsara) zu beenden und Erlösung (Moksha) zu erreichen. Wer die Gleichung „aham brahma asmi" (ich bin das Brahman) verstanden hat, der steigt aus diesem Zirkel des Leidens aus und findet zur Vereinigung mit Gott, das ist die Erkenntnis der Letzten Wirklichkeit, denn „prajnanam brahma" (Brahman ist Erkenntnis). Das scheint allerdings nur auf den ersten Blick einfach, denn unter Verstehen des „ayam atman brahma" (Atman und Brahman sind eins) wird anderes als bloß intellektuelles Begreifen oder gar nur Nachbeten verstanden. Atman nämlich ist an den Körper gebunden, der den Durchbruch zu Brahman blockiert. Den Körper zu überwinden ist daher der erste Schritt zur Vereinigung beider, die nächsten sind meditative Versenkung und Schau des „Einen", das aller Mannigfaltigkeit zugrunde liegt.*

Erkenntnis durch Gottesliebe

Begierdefreier Herzensfrieden – Die Bhagavadgita

Nicht einmal ein Prozent des Mahabharata macht ein Einschub aus, der mehr Bedeutung im Hinduismus erlangt hat als die anderen Texte des gewaltigen Epos zusammen: Der „Gesang des Erhabenen“, die Bhagavadgita oder kurz Gita, wird von vielen so hoch geschätzt, dass zuweilen die Bezeichnung „Evangelium“ der indischen Religion dafür zu finden ist. Es handelt sich um 700 Doppelverse in 18 Gesängen. Sie sind ins Mahabharata eingeschoben unmittelbar vor Beginn des großen Waffengangs, der den Machtkampf der beiden Bharata-Sippen der Kauravas und Pandavas entscheiden soll.

Von ihren Göttern machen sich die Hindus irdische Vorstellungen: Vishnu etwa wird in zehn Inkarnationen verehrt, insbesondere als Krishna, der als Wagenlenker dem Streiter Arjuna in der großen Schlacht Ratschläge gibt oder als Flötenspieler (Buchmalerei um 1790) seine Zuhörerrinnen be- und verzaubert.

Verdienstvolles Handeln

Die Heere sind bereits aufmarschiert, da kommen dem Pandava-Helden Arjuna Bedenken, ob er denn aus Machtkalkül Verwandte töten dürfe und ob es nicht besser sei, sich notfalls von diesen ohne Gegenwehr töten zu lassen. Er wendet sich mit diesen Skrupeln an seinen Wagenlenker Krishna, von dem er weiß, dass er eine Inkarnation des Gottes Vishnu ist. Krishna („der Erhabene“) entfaltet nun mit hoher poetischer Beredsamkeit seine Lehre vom Handeln, das untätigem Attentismus immer vorzuziehen ist. Muße sei ohnedies eine Illusion, denn kein lebendes Wesen komme ganz ohne Taten aus. Wenn sie aber schon notwendig seien, dann habe man solche vorzuziehen, die obendrein verdienstvoll sind. Dazu dürfen Handlungen nicht interessengeleitet und nicht wie die Opfer der Brahmanen auf Lohn aus sein. Gut handelt, wer selbstlos handelt, also auch der, der bei der Bekämpfung des Bösen nicht nach persönlichen Rücksichten fragt, sondern dem Guten seine Kraft leiht. Dazu aber muss er sein Inneres erkunden und seine Sinne – wie die Schildkröte ihre Gliedmaßen in den Panzer – von außen abziehen, damit er begierdefrei wird. Und er muss in Erfahrung bringen, was das Gute ist.

Das wird Arjuna nicht durch bloßes Grübeln herausfinden. Hier hilft der Lehrer, aber auch der nur, wenn hinter diesem die Gottheit steht und wenn die Liebe zum Lehrer (Guru) letztlich diese Gottheit meint. Die Gottesliebe (Bhakti) wird dann zum Quell der für das richtige Handeln unabdingbaren Erkenntnis. Ohne diese Liebe wird sich das Interesse des Handelnden immer an Irdisches knüpfen. Das aber bedeutet Verhängnis, vor dem nur Krishna, also Vishnu, bewahren kann. Die Liebe zu ihm befreit von der egoistischen Liebe sowie von Sünden; sie beschert dem Liebenden Herzensfrieden und führt schließlich zu Gott selbst.

ॐ **Puranas** *Zeigt die Bhagavadgita einen Trend zum Monotheismus durch die Zentralstellung von Krishna/Vishnu, so kommt in den ebenfalls von Bhakti geprägten Puranas, den erst im frühen bis späten Mittelalter niedergeschriebenen Texten, wieder die ganze populäre Göttervielfalt zum Vorschein. Bei allem Gestaltenreichtum muss bedacht werden, dass Hinduismus immer auch Zusammenschau bedeutet und dass das Eine nur viele Namen hat. In den Puranas freilich tummeln sich die Götter wie auf dem griechischen Olymp und treiben es ähnlich bunt wie Zeus und die Seinen. Die Texte spiegeln den bedeutsamen Rollenwandel der vedischen Hochgottheiten: Indra, der die Erobererzeit repräsentierte, verliert an Bedeutung und sinkt salopp gesagt zum Bodyguard der Hochgötter herab. Seine Vormachtstellung übernimmt Vishnu, der Gott der zehn Inkarnationen, von denen Krishna die achte ist. Vishnu tritt neben Brahma, der Varuna als Schöpfergott abgelöst hat. Dritter im Bunde der obersten Gottheiten ist Shiva geworden, ursprünglich nur der Beiname für die zerstörerische Seite Rudras, jetzt selber Gott der Zerstörung, die einen neuen Schöpfungszyklus in Gang bringen wird.*

Teilhaben am Unvergänglichen

Mit Yoga zur Begierdelosigkeit

Abstinenz, das Sich-Fernhalten von irdischen Genüssen und die Konzentration auf Geistiges oder Geistliches als Grundlage der Frömmigkeit kennen alle Religionen. Nirgendwo aber hat sich daraus wie in den indischen Kulten und Religionen ein so ausgeklügeltes System gebildet, das grob zusammenfassend „der (auch: das) Yoga" genannt wird. Dabei muss klar sein, dass unter diesem Etikett eine Unzahl von Konzentrations- und Meditations-Techniken versammelt ist, die als gemeinsame philosophische Grundlage das Leib-Seele- oder Geist-Materie-Problem haben. Seine Lösung ergibt sich aus der ursprünglichen Wortbedeutung „Sich-Anschirren an Gott", denn „Yoga" ist das gleiche Wort wie das deutsche „Joch" (lateinisch: iugum).

Verschmelzung von Denken und Gedachtem

Ob Karma-Yoga, das über selbst-loses Handeln die Vereinigung mit dem Göttlichen erstrebt, oder Bhakti-Yoga, das Wege der liebenden Annäherung an die Gottheit lehrt – immer geht es um Lösung vom Irdischen und Zusammenschau des Ganzen. Der Raja-Yoga gilt als Königsweg. Er geht zurück auf Patanjali, den großen Denker des 2. Jahrhunderts v. Chr., und ist in acht Stufen gegliedert: in die beiden moralischen Stufen äußere Disziplin oder Selbstbeherrschung (Yama) und innere Disziplin (Niyama); es folgen Körper- und Sitzübungen (Asana) zur Befreiung von störenden Eigengefühlen sowie Atemübungen (Pranayama) wegen der großen Bedeutung des Atmens für die Konzentration, die Zügelung der Sinne (Pratyahara) zur Unterstützung der Herrschaft des Denkens und die eigentliche Konzentration (Dharana) auf einen einzigen Denkgegenstand, die Meditation (Dhyana) als Verschmelzung des Denkens mit dem Gedachten und die Versenkung (Samadhi, siehe Kasten). Alle diese Stufen unterteilen sich in weitere. So besteht schon Yama aus Gewaltlosigkeit (Ahimsa), Wahrhaftigkeit (Satya), Nicht-Stehlen (Asteya), Keuschheit (Brahmacharya) und Begierdelosigkeit (Aparigraha). Der wohl schwerste Hauptweg zur Vereinigung mit Gott führt über die intellektuelle Analyse und Erkenntnis, genannt Jnana-Yoga. Er nimmt seinen Ausgang von der Einsicht, dass alles vergänglich, ja Täuschung (Maya) ist. Nur eine unwandelbare, untergangslose und ewige Welt existiere: die Allseele Brahman. Den Weg zu so radikaler Erkenntnis vermögen nur die zu beschreiten, die durch Verzicht auf jegliche weltliche Bindung das Denken von allen Schlacken der Diesseitigkeit zu befreien in der Lage sind. Dadurch verliert die Unwissenheit (Avidya) ihre Macht über das Atman, das dann als ununterschieden vom Brahman erkannt, ja erlebt wird. Der Yogi wird seines Anteils an der Unvergänglichkeit inne.

Kundalini-Yoga

Die tantrische Version des Yoga heißt Kundalini, wörtlich übersetzt „die Gewundene". Diese „Schlange" oder „Schlangenkraft" (in der Vorstellung zusammengerollt), ist eine schlafende spirituelle Kraft, die ihren Sitz in einem „feinstofflichen" Zentrum (Chakra) zwischen Darmausgang und Geschlechtsorgan am unteren Ende der Wirbelsäule hat. Durch Atemübungen und Meditation wird die „Schlange" geweckt und dazu angeregt, durch den Sushumna-Energiekanal entlang der Wirbelsäule aufzusteigen und die übrigen sechs Chakras zu aktivieren. Das siebte Chakra, Sitz des Gottes Shiva, auch „tausendblättriges" Sahasrara genannt, liegt nach tantrischer Vorstellung außerhalb des Körpers über dem Kopf und ist Ort des höchsten Bewusstseins. Wird es aktiviert, dann kann sich die Endstufe der Versenkung (Samadhi) einstellen, die Weisheit und Seligkeit bringt.

Nicht nur für sich selbst nimmt der hinduistische Mönch (Sadhu) die Anstrengungen von Hauslosigkeit, Askese und Meditation auf sich. Er müht sich stellvertretend für die vielen, die nicht die Kraft und Disziplin aufbringen für ein Leben als Geweihter und sich lieber mit milden Gaben einen Anteil an der Heiligkeit der frommen Männer sichern.

Allerhöchste Liebesgeschichte

Vaischnavismus: Verehrung des Gottes Vishnu

Eine der Hauptrichtungen des Hinduismus ist die Verehrung des Gottes Vishnu, der in den vedischen Texten noch kaum auftaucht und erst mit der Zeit einen erheblichen Sog entwickelte. Der nach ihm sogenannte Vaischnavismus war offenbar schon altindisch angelegt und nur zeitweilig von den arischen Kulten verdeckt. Jedenfalls beerbte Vishnu schon bald den Sonnengott Surya, integrierte Hari, den „Vertreiber der Sünde", und übernahm auch die Rolle des Narayama, also dessen, was göttlich im Menschen wirkt. In den Puranas gewann er seine volle Bedeutung als Erhalter der Welt und Hüter des kosmischen Gleichgewichts und der sittlichen Ordnung (Dharma). Der in der Inkarnation des Krishna in der Bhagavadgita die Rolle des Erhabenen spielende Vishnu rückte damit neben Brahman, den Schöpfer, und Shiva, den Zerstörer, in die Trimurti, die hinduistische Dreieinigkeit, auf. Zu Vishnus Füßen entspringt der heilige Fluss Ganges.

Dritte Inkarnation Vishnus ist Varaha, der vierarmige Eber mit den gewaltigen Stoßzähnen. Mit ihnen stemmt er die Erde, die in den Fluten des durch den Dämon Hiranyaksha aufgepeitschten Meeres zu versinken droht, empor und tötet zugleich den Unhold; in den Händen die Attribute Vishnus: Scheibe, Meeresschneckenhaus, Lotosblume und Keule.

ॐ **Sikhs** *Der Vaishnavismus nähert sich monotheistischen Vorstellungen. Insofern lag es für Hindu-Philosophen nahe, Elemente des vordringenden Islams zu übernehmen. Einer der ersten war der Guru Nanak (1469–1538). Er lehrte die Anrufung eines einzigen Gottes und aktive Nächstenliebe in Verbindung mit hinduistischen Elementen wie Karma-Kausalität oder Scheinwirklichkeit der sichtbaren Welt. Diese Vielfalt brachte ihm viele Sikhs (Schüler, Jünger) aus verschiedenen Glaubensrichtungen, die sich zur Bruderschaft zusammenschlossen, zu erkennen an den fünf Ks: ungeschnittenes, in den großen Turban zu wickelndes Haar (Kesh), Kamm (Khanga), Armreif aus Stahl (Kara), Krummdolch (Kirpan, heute nur noch symbolisch in Miniaturform), knielange Hose (Kuchha). Diese Zeichen sollten auch signalisieren, dass die Zugehörigkeit zur Kaste für Sikhs keine Rolle spielt. „Adi Granth" (Das Ursprüngliche Buch) ist die heilige Schrift der heute etwa 18 Millionen Sikhs im Pandschab. Sie werden von Muslimen wie Hindus als Abweichler gesehen und oft verfolgt.*

Innige Hochzeitslieder

Eine der ältesten Hindu-Kultgemeinschaften, die Vishnu und seine Inkarnationen verehren, bilden die Bhagavata, sogenannt nach dem Bhagavata-Purana, einer heiligen Schrift aus dem 10. Jahrhundert, deren Inhalt aber erheblich älter ist. Krishna spielt darin eine zentrale Rolle, weswegen Vaishnavas die Texte hoch schätzen. Der Begriff „Bhagavan" bedeutet soviel wie „Herr" im Sinne einer Bezeichnung für Gott. Die Bhagavata breiteten sich vom Norden her über Zentralindien bis in den Süden aus. Ihre Lieder sind bis heute vor allem im Zusammenhang mit Hochzeiten sehr populär.

Jüngeren Datums ist eine Vishnu-Bewegung, die Nimbarka, ein Philosoph des hohen Mittelalters, stiftete. Er machte sich Gedanken darüber, welcher Art die Verbindung Welt-Gott-Mensch sei. Er sah sie wesensgleich, weil aus gleicher ewiger Quelle, und hielt daher eine Vereinigung der menschlichen Seele mit dem Göttlichen für möglich, obwohl er einen Unterschied bestehen ließ. Seine Lehre steht unter dem paradoxen Begriff „Dvaitadvaita", was wörtlich „Nichtzweiheit-Zweiheit" heißt. In der Liebesgeschichte zwischen Krishna und Radha fand der Philosoph das Gleichnis dafür: Die Hirtin Radha ist dem als Krishna erschienenen Gott Vishnu zwar ewig nah, aber doch nicht eins mit ihm. Die zeitweilige Vereinigung drückt die Innigkeit der Partnerschaft aus und belegt, dass nicht nur der Mensch schlechthin abhängig von Gott ist, sondern dass er von diesem seinerseits gebraucht wird. Diese höchste aller Liebesgeschichten besingt die Gitagovinda („Gesang des Kuhhirten") des Dichters Jayadeva aus dem 12. Jahrhundert.

Die hinduistische Weltsicht ist eine dialektische, das heißt: Von allem, was möglich oder wirklich ist, ist auch das Gegenteil wirklich oder möglich. Die erstaunliche Karriere des Gottes Rudra aus dem Veda hin zu Shiva, dem „Gütigen", der Upanishaden und der Puranas belegt diese Flexibilität auf schlagende Weise. Shiva als Verkörperung der Zerstörung müsste eigentlich der absolute Gegner des Bewahrers und des Menschenfreundes Vishnu sein, und er ist das in gewissem Sinn auch. Unter anderen Aspekten aber ergänzt er den von den Vaishnavas verehrten Gott durch seine Dynamik und dadurch, dass er dem Bewahren Grenzen setzt und für die Zerstörung des Schädlichen sorgt. So gesehen lässt sich sogar dem von Shiva bewirkten Vergehen Positives abgewinnen, da ohne dieses neues Werden nicht denkbar wäre. Urprinzip aller Dialektik.

So umfassend Shivas Macht ist, so unvollständig bleibt sie als männliches Prinzip. Ohne weibliches Gegenstück nützt die Potenz, dargestellt in vielfältigen Phallus-Säulen (Linga), und die Zeugungskraft nichts. Zu Shiva gehören daher Gemahlinnen mit verschiedenen Namen, die alle den Schoß symbolisieren, der erst Shivas Fruchtbarkeit zur Geltung bringt. Und für diese stehen auch die Söhne, die diesen Verbindungen entstammen. Als wichtigster ist Ganesha zu nennen, der Elefantenköpfige. Wie es zu diesem seltsamen Schmuck gekommen ist, darüber berichten verschiedene Legenden (siehe Kasten).

Nährende Shakti

Das weibliche Element oder die weibliche Energie ist also für Shiva als Ergänzung unabdingbar. Weiblichkeit steht daher im Shaivismus höher im Kurs als im Vaishnavismus, wo Radha nur die zum göttlichen Krishna empor strebende schwache menschliche Seele ist. Die annähernde Gleichrangigkeit von Shiva und Shakti, wie die weibliche Gottheit im Shaivismus genannt wird, lässt sich historisch verstehen. Die Verehrung des Weiblichen nämlich ist sehr alt und reicht in vorarische Zeiten zurück. Wie in vielen anderen Kulten bei fast allen Völkern gehörte die „Große Mutter" (lateinisch: Magna Mater) zum religiösen Grundbestand der Induskultur. Sie wird mit der Erde identifiziert, aus der alles wächst, sie hat Macht über das Wasser, das Fruchtbarkeit garantiert, sie ist der Schoß aus dem alles Leben kommt, sie gewährt dem schwachen jungen Leben Schutz, nährt es und gibt ihm Wärme. Shaktismus, oft als eigene hinduistische Richtung bezeichnet, ist daher eigentlich nur als weiblich gewendeter Shaivismus zu verstehen.

Ganesha *Shiva war einmal viele Jahre von daheim fort. Als er wiederkam, war Ganesha zu einem ansehnlichen Mann herangereift. Shiva erkannte ihn daher nicht, sah einen Fremden in ihm und vermutete einen Rivalen um die Gunst seiner Frau Parvati (auch verehrt als gnadenlose Dämonenbezwingerin Durga oder als düster-wilde Tänzerin Kali), die sich wohl über seine Abwesenheit mit dem jungen Kerl hinweggetröstet hatte. Wutentbrannt schlug er Ganesha den Kopf ab und löste bei der hinzukommenden Parvati einen Sturzbach von Tränen und eine Flut wüster Beschimpfungen aus. Jedenfalls verlangte Parvati sofort einen neuen Kopf für ihren Sohn, und da Shiva auf die Schnelle nur den eines Elefanten zu beschaffen vermochte, ziert den kleinen, etwas dicklichen Ganesha seitdem das mächtige Haupt mit Rüssel und einem Stoßzahn. Trotz dieser seltsamen Gestalt gehört der naschhaft-gemütliche Shiva-Parvati-Sohn zu den volkstümlichsten Göttern der Hindus, angerufen bei Zahnschmerzen, zuständig für Weisheit und das Gelingen neuer Unternehmungen.*

Ungewöhnlich stilles Miteinander: Gott Shiva mit Gemahlin Parvati. Ihre Bildnisse zieren einen Tempel im nepalesischen Kathmandu. In den Geschichten über die beiden geht es sonst nicht selten hoch her wie beim Konflikt um den Sohn Ganesha, der Shivas Zorn den Elefantenkopf verdankt.

Fremdbestimmung als Lebensschicksal

Die Rolle der Frau in der Hindu-Gesellschaft

Indien ist trotz demokratischer Verfassung eine Männergesellschaft, woran vor allem der Hinduismus, aber auch der Islam mitgewirkt hat. Die Geburt einer Tochter wird daher eher als Unglück oder als zweifelhaftes Glück angesehen, während Söhne hochwillkommen sind. „Eine Tochter ist ein Jammer", heißt es in einem Brahmana. In unseren Zeiten der vorgeburtlichen Geschlechtsbestimmung hat diese Diskriminierung zu vermehrter Abtreibung weiblicher Feten geführt. Ein empfindlicher Frauenmangel ist bereits spürbar.

Hoffnung macht eine zaghaft in Gang gekommene Gegenbewegung, die aus den gebildeten Schichten des städtischen Mittelstands herrührt. Auch politisch gibt es einen gewissen Druck von Seiten etwa der Vereinten Nationen, den Inderinnen die vollen Menschenrechte zu erkämpfen und ihren Objektstatus zu mildern. Das alles kann aber erst Erfolg haben, wenn das Bewusstsein bei den Frauen selbst für ihre Rechte, auch auf gleiche Bildungs- und Berufschancen, gewachsen sein wird. Noch nämlich akzeptiert die weit überwiegende Mehrheit der indischen Frauen die überkommene Rolle klaglos. Nach dieser Tradition gehört die Tochter dem Vater, die Ehefrau dem Ehemann und die Witwe den Brüdern und Verwandten, wenn sie es nicht vorzieht, diesem sozialen Tod durch den tatsächlichen (Selbstmord oder Witwenverbrennung) zuvorzukommen.

Hochzeit *Bei indischen Eheschließungen geht es um einen Partner und Versorger für die Tochter respektive um eine geeignete Mutter der Kinder des Sohnes. Passt die Kombination, kommt es erst einmal zu Verhandlungen der Clanchefs. Manchmal werden die Arrangements schon im Kindesalter für die vorgesehenen Ehepartner getroffen, eine Unsitte, der die Behörden bisher nicht Herr geworden sind. Den Aufwand bei den Hochzeitsfeiern einzudämmen, der die ohnehin von oft enormen Mitgiftforderungen belasteten Brauteltern in tiefe Schulden stürzen kann, erwies sich ebenfalls als kaum durchführbar. Die Traditionen sind oft stärker als der Arm des Gesetzes. Dazu gehört, jedenfalls beim Mittelstand, ein mehrtägiges Bankett, das die Brauteltern ausrichten und bei dem Männer und Frauen (auch Braut und Bräutigam) getrennt tafeln, Die eigentliche Eheschließung ist ein eher karges Ritual: Der Bräutigam sitzt auf einem Podest, die Braut wird hereingeführt, nimmt rechts neben ihm Platz, die beiden reichen einander die Hände, die zusammengebunden werden. Dieser symbolischen Handlung durch den Brautvater folgt am Abend eine religiöse Feier an einem Opferfeuer.*

Doppelcharakter der Göttinnen

Frauen gehen bei der Hochzeit (siehe Kasten) in der Familie des Mannes auf. Sie sind dennoch so lange fast rechtlos, wie sie keinen Sohn geboren haben und die Schwiegermutter das Sagen hat. Erst ein Sohn und der Tod der Schwiegermutter machen sie zur wichtigen Herrin des Hauses, denn bei aller Männerüberhöhung bleibt der Hausvater rituell auf die Ehefrau und Mutter seiner Kinder angewiesen. Ohne sie kann er die Hausgötter nicht verehren. Auf der einen Seite stellt die Frau eine sexuelle Bedrohung für das Seelenheil des Hindus dar, auf der anderen aber gibt es kein Weiterleben der Familie, der Sippe und des Volkes ohne sie. Das spiegelt sich auch im Doppelcharakter der Göttinnen. Sie sind sowohl treue und ergebene Gattinnen, als auch überirdische Großmächte wie Durga oder Kali. Göttinnen sind jedenfalls aus der Volksreligiosität nicht wegzudenken. Ohne Lakshmis Schönheit, ohne die Krishna-Radha-Romanze oder ohne die turbulenten Shiva-Ehekräche verlöre der Hindu-Himmel an Reiz.

Farbenprächtig geht es zu auf indischen Hochzeiten: Geschmückte Frauen bringen in bunten Krügen, die sie auf dem Kopf tragen, Gaben für das Brautpaar und für das Opferritual (Foto aufgenommen 2006 in der heiligen Stadt Pushkar am Rand der Wüste Thar, Bundesstaat Rajasthan).

Von der Gottheit wahr- und wichtiggenommen

Tempelkult und Bilderverehrung

Erst nach Ende der Nomadenzeit entwickelte sich im Hinduismus eine immer feinere Tempelarchitektur gemäß dem wachsenden Stellenwert der Gottesdiener, der Brahmanen. Was wir heute in Indien an Hindu-Tempeln bewundern, spiegelt die ungeheure Vielfalt der Gottheiten (man spricht von 33 000) und die zahlreichen Kulte, und doch liegen fast allen Gotteshäusern ähnliche Bauprinzipien zugrunde. Im Zentrum steht ein Bild des Hauptgottes (Murti), etwa Vishnus oder seiner Inkarnationen (meist Rama oder Krishna) oder im Falle von Shiva-Tempeln ein Linga (Phallussymbol). Da zum Ritus das Umschreiten des Bildes gehört, muss dafür Platz sein entweder in Form eines Hofes oder meistens eines Säulengangs. Türme oder Kuppeln (Shikaras) krönen Tore und Heiligtümer der Anlage und richten den Blick der Gläubigen gen Himmel. Zum Tempelbezirk gehören außerdem Innen- und Vorhöfe, Terrassen und andere Flächen. Durch Gänge ist das Allerheiligste verbunden mit Nebenräumen und einem Hauptversammlungsraum, alles geschmückt mit Götterbildern und Reliefs.

Reges Kommen und Gehen

Bilder haben im Kult einen hohen Stellenwert, weil nach Hindu-Vorstellung nicht nur der Verehrende dabei Gott schaut, sondern auch von diesem wahr- und wichtiggenommen wird. Auch illustrieren die Bilder sehr gut die Geschichte des jeweiligen Heiligtums, indem sie Szenen aus den großen Epen zeigen und Legenden gestalten, wie und warum die Gottheit sich gerade diese Wohnung gesucht hat. Diese Geschichten sind oft höchst fantastisch und spiegeln die hinduistische Frömmigkeit in ihrer zugleich sehr dinglichen und in ihrer ebenso sehr symbolischen Komponente. Stark symbolhaltig geht es auch beim Gottesdienst (Puja) zu: Die Murti wird gewaschen, neu eingekleidet und bekränzt, die Priester kredenzen der Gottheit Getränke, fördern ihr Wohlbefinden durch Kampferduft und legen ihr Früchte zu Füßen. An hohen Feiertagen wird die Murti auch in einer Prozession mitgeführt. Sonst aber haben Tempelbesuche wenig Ähnlichkeit mit christlichen Gottesdiensten: Es gibt keine Predigt und auch keine gemeinsam auszuführenden Andachtsübungen, obwohl man überall betende Menschen, oft mit zusammengelegten Handflächen vor dem Gesicht, sieht. Reges Kommen und Gehen beherrscht das Bild. Überhaupt geschieht alles sozusagen auf eigene Rechnung und aus eigenem religiösen Impuls, für den der prachtvolle Bau und das reiche Bildwerk nur den angemessenen Rahmen stellt.

Aus der Mitte des 19. Jahrhunderts stammt der berühmteste und älteste hinduistische Tempel im 1819 gegründeten Singapur: Sri Mariamman, benannt nach einer Regengöttin. Deswegen schmücken den ungeheuer bunten und in mehreren Stockwerken aufragenden Eingang auch viele Skulpturen weiblicher Gottheiten aus ihrem Gefolge.

Private Frömmigkeit *Bilder von Hochgottheiten findet man zwar auch in den Wohnungen der Hindus, doch spielen daheim die häuslichen Götter meist eine erheblich größere Rolle. Für die eigenen Sorgen und Wünsche, für den Dank wegen erwiesener Wohltaten eignen sich die persönlichen Manifestationen des Göttlichen und auch die lokalen deutlich besser, weil sie sich um den Alltag kümmern, während Shiva oder Vishnu mit dem Kosmos im Ganzen vollauf beschäftigt sind. Das heißt nicht, dass sie nicht auch für das private Gebet erreichbar wären, doch empfiehlt sich dafür eher einer ihrer spezialisierten und mit den lokalen Gegebenheiten vertrauten Helfer. Die im Großen dominierenden männlichen Gottheiten stehen da, wo es um Privates wie Liebe, Fruchtbarkeit oder Krankheit geht, deutlich hinter den weiblichen zurück. Pflegerisches und Fürsorge traut man Göttinnen eher zu, wie denn das Haus auch Domäne der Frau und Mutter ist. Ohnedies wird den Frauen eine spirituelle Schutzfunktion zugeschrieben. Vom Wohlergehen einer Familie wird auf die Tugendhaftigkeit und Frömmigkeit der Hausfrau geschlossen.*

Sorge für das Wohl des Hauses

Die vier Lebensphasen des gläubigen Hindus

Zu Füßen Vishnus entspringt der Ganges, Indiens heiliger Fluss, im Himalaja. Dort, wo er im Bundesstaat Uttar Pradesh nach Osten abbiegt, liegt am Nordwestufer Varanasi (früher Benares), ein religiöses Zentrum der Hindus, die hierher pilgern, um sich im Fluss von Sünden zur reinigen.

Nach alter hinduistischer Tradition gliedert sich das menschliche Leben in vier große Abschnitte (Ashramas). Sie werden von strenggläubigen Hindus noch heute so definiert: Bis maximal zum 25. Lebensjahr dauert die Brahmacharya genannte Zeit, was wörtlich Enthaltsamkeit oder Keuschheit bedeutet, aber so wörtlich nicht immer eingehalten wird. Es ist die Lehrzeit, in der die jungen Leute, genauer: Männer spirituell reifen und mit dem weltlichen, vor allem aber mit dem heiligen Wissen (Veda) vertraut gemacht werden. In diese Zeit fällt die Verleihung des heiligen Baumwollfadens, der die Berechtigung dazu ist, sich in die Lehre eines Gurus zu begeben, der die religiöse Fundierung vollendet.

Ehelosigkeit als Makel für den Mann

Es folgt die Kernphase des Lebens (Grihastha), also die Zeit als Ehemann, Vater und Familienversorger. Dass ein Mann unverheiratet bleibt, wird als schwerer Makel angesehen, denn auch alle Götter haben Frauen und Familien. Entsprechend hoch bewertet wird die Pflicht des Grihastha zur Sorge für das materielle Wohl seines Hauses. Die Ehefrau als „andere Hälfte des Grihastha" hat ihren Teil dazu innerhalb des Hauses beizutragen und dafür Anspruch auf die Liebe des Mannes und auf den Respekt der Kinder, bis diese selber ihre Brahmacharya-Zeit hinter sich haben und einen eigenen Hausstand gründen oder Mönche, Asketen oder Gurus werden, die einzigen Formen des Unverheiratetseins, die nicht als Makel, sondern sogar als heilig gelten.

Die vorletzte Lebensphase ist größtenteils, die letzte ganz der spirituellen Vollendung gewidmet: Sind die Kinder selbstständig, folgt der Vanaprastha, übersetzt: der Waldaufenthalt. Das bedeutet nun nicht völliges Eremiten-Dasein, sondern eine Mischung aus weiterer Pflege familiärer Bindungen und Zeiten der Einsamkeit zu innerer Einkehr, Studium der heiligen Schriften, Meditation und Yogaübungen. Diese Phase mündet allmählich in die letzte des Lebens, in der die Lösung vom Irdischen und die Entsagung (Sannyasa) angestrebt wird. Alle Begierden sollen verstummen, die Seele (Atman) konzentriert sich auf das Einswerden mit der Weltseele (Brahman) und sucht darin die Befreiung (Moksha). Das Trügerische aller materiellen Freuden wird durchschaut und der Abschied davon beglückt empfunden.

Begräbnis

Der Leichnam Verstorbener soll mit den Füßen nach vorn aus dem Haus getragen werden. Er ist zuvor gesalbt, in ein weißes (Männer) oder rotes (Frauen) Tuch eingeschlagen und auf einer Trage festgezurrt worden. Träger bringen ihn zum Platz der Verbrennung. Die Prozession führt der älteste Sohn an. Kurz vor der Verbrennungsstätte bleiben die Frauen zurück, während die Männer den Toten bis zuletzt begleiten und die nochmals rituell gereinigte Leiche auf den Holzhaufen legen und ihn mit weiteren Scheiten bedecken. Dann umschreiten die engsten Verwandten die Stätte der letzten Ruhe, ehe der älteste Sohn das Feuer entfacht und schließlich bei fortgeschrittener Verbrennung den Schädel mit einem Bambusrohr öffnet, was der eigentliche Todeszeitpunkt ist. Dabei erfolgt die Anrufung des Totengotts Yama und anderer Gottheiten, dass sie dem Verstorbenen beistehen und sicher ins Land der Ahnen geleiten. Die Asche und Knochenreste bestattet man in der Erde oder schüttet sie in einen heiligen Fluss. Die trauernden Söhne lassen sich bis auf ein kleines Haarbüschel kahl scheren. Einen ganzen Tag nach dem Tod gehört der Geist des oder der Verstorbenen noch zur Familie auf Erden und muss mit Speisen und Getränken versorgt werden.

Seit Mitte des 19. Jahrhunderts war der indische Subkontinent in britischer Hand. Der Kulturschock durch die Konfrontation mit den westlichen Werten und Waffen saß tief, und erst allmählich erholte sich Indien, nicht zuletzt dank Rückbesinnung auf seine spirituellen hinduistischen Wurzeln. Dass bloße Rückschau nicht genügen würde, sondern Reformen nötig waren, erkannte Ramakrischna (1836–1886). Er wandte sich dem Shaivismus zu und wurde Priester der Göttin Kali (Shivas wehrhafte Gemahlin) in einem Tempel bei Kalkutta. Durch meditative Disziplin und religiöse Übungen wie dem unablässigen Singen von Hymnen erlangte er schließlich einen Zustand der Gottesschau, und was er sah, war die Gleichheit des Ziels aller Religionen bei unterschiedlichem Weg. Das führte ihn zu einer Lehre der radikalen Toleranz.

Weltweite Sympathien

Sein Schüler Vivekananda (1863–1902) erweiterte die Lehre dahin, dass der Mensch nur das Ziel zu verfolgen habe, seine Identität mit dem Allerhöchsten zu erkennen und daraus die sittlichen Folgerungen zu ziehen: Respekt vor allen Wesen und Zuwendung zu den Mitmenschen. Kastendenken konnte sich mit solcher Erkenntnis natürlich nicht vertragen, und so wurde die Ramakrishna-Mission des Vivekananda auch zum Träger sozialer Reformbestrebungen. Mit seiner Darlegung hinduistischer Werte 1893 in Chicago gewann Vivekananda weltweit Sympathien. Für das Selbstbild der Hindus und das Nationalgefühl der Inder war Vivekanandas hohes Ansehen ein unschätzbarer Gewinn und für die Reformbestrebungen eine große Unterstützung.

Nicht viel jünger war Vivekanandas bengalischer Landsmann Aurobindo Ghose, genannt Sri („Glücklicher") Aurobindo (1872–1950). Er ließ sich in Pondicherry in Südostindien nieder und widmete sich einer von ihm entwickelten Form des Purna-Yoga, den er den „integralen" nannte. Ihm ging es darum, nicht nur einen Weg empor zum Göttlichen zu finden, sondern das Göttliche (Brahman) auch „herabzubringen" zum Menschen und zur Materie. Das zu Gott Aufwärtsstreben und das Göttliche herabbringen ins Lebendige, das wollte Aurobindo beides – daher „integral" – im Wege der von ihm entwickelten Meditation erreichen. Hinduistisch daran ist das auf das Göttliche Gerichtetsein im Yoga und das göttliche Antworten auf die meditativen Bemühungen. Ins Politische übertrug den hinduistischen Funken Gandhi.

Mahatma Gandhi *Die britischen Kolonialherren sahen in ihm den Rebellen, die Hindus verehrten ihn als Heiligen: Mohandas Karamchand Gandhi, genannt „Mahatma" (die Große Seele). Als Händlerssohn 1869 geboren, studierte Gandhi in England, kämpfte für die Gleichberechtigung der Inder in Südafrika und seit 1914 gegen die Briten in der Heimat. Er verschärfte seinen Widerstand, weil London trotz der indischen Hilfe im Ersten Weltkrieg die kolonialen Fesseln nicht lockerte. Dabei ließ sich Gandhi vom Prinzip der Gewaltlosigkeit (Ahimsa) leiten, was Gewalttaten seiner Anhänger nicht verhinderte und ihn insgesamt fünfeinhalb Jahre ins Gefängnis brachte, wogegen er achtzehnmal in Hungerstreik trat. Sein Rezept der Nicht-Zusammenarbeit mit den Behörden und des zivilen Ungehorsams, sein Boykott des britischen Textilhandels mittels Heimarbeit und die Brechung des englischen Salzmonopols zeigten schließlich Wirkung und bescherten seinem Land am 15.8.1947 die Unabhängigkeit, allerdings auch die Teilung in einen muslimischen (Pakistan) und einen hinduistischen Teil (Indien). Das Kastenunwesen konnte auch Gandhi nicht überwinden. Am 30.1.1948 fiel er einem Mordanschlag zum Opfer.*

Das Spinnrad wurde zu seinem Markenzeichen: Gandhi erkannte, dass man die britische Kolonialmacht empfindlich treffen konnte, wenn sie kaum noch Absatz für die Produkte ihrer Textilindustrie fand. Immer mehr Inder stellten bald ihre Spinnstoffe selber her. Gandhis gewaltlose Protestbewegung erstritt Indien schließlich die Freiheit.

Register

Auswahlbibliografie

Allgemein

Trevor Barnes: Die großen Religionen der Welt. Ravensburg 2002

Helmut von Glasenapp: Die fünf Weltreligionen. München 2005

Annett Hausten, Jürgen Kehnscherper, Wolfgang Mochmann: Was ist was – Weltreligionen. 3. Aufl. Nürnberg 2000

Manfred Hutter: Die Weltreligionen. 2. Aufl. München 2005

Hans Küng: Spurensuche – Die Weltreligionen auf dem Weg. Sonderausgabe München 2001

Burkhard Scherer: Die Weltreligionen – Zentrale Themen im Vergleich. Gütersloh 2003

Lexika

Lexikon der Weltreligionen. Paderborn 2005

Lexikon der östlichen Weisheitslehren – Buddhismus, Hinduismus, Taoismus, Zen. Sonderausgabe Düsseldorf 2005

Ralf Elger (Hrsg.): Kleines Islam-Lexikon – Geschichte, Alltag, Kultur. 2. Aufl. München 2001

Julius H. Schoeps (Hrsg.): Neues Lexikon des Judentums. Gütersloh 2000

Bildnachweis

Umschlagabbildungen: dpa / Picture-Alliance, Frankfurt: o. li., o. re., u. M., u. re., Hintergrund; iStockphoto, Calgary: o. M.; akg, Berlin: u. li.

akg, Berlin: S. 8, 13, 14, 16, 17, 18, 19, 20, 21, 22, 23, 25, 35, 41, 43, 45, 48, 61, 62, 63, 64, 67, 73, 80, 85, 86, 93, 94, 95, 96, 107, 108, 109, 110, 113

dpa / Picture Alliance, Frankfurt am Main: S. 6/7, 8, 10, 11, 12, 15, 24, 26, 27, 28, 29, 30/31, 32, 33, 34, 36, 37, 38, 39, 40, 42, 44, 46, 47, 49, 50, 51, 52/53, 54, 55, 56, 57, 58, 59, 60, 65, 66, 68, 69, 70, 71, 72, 74 (beide), 75, 76/77, 78, 79, 81, 82, 83, 84, 87, 88, 89, 90, 91, 97, 98/99, 100, 101, 102, 103, 104, 105, 106, 111, 112, 114, 115, 116, 117

Interfoto, München: S. 92

Gesamtherstellung: Naumann & Göbel Verlagsgesellschaft mbH, Köln

ISBN 978-3-625-12818-2

www.naumann-goebel.de